Mira Kadrić | Klaus Kaindl | Karin Reithofer

Translatorische Methodik

manual

Mira Kadrić | Klaus Kaindl | Karin Reithofer

Translatorische Methodik

6., vollständig überarbeitete und erweiterte Auflage

facultas

Basiswissen Translation

herausgegeben von Mira Kadrić, Universität Wien

Bibliografische Information Der Deutschen Nationalbibliothek

Die Deutsche Nationalbibliothek verzeichnet diese Publikation in der Deutschen Nationalbibliografie; detaillierte bibliografische Daten sind im Internet über http://d-nb.de abrufbar.

6., vollständig überarbeitete und erweiterte Auflage 2019

facultas Verlag, Stolberggasse 26, 1050 Wien

Satz: Soltész. Die Medienagentur
Druck: FINIDR
Printed in the EU

ISBN 978-3-7089-1834-1

Inhaltsverzeichnis

Vorwort zur sechsten Auflage

Für angehende Dolmetscherinnen und Übersetzerinnen ist der Erwerb von Grundlagenwissen zu ihrer Tätigkeit selbstverständlich und unverzichtbar geworden. Das Beschreiben von theoretischen Modellen geschieht jedoch nicht als Selbstzweck; vielmehr geht es um die systematische Aufarbeitung der Wirklichkeit und, umgekehrt, um die Entwicklung wissenschaftlicher Methoden, die die Praxis der translatorischen Tätigkeit auf ein neues, höheres Niveau befördern. Aus diesen Überlegungen heraus entstand dieses *manual*, das als erster Band in der Reihe *Basiswissen Translation* erschien und das eine Brücke von der Theorie zur Praxis schlagen sollte und als Studienbehelf für angehende Dolmetscherinnen und Übersetzerinnen gleichermaßen wie als Anregung für Kolleginnen konzipiert war.

Bei dieser sechsten, überarbeiteten und erweiterten Auflage haben wir die Erfahrungen mit der Verwendung dieses *manuals* im Unterricht berücksichtigt und mit Karin Reithofer eine neue Co-Autorin gewonnen. Michèle Cooke, die auf eigenen Wunsch an dieser Neuauflage nicht mehr mitwirkte, hat uns die von ihr verfassten Texte zur Verfügung gestellt, wofür wir ihr herzlich danken.

Wir danken dem facultas Verlag für die Möglichkeit, dieses *manual* zu publizieren; ganz besonders auch für die unkomplizierte und effiziente Abwicklung sowie die freundliche Unterstützung. Im Sinne des Verlagskonzeptes für die *manuals*-Reihe und im Sinne eines funktionalen Ansatzes waren wir bemüht, ein lese- und leserinnenfreundliches Lehrbuch zu verfassen.

Wien, Januar 2019

Mira Kadrić Klaus Kaindl Karin Reithofer

0 Einleitung

Internationalisierung und Globalisierung unserer Gesellschaft führen zu einem immer größer werdenden Bedarf an translatorischen Dienstleistungen. Den berufsqualifizierenden Ausbildungsstätten von Übersetzerinnen und Dolmetscherinnen kommt dabei die Aufgabe zu, jene Kompetenzen zu vermitteln, die für ein professionelles Handeln notwendig sind. Wesentliche Impulse dafür liefert die moderne Translationswissenschaft, die sich seit den 80er-Jahren des 20. Jahrhunderts als eigenständiges Fach entwickelt und wesentliche Beiträge zur Lehr- und Lernbarmachung von Translation geliefert hat. Diese Impulse bilden den Ausgangspunkt für die Einführung in die *Translatorische Methodik.*

Mit dem vorliegenden Band der Reihe *Basiswissen Translation* möchten die Autorinnen angehenden Translatorinnen die theoretischen und methodischen Grundlagen translatorischen Handelns vermitteln. Im Unterschied zu vielen anderen Übersetzungslehrbüchern ist die vorliegende Einführung sprachübergreifend konzipiert. Es geht somit nicht um die sprachenpaarbezogene Darstellung von Übersetzungsproblemen und deren Lösung. Vielmehr soll die *Translatorische Methodik* das Bewusstsein für die Komplexität dieser Tätigkeit schaffen und jene grundlegenden Fähigkeiten und Fertigkeiten vermitteln, die für professionelles translatorisches Handeln unabdingbar sind. Dabei werden theoretische Erkenntnisse moderner translationswissenschaftlicher Ansätze mit den praktischen Anforderungen, wie sie in der Berufspraxis bestehen, vernetzt.

Das Buch gliedert sich in zehn Kapitel mit jeweils einem thematischen Schwerpunkt. Am Ende jedes Kapitels finden sich Angaben zur verwendeten Literatur sowie Hinweise auf weiterführende Lektüre. Kernaussagen, Zusammenfassungen sowie Beispiele, die die theoretischen Ausführungen illustrieren, werden durch einen senkrechten grauen Balken hervorgehoben.

Ausgehend von der Tatsache, dass Translation immer in gesellschaftlichen Zusammenhängen passiert, werden Translatorinnen in ihrer Rolle und Position in der Gesellschaft situiert. Dabei werden Fragen der Verantwortlichkeit ebenso wie berufsethische Themen und die Präsentation der Profession nach außen zur Diskussion gestellt (Kapitel 1). Im darauf folgenden Kapitel wird die kulturelle Dimension der Translation definiert. Hier geht es um die Erläuterung der Konzepte ‚Kultur' und ‚Kulturspezifik', den Zusammenhang zwischen Kultur, Realität und Sprache sowie um den Umgang mit kulturspezifischen Elementen in der Translation (Kapitel 2). Im Anschluss an diese allgemeinen Einführungskapitel werden die Grundlagen zwischenmenschlicher Kommunikation vermittelt (Kapitel 3). Auf der Basis dieser kommunikationspsychologischen Überlegungen wird danach die Spezifik transkultureller Kommunikation in ihren beiden Manifestationsformen Übersetzen und Dolmetschen beschrieben (Kapitel 4). Im Anschluss werden jene Theorien und Konzepte vorgestellt, die einen Entscheidungs- und Erklärungsrahmen für die Erstellung von funktionsgerechten Translaten liefern: die Skopostheorie und die Theorie vom translatorischen Handeln sowie Riskus Kompetenzmodell (Kapitel 5). In der Folge wenden wir uns der wesentlichen Arbeitsgrundlage von Translatorinnen zu, dem Text. Nach der Klärung der Frage, was einen Text ausmacht, werden translationsrelevante funktionale und sprachlich-strukturelle Merkmale in Form von Texttypen und Textsorten unterschieden (Kapitel 6). Der Umgang mit der Auftraggeberin, die für die Erfüllung eines Translationsauftrages notwendigen Informationen sowie die translationsstrategischen Möglichkeiten werden in Kapitel 7 diskutiert. In engem Zusammenhang damit steht eine translationsrelevante Textanalyse; die dazu nötigen Verstehensvoraussetzungen und analytischen Fähigkeiten stehen im Mittelpunkt von Kapitel 8. Danach wird der auch angesichts des Translationsvolumens wesentliche Bereich der transkulturellen Fachkommunikation näher beleuchtet. Die Unterscheidung und Identifizierung von Fachtermini werden dabei ebenso behandelt wie spezifische Probleme bei der Translation von Fachtexten und translatorische Lösungsmöglichkeiten (Kapitel 9). Abschließend werden die neuesten Entwicklungen wie der Einzug von neuen Technologien im Bereich Übersetzen und Dolmetschen oder der Aufstieg von Englisch als Lingua Franca beschrieben und deren Auswirkungen auf die Arbeitsrealität von Translatorinnen thematisiert (Kapitel 10).

Wie eingangs bereits festgehalten, kommunizieren Translatorinnen nicht nur nach innen mit Kolleginnen, sondern auch nach außen mit all jenen, die Translation benötigen, in Auftrag geben oder rezipieren. Mit ihrem Beitrag zum gesellschaftlichen Diskurs über Translation soll die Entwicklung einer Translationskultur gefördert werden, in der Translatorinnen als Expertinnen für transkulturelle Kommunikation in unserer Gesellschaft wahr- und ernst genommen werden. Mit diesem Buch hoffen wir, einen Grundstein für das dazu nötige (Selbst-)Bewusstsein zukünftiger Translatorinnen zu legen.

1 Translation und Gesellschaft

Lieblingsautorinnen zu übersetzen, auf Staatsempfängen oder großen Kongressen zu dolmetschen und mitten im Weltgeschehen zu arbeiten, ist eine faszinierende Vorstellung. In diesem Buch werden wir zeigen, wie wichtig die Rolle der Translation für die Gesellschaft ist, aber auch, wie heikel die Interpretation und Verbreitung von Wissen sein kann. Zunächst wollen wir uns jedoch mit der Frage beschäftigen, wie andere uns Translatorinnen sehen und warum sie uns auf diese bestimmte Art und Weise wahrnehmen. Wir wollen also unsere Tätigkeit in einen gesellschaftlichen Kontext stellen.

Wer einen übersetzten Roman liest oder ein gedolmetschtes Interview mit einer berühmten Schauspielerin hört, geht davon aus, dass die Translate, die sie oder er ‚konsumiert', auch richtig sind. Woher kommt diese Sicherheit? Auf der Grundlage von Erwartungen an eine bestimmte Berufsgruppe werden, unabhängig von den spezifischen Aufgaben, die tatsächlich zu erfüllen sind, bestimmte Werte definiert, die sozusagen zur kollektiven Rolle gehören und die der Gesellschaft das Vertrauen in die Kompetenz und Integrität der Anbieterin der jeweiligen Dienstleistung garantieren. Ein wichtiger Teil und Bedeutungsträger einer Berufsgruppe ist ihr Image: Zu allen Zeiten haben Berufsgruppen versucht, im Vorzeigen der beruflichen Tätigkeit diese systematisch darzustellen, Qualitätsstandards zu definieren und auf diese Weise sozusagen die Basis für einen ‚Vertrag' zwischen den Vertreterinnen der Berufsgruppe und der Gesellschaft zu schaffen. Voraussetzung für einen solchen ‚Vertrag' ist das Vertrauen der Öffentlichkeit in die Kompetenz der einzelnen Vertreterinnen der Berufsgruppe. Denn eine objektive Bewertung von Fachleistungen kann die Gesellschaft nicht vornehmen. (Eine objektive Evaluierung von Translationsleistungen kann nur unter Anwendung wissenschaftlicher Methoden geschehen; die Translationswissenschaft hat verschiedene Modelle entwickelt, die sachgerechte Kriterien für die Bewertung von Translationsleistungen bieten.) Die Wahrnehmung der Gesellschaft manifestiert sich in Erklärungen wie „kongeniale Übersetzung", „liest sich wie das Original" oder „die Dolmetscherin hat die Rede sehr gut rübergebracht". Translatorische Leistungen sind nicht immer sichtbar, sodass die innere Ordnung nicht immer nachgeprüft werden kann.

1.1 Gesellschaftliche Rolle und Positionierung

Jede Berufsgruppe ist permanent in gesellschaftliche und kulturelle Zusammenhänge eingebettet. Das professionelle Selbstverständnis eines Berufsstandes leitet sich daraus ab, in welcher Form und mit welcher Akzeptanz sich die jeweilige Berufsgruppe in der Gesellschaft positioniert und welche Rolle sie in der Gesellschaft spielt. Wir versuchen die Bedeutung der ‚Rolle' mit einem kleinen Exkurs in die Theaterwelt zu beleuchten. Wir bedienen uns dabei eines Bildes, das der amerikanische Soziologe Erving Goffman gewählt hat. Goffman (1969/2003) hat das Verhalten von Menschen im Alltag und in der Arbeitswelt beobachtet und beschrieben; für die Beschreibung des Verhaltens in der Öffentlichkeit benutzte er Begriffe aus dem Theaterleben: Bühne, Darstellung, Rolle, Ensemble, Publikum, dramatische Gestaltung usw.

Das soziale Leben wollen auch wir mit einer komplexen Bühne, mit einem Ensemble von Darstellerinnen, Publikum und Kulissen vergleichen. Die ‚Darstellung' ist in Anlehnung an Goffman das Gesamtverhalten einer Person innerhalb des gesellschaftlichen Getriebes; das Auftreten und die Beachtung der Anstandsregeln sind dabei von besonderer Bedeutung. Die Darstellung geschieht auf der ‚Bühne', wobei zwischen ‚Vorderbühne' und ‚Hinterbühne' unterschieden wird. Die ‚Vorderbühne' ist der repräsentative Bereich, der von der Öffentlichkeit, vom ‚Publikum' wahrgenommen wird. Die Vorderbühne ist durch Präsentationstechniken gegenüber dem Publikum gekennzeichnet: Man hält sich an bestimmte Regeln, indem die Darstellung ritualisiert und den Gepflogenheiten des eigenen Berufsstandes sowie den gesellschaftlichen Normen und Konventionen eines bestimmten Kulturkreises angepasst wird. Auf der ‚Hinterbühne', wo kein Publikum ist, können die Einzelnen spontaner agieren, neue Strategien entwickeln bzw. durch Analysetechniken nach Strategien zur Fehlervermeidung und Qualitätsverbesserung suchen. Die Hinterbühne ist auch ein Ort der kollektiven und strategischen Geheimnisse eines Ensembles vor dem Publikum; hier werden Vorbereitungen für den Auftritt auf der Vorderbühne getroffen. Das Agieren auf der Hinterbühne dient auch zur Festigung des ‚Ensembles' und stärkt die Moral der Darstellerinnen gegenüber dem Publikum. Als Ensemble arbeiten die Einzelnen auf der Vorderbühne auf der Basis von Loyalität, Kooperation, Vertrauen und Solidarität sowohl untereinander als auch gegenüber dem Publikum und der Sache, der sie dienen.

Diese Metapher macht deutlich, dass jeder Mensch eine bestimmte Rolle spielt und mit dieser Rolle das ‚Publikum' auffordert, den mit der Rolle hervorgerufenen Eindruck ernst zu nehmen. Eine ‚aufrichtige' Darstellung gelingt laut Goffman nur, wenn die eigene Rolle von einer inneren Überzeugung getragen wird. Die Rollenarbeit hängt von gesellschaftlichen Erwartungen ab, auf deren Verständnis und Akzeptanz man angewiesen ist. Das Publikum zieht für die Beurteilung der Rolle die Glaubwürdigkeit der Darstellung heran. Wir wollen diese Metapher weiter verwenden und in der Folge versuchen, aus dieser Perspektive heraus den Blick auf das Gebiet der Translation und auf Translatorinnen zu werfen.

1.1.1 Sichtbare Positionierung oder die ‚Vorderbühne'

Wir haben bereits festgestellt, dass die jeweilige Stellung einer Berufsgruppe in der Gesellschaft mit bestimmten Werten zusammenhängt. Was sind aber genau Werte und wer entscheidet, was ‚wertvoll' ist? Die Gesellschaft als Gesamtheit besitzt ein breites Spektrum an erstrebenswerten Zuständen, die man allgemeine Werte einer Gesellschaft nennen könnte und die eine einzelne Person allein nicht erreichen kann, wie z. B. das Ziel, Ausbildungsmöglichkeiten zu schaffen. Die Gesellschaft als Gesamtheit delegiert die Verwirklichung ihrer Werte an bestimmte Institutionen, in unserem Beispiel an Ausbildungsstätten. Die Institutionen helfen bei der Verwirklichung der Werte, indem sie bestimmte Vorgaben bzw. Normen verbindlich machen.

Diese verbindlichen Vorgaben und Normen hängen eng mit Ansprüchen zusammen, die die Gesellschaft und der Staat zu einem bestimmten Zeitpunkt der Geschichte an eine Ausbildung haben. Universitäten haben, als Institutionen der Pflege von Wissenschaft und Kunst, den gesellschaftlichen (und im Gesetz verankerten) Auftrag, Studien-, Lehr- und Forschungskulturen zu etablieren und anzubieten. So finden wir beispielsweise im österreichischen Universitätsgesetz 2002 unter „Ziele" und „Aufgaben" u. a. folgende Vorgaben:

> **Ziele**
> § 1. Die Universitäten sind berufen, der wissenschaftlichen Forschung und Lehre, der Entwicklung und der Erschließung der Künste sowie der Lehre der Kunst zu dienen und hiedurch auch verantwortlich zur Lösung der Probleme des Menschen sowie zur gedeihlichen Entwicklung der Gesellschaft und der natürlichen Umwelt beizutragen. [...]
> Die Förderung des wissenschaftlichen Nachwuchses geht mit der Erarbeitung von Fähigkeiten und Qualifikationen sowohl im Bereich der wissenschaftlichen und künstlerischen Inhalte als auch im Bereich der methodischen Fertigkeiten mit dem Ziel einher, zur Bewältigung der gesellschaftlichen Herausforderungen in einer sich wandelnden humanen und geschlechtergerechten Gesellschaft beizutragen. [...]

> **Aufgaben**
> § 3. Die Universitäten erfüllen im Rahmen ihres Wirkungsbereichs folgende Aufgaben:
> 1. Entwicklung der Wissenschaften (Forschung und Lehre), Entwicklung und Erschließung der Kunst sowie Lehre der Kunst;
> 2. Bildung durch Wissenschaft und durch die Entwicklung und Erschließung der Künste;
> 3. wissenschaftliche, künstlerische, künstlerisch-pädagogische und künstlerisch-wissenschaftliche Berufsvorbildung, Qualifizierung für berufliche Tätigkeiten, die eine Anwendung wissenschaftlicher Erkenntnisse und Methoden erfordern, sowie Ausbildung der künstlerischen und wissenschaftlichen Fähigkeiten bis zur höchsten Stufe; […]
> 9. Gleichstellung von Frauen und Männern und Frauenförderung; […]
> 11. Information der Öffentlichkeit über die Erfüllung der Aufgaben der Universitäten.

Die zitierten gesetzlichen Vorgaben geben der Gesellschaft die Sicherheit, dass die Universität die Übertragung und Fortentwicklung von Wissensbeständen gewährleistet und in der Ausbildung spezifischer Berufe zu bestimmten Qualitätskriterien verpflichtet ist. Die Universität und auch ein universitäres Studium stehen daher für eine bestimmte Vorstellung in der Gesellschaft. Das Universitätsgesetz definiert als Ziel eines Studiums die fachlichen und fachübergreifenden Kenntnisse, Fähigkeiten und Methoden der jeweiligen Studienrichtung.

Durch die Ausbildung zu einem bestimmten Beruf wird der Anspruch auf Anerkennung als Expertin auf diesem Gebiet erhoben und die Unterscheidung zu Laien begründet. Zur fachlichen Eignung gehört auch eine bestimmte gesellschaftliche Vorstellung, ein Bild des Berufsstandes, ein Image der jeweiligen Berufsgruppe. Naturgemäß versucht jede Berufsgruppe, in der Öffentlichkeit ein ideales Bild von sich entstehen zu lassen. Zur ‚Imagepflege' werden verschiedene Möglichkeiten genutzt. Eine gute und weit verbreitete Möglichkeit, die Unterscheidung zu Laien zu betonen und das Image der eigenen Berufsgruppe in der Gesellschaft zu pflegen und zu schützen, ist, Interessenvertretungen und Berufsverbände zu gründen. Auch für den Bereich ‚Translation' ist Berufsethos untrennbar mit den Empfehlungen der Übersetzerinnen- und Dolmetscherinnenverbände verbunden, die sich bei der Erarbeitung von Verhaltensregeln einerseits auf die gesellschaftlichen Konventionen und die daraus entstandenen ethischen Standards anderer Berufsgruppen und andererseits auf die gesetzlichen Vorgaben stützen. Diese Verhaltensregeln beziehen sich sowohl auf die externe als auch auf die interne Verantwortung: Sie enthalten einerseits die Regeln einer verantwortungsvollen Standesmoral, wie die Verantwortlichkeit, die man gegenüber dem Beruf, den Kolleginnen oder

der Idee des eigenen Berufes hat, aber auch die konkrete Verantwortlichkeit bei der Ausübung des Berufes, eine Art innere moralische Disposition.

Sowohl die interne als auch die externe Einstellung zum Beruf und zur beruflichen Verwirklichung der Werte werden mit den Begriffen allgemeine Ethik, Berufsethos, Moral, Gewissen beschrieben. Diese Begriffe drücken sowohl ein Nachdenken über Werte und Normen aus als auch das Ergebnis, das normative Handlungsmuster enthält. Die Handlungsmuster bilden ein Ordnungs- und Regelsystem und spiegeln die Wertvorstellung der Berufsgruppe wider: Es werden zum einen die Aufgabe, die Rolle und die Verantwortung der Expertin definiert; zum anderen wird festgelegt, was im Rahmen der definierten Aufgabe moralisch verboten, geboten oder erlaubt ist.

Im Folgenden wollen wir anhand eines konkreten Beispiels betrachten, wie sich ein Bereich der Translation in der Öffentlichkeit, in der Gesellschaft präsentiert und welche Ziele mit dieser Präsentation verfolgt werden. Es geht um den Verband der Konferenzdolmetscher, Association Internationale des Interprètes de Conférence (AIIC), Region Deutschland:

> **AIIC**-Dolmetscher sind an den beruflichen Verhaltens- und Ehrenkodex des Verbandes gebunden. Dieser hat zum Ziel, die **Interessen** aller an internationalen Konferenzen beteiligten Parteien zu **schützen** und vor allem die absolute **Wahrung des Berufsgeheimnisses** sicherzustellen. [...]
> Hauptberufliche **AIIC-Konferenzdolmetscher** tragen große Verantwortung: Ein falsches Wort oder eine falsche Betonung können im internationalen Geschehen zu Missverständnissen oder im Extremfall sogar zu Zwischenfällen führen. Regierungen, die Wirtschaft und andere Fachkreise verlangen deshalb mit Recht ein Höchstmaß an **Präzision** und **Zuverlässigkeit** von Dolmetschern. Um diese sicherzustellen, wurde 1953 die **AIIC** gegründet. Heute hat der Verband mehr als 2.400 Mitglieder in 77 Ländern und ist bei der Europäischen Union, der NATO, Interpol, der Weltbank, den Vereinten Nationen und vielen anderen internationalen Organisationen anerkannt.

Eine Feststellung wie „die Interessen aller an internationalen Konferenzen beteiligten Parteien zu schützen und vor allem die absolute Wahrung des Berufsgeheimnisses sicherzustellen" mag auf den ersten Blick als zu allgemein oder unspezifisch erscheinen. Allgemeine Formulierungen werden aber bewusst gewählt, um eine breite Transparenz zu schaffen, die im Hinblick auf das Gesamtziel diskutiert werden kann und zeitlose Gültigkeit besitzt: in diesem Fall das allgemeine Arbeitsverständnis der AIIC-Mitglieder sowie ihre Arbeitsform. Wenn wir das Arbeitsverständnis und die Arbeitsform konkretisieren wollen, so können wir davon ausgehen, dass sich die Dolmetschtätigkeit oft im Spannungsfeld verschiedener Interessen, verschiedener Bedürfnisse oder verschiedener Urteilsbildungs- und Entscheidungsformen vollzieht. Die Formulierung ‚Schutz der Interessen' könnte daher wie folgt verstanden werden: Der Öffentlichkeit soll der Eindruck vermittelt werden, dass mit der translatorischen Leistung weder die Eigenständigkeit der Klientinnen verletzt wird noch die in der Konferenz gewonnenen Informationen missbräuchlich verwendet werden. Die im zweiten Absatz angeführte Erklärung zur Präzisionsarbeit und Verantwortung der AIIC-Mitglieder beinhaltet zunächst die Feststellung, dass diese Tätigkeit nur von Spezialistinnen ausgeführt werden kann. In der Folge werden AIIC-Mitglieder als kompetente Spezialistinnen angeführt. Diese bestimmte Gruppe von Expertinnen repräsentiert durch ihre Fachausbildung und die Zugehörigkeit zum Berufsverband das Bekenntnis zu bestimmten Werten. Für die Gesellschaft soll so garantiert sein, dass zuverlässige und kompetente Fachleute ihre Dienste anbieten.

Wenn wir auf die bereits erwähnten Begriffe aus dem Theaterleben zurückgreifen, so könnten wir sagen, dass die Institutionen (Interessenvertretungen, Berufsverbände etc.) sowohl die ‚Rolle' als auch die ‚Darstellung' auf der ‚Vorderbühne' definieren und damit der Berufsgruppe zur Vermittlung eines unverwechselbaren Bildes in der Gesellschaft verhelfen. Die Institutionen erwarten, dass ihre Mitglieder bestimmte Rollen, bestimmte Handlungsmuster übernehmen. So werden die Mitglieder zu ‚Darstellerinnen', die die institutionserwünschten Handlungsmuster durch die Aneignung von spezifischen Techniken beherrschen, die ihnen bei ihrer ‚Inszenierung' helfen. Es geht dabei darum, den Eindruck zu erwecken und zu festigen, dass man als Angehörige einer bestimmten Berufsgruppe alle Kriterien erfüllt, an denen man in der Arbeitswelt gemessen wird: Präzision, Kompetenz, Sachlichkeit, Zuverlässigkeit, Vertrauen. Als ‚Darstellerin' bemüht man sich, dieses bestimmte Bild in der Öffentlichkeit zu vermitteln: Man soll als Zugehörige der betreffenden Gruppe alle diese verschiedenen Kriterien erfüllen. Die fachliche Eignung der Mitglieder einer Berufsgruppe sowie die transparente Darstellung dieser Eignung durch z. B. ethische Kodizes bildet die Grundlage des Vertrauens, den ‚Vertrag' zwischen Vertreterinnen einer Berufsgruppe und der Gesellschaft.

Als Ensemble sind die Einzelnen auf der ‚Vorderbühne' zu Loyalität, Kooperation, Vertrauen und Solidarität zueinander und der Institution gegenüber verpflichtet. Nachdem in der Praxis und im Berufsleben nicht das Kollektiv als Institution, sondern die individuelle Dolmetscherin als Person im konkreten Fall auftritt und die Verantwortung trägt, wird die Rolle der Einzelnen gesondert definiert. Wir können als Beispiel wieder den Verband der AIIC-Dolmetscherinnen nehmen:

> **BERUFSETHIK DER AIIC**
> **I – ABSICHT UND GELTUNGSBEREICH**
>
> *Artikel 1*
> a) Diese Berufsethik (die im Folgenden als „der Kodex“ bezeichnet werden soll) schreibt die Normen fest, denen sich alle Mitglieder des Verbands in ihrer Arbeit als Konferenzdolmetscher hinsichtlich Integrität, Professionalität und Vertraulichkeit verpflichten. [...]
> c) Der Rat wird nach Maßgabe der Vorschriften zu Disziplinarverfahren im Falle eines Bruchs der Berufsbestimmungen, wie sie in diesem Kodex definiert sind, eine Strafe verhängen.
>
> **II – DER EHRENKODEX**
>
> *Artikel 2*
> a) Die Verbandsmitglieder sind an strengste Geheimhaltung gebunden, die allen Personen gegenüber eingehalten werden muss und sich auf jegliche Informationen bezieht, die während eines beruflichen Einsatzes bei nichtöffentlichen Versammlungen bekannt gegeben werden.
> b) Die Mitglieder nehmen Abstand davon, sich aus vertraulichen Informationen, die sie bei der Ausübung ihrer Pflichten als Konferenzdolmetscher erhalten haben, einen persönlichen Vorteil zu schaffen.
>
> *Artikel 3*
> a) Die Verbandsmitglieder nehmen keinen Auftrag an, für den sie nicht qualifiziert sind. Die Annahme eines Auftrags zieht die moralische Verpflichtung seitens des Mitglieds nach sich, mit entsprechender Professionalität zu arbeiten. [...]
>
> *Artikel 6*
> a) Die Verbandsmitglieder sind verpflichtet, ihren Kolleginnen und Kollegen moralische Unterstützung und Kollegialität entgegenzubringen. [...]

Der vorliegende Verhaltenskodex hat zwei Funktionen: die bereits angesprochene Definierung der Aufgabe, der Rolle und der Verantwortung der Mitglieder des AIIC-Verbandes nach außen, die als Garant dafür dient, dass die beschriebenen Leistungen verlässlich sind. Innerhalb des ‚Ensembles' ist der Verhaltenskodex zum einen das Bekenntnis zu bestimmten Idealen und Werten und zum anderen – für die Mitglieder – eine Richtschnur bei der Begründung der Loyalität, Kooperation und Solidarität zueinander. Mit Berufskodizes wird versucht, die Gesamtheit sittlicher Normen und Maximen, die der verantwortungsbewussten Einstellung zum Dolmetscherinnenberuf zugrunde liegen, zu erfassen. Der zuletzt zitierte Berufskodex beinhaltet sowohl Verfahrensregeln („Der Rat wird nach Maßgabe der Vorschriften zu Disziplinarverfahren im Falle eines Bruchs der Berufsbestimmungen, wie sie in diesem Kodex definiert sind, eine Strafe verhängen.") als auch moralische Regeln und Inhalte („Die Annahme eines Auftrags zieht die moralische Verpflichtung seitens des Mitglieds nach sich, mit entsprechender Professionalität zu arbeiten."). Kodizes legen so Rahmenbedingungen fest, innerhalb der die translatorischen Leistungen erbracht werden. Sie dienen auch dazu, Missbräuchen vorzubeugen und auf diesem Wege Vertrauen in die Tätigkeit der ‚Professionisten' zu schaffen. Dies wird durch Reaktionen der Verbände auf konkrete Verstöße gegen diese Kodizes unterstützt.

> **Beispiel**: Nach einem Gipfeltreffen zwischen den Präsidenten Russlands und der USA Putin und Trump im Juli 2018 in Helsinki gab es widersprüchliche Aussagen der beiden darüber, was dort genau besprochen wurde. Aufgrund der Ermittlungen zu einer möglichen Manipulation der amerikanischen Präsidentschaftswahl durch Russland verlangte die amerikanische Opposition, die beim Gespräch anwesende Dolmetscherin dazu zu befragen. Der internationale Verband der Konferenzdolmetscherinnen AIIC reagierte umgehend darauf und verwies auf das Prinzip der Vertraulichkeit, dem sich Dolmetscherinnen in ihrem Ethikkodex verpflichten. Sie wiesen auch darauf hin, dass Dolmetscherinnen nicht dazu gezwungen werden dürfen, Zeugenaussagen über vertrauliche Gespräche zwischen Politikerinnen zu machen, und dass dieser Grundsatz seit dem Zweiten Weltkrieg eingehalten werde, um zu garantieren, dass politische Würdenträgerinnen ihren Dolmetscherinnen vertrauen können. Damit wurde versucht, einem möglichen Vertrauensverlust in Dolmetscherinnen vorzubeugen.

1.1.2 Rollenarbeit oder die ‚Hinterbühne'

Durch akademische Ausbildung erlangen Translatorinnen die Schlüsselqualifikationen zur Ausübung des translatorischen Berufs: die entsprechende fachliche, mentale und soziale Disposition, um den Anforderungen auf dem Translationsmarkt zu entsprechen. Die Ausbildung führt Translatorinnen zu einer fundierten sprachlichen und kulturellen sowie zu einer allgemeinen und speziellen translatorischen Kompetenz. Darüber hinaus erwerben Translatorinnen im Studium die Fähigkeit, durch Flexibilität, Kooperationsfähigkeit, Recherche und Umgang mit technischen Arbeitsmitteln die angeführten Kompetenzen zu realisieren und Verantwortung für ihre Arbeit zu übernehmen. Die Ausbildung befähigt und verpflichtet die Absolventinnen, für den Erhalt der Kenntnisse und Fertigkeiten, die zur Beibehaltung der translatorischen Qualität erforderlich sind, einzutreten und diese weiterzuentwickeln. Die Ausbildung ist als Ganzes auch bemüht zu vermitteln, dass alle an der Ausbildung Beteiligten fachliche Kompetenz aufrechterhalten, wissenschaftliche Erkenntnisse und neue Technologien berücksichtigen. Im Rahmen der Ausbildung lernen die Beteiligten, was von den Mitgliedern eines Berufsstandes erwartet wird, nämlich dass sie in der Ausübung ihrer Tätigkeit kollegial zusammenarbeiten und respektvoll miteinander umgehen. Außerdem wird in der Ausbildung vermittelt, dass Vertreterinnen eines Berufsstandes sowohl eine persönliche als auch kollektive Verpflichtung haben, sich an Weiterentwicklungsprozessen des Berufes zu beteiligen.

Die Ausbildung könnte man somit als fachliche Enkulturation oder ‚Rollenarbeit' auf der ‚Hinterbühne' bezeichnen. An diesem Ort der kollektiven und strategischen Arbeit entstehen Verbundenheiten; der Glaube an Ideale der eigenen Arbeit wird verstärkt. Die gemeinsame Arbeit festigt das ‚Ensemble' und stärkt die Moral der einzelnen ‚Darstellerinnen'. Auf der ‚Hinterbühne' wird auch gelernt, dass eine gute Darstellung nur auf der Basis von Loyalität, Kooperation, Vertrauen und Solidarität möglich ist. Die ‚Hinterbühne' ist also ein Ort, wo die Mitglieder eines ‚Ensembles' dahingehend enkulturiert werden, dass sie einer ständigen Verbesserung der Qualität ihrer Leistungen verbunden sind. Diese Verbundenheit bezieht sich nicht nur auf den Erhalt und die Optimierung der persönlichen Kompetenz, sondern auch auf die Zusammenarbeit mit Kolleginnen sowie die Präsentation des ‚Ensembles' nach außen. Auf diese Weise wird eine klare Positionierung und Identitätsbildung angestrebt.

1.2 Entwicklung einer Translationskultur

Das professionelle Selbstverständnis eines Berufes, der Translatorinnen insbesondere, ist nicht automatisch oder vorgegeben. Vielmehr ist die Berufsgruppe insgesamt und jede einzelne Translatorin als Vertreterin der Berufsgruppe aufgefordert, das Berufsbild mitzugestalten und in der Gesellschaft transparent zu machen, welche Werte für den Translatorinnenberuf wichtig sind, woran sich Translatorinnen in der Ausübung ihres Berufs orientieren und was es heute bedeutet, Translatorin zu sein. Gründe, warum wir Regeln innerhalb der Berufsgruppe brauchen bzw. warum wir sie auch der Gesellschaft mitteilen müssen, bestehen viele. Wir wollen hier nur einige nennen:

1. Selbstständige Tätigkeit
2. Macht der Translation
3. Klare Unterscheidung zwischen professioneller und nichtprofessioneller Translation

1.2.1 Selbstständige Ausführung der Tätigkeit

Sowohl die ‚Vorderbühne' als auch die ‚Hinterbühne' sind im gesellschaftlichen Kontext von außerordentlicher Bedeutung: Ausbildung, Standards zur Qualitätssicherung sowie die ethischen Forderungen an einen Beruf sind aus vielen Gründen notwendig – in der Translation in besonderem Ausmaß, weil translatorische Arbeit vorwiegend selbstständig ausgeführt wird, sodass sie kaum unter der Kontrolle der Bedarfsträgerinnen, Auftraggeberinnen oder der Öffentlichkeit stehen kann. Es gibt kaum einen anderen Beruf, der so wenig Feedback bietet wie der Translatorinnenberuf. Dabei spielt der Umstand eine Rolle, dass es oft keine wirklichen Vorgesetzten gibt und manchmal auch keine, die vollen Einblick in die Translationstätigkeit haben und mit denen die Translatorin eng zusammenarbeiten muss oder einen tieferen Erfahrungsaustausch pflegt. Wir haben bereits am Anfang dieses Kapitels gesehen, wie, wenn überhaupt, translatorische Arbeit beurteilt wird (z. B. „kongeniale Übersetzung"). Translatorische Leistungen sind nicht immer sichtbar, sodass die innere Ordnung nicht immer nachgeprüft werden kann. Man könnte allgemein sagen, dass die translatorische Tätigkeit keine besondere Beachtung findet, solange sie keine Auffälligkeiten aufweist (und in der Regel fallen Fehler auf). Diese (Nicht-)Wahrnehmung der Translatorin hängt insbesondere damit zusammen, dass Translatorinnen in der Ausübung ihrer Tätigkeit weder zu den Ausgangstextproduzentinnen gezählt werden können noch der Institution angehören, welche sie engagiert hat bzw. für die sie den Auftrag ausführen; Translatorinnen zählen auch nicht zu den Expertinnen auf einem Kongress oder zu den ausländischen Gästen. Daraus ergeben sich Konsequenzen für die Kontrolle der Qualität der Translation. Die fachliche Eignung der Translatorin wird im Wesentlichen durch das Verhalten in der Gesellschaft im Einklang mit den herrschenden Konventionen und Erwartungen ‚kontrolliert'. Umso wichtiger ist es, dass in der Positionierung das Berufsbild der Translatorin die klare Botschaft enthält, dass Translation an sich und die Umsetzung der Werte in der Translation durch die Anwendung gelernter Methoden geschieht: Translatorische Entscheidungen werden nicht getroffen, weil sie ‚gut gemeint' sind, sondern auf der Basis gelernter Methoden. Das grundlegende Prinzip der translatorischen Tätigkeit beruht auf der Verpflichtung, die Interessen der an der Kommunikation Beteiligten zu wahren. Im Mittelpunkt des Verhältnisses zwischen der ausgangskulturellen und der zielkulturellen Botschaft steht die Arbeit der Translatorin. Translation ist auf Verständigung unter Berücksichtigung der Vereinbarkeit der Handlungspläne, Zielsetzungen und Interessen aller an der Kommunikation Beteiligten ausgerichtet. Die translatorische Tätigkeit wird analytisch, synthetisch, evaluativ und kreativ ausgeübt. Translation bedeutet, Entscheidungen zu treffen und die Ergebnisse permanent zu überprüfen. Dabei werden das sach- und kulturbezogene Wissen aktiviert und eigenständige Texte unter Verwendung des analytisch-synthetisch-evaluativ bereitgestellten Materials produziert. Die translatorische Tätigkeit entwickelt sich vor dem Hintergrund des bi- oder multikulturellen Wissens, einschließlich sozial akzeptierter Konventionssysteme. Persönliche Interessen oder gesellschaftlicher Druck usw. dürfen diese Prinzipien nicht unterlaufen.

1.2.2 Macht der Translation

In der heutigen Massenkommunikation ist der Gebrauch von Translation weit größer, als den meisten Menschen bewusst ist. Übersetzte und gedolmetschte Texte und damit assoziierte Einstellungen treten täglich in unser Leben, über übersetzte Bücher, Zeitungen, Zeitschriften, Fernsehen und Computer. In diesem Rahmen haben sie großen Einfluss und umfassen ein Volumen, das nicht ignoriert werden kann. Daher ist es notwendig, das Augenmerk auf die Macht, Kontrolle und Abhängigkeiten zu richten, die Translate ausüben. Wir haben bereits mehrfach festgestellt, dass Wissenstransfer durch Translation eine heikle Mission ist. Translate stehen immer in einem Spannungsverhältnis verschiedener Interessen, die in einer Gesellschaft herrschen. Nicht zuletzt aus diesem Grund sind ein strukturiertes Bild der Berufsgruppe in der Öffentlichkeit und eine strukturierte Interaktion zwischen den Handlungspartnerinnen, den Translatorinnen, Bedarfsträgerinnen, Auftraggeberinnen, Kritikerinnen oder Autorinnen, notwendig. Dabei haben die Maximen Loyalität und Kooperation einen wichtigen Wert. Die Loyalität – auch sich selbst als Translatorin gegenüber – und die Kooperation mit Handlungspartnerinnen sind auch eine Richtschnur bei der Tätigkeit, also dafür, wie man mit den Informationen, die zu transferieren sind (und auf die man in bestimmtem Maß ein Monopol hat), umgeht. Diese Maximen ermöglichen uns, alle an der Translation Beteiligen in einem ganzheitlichen Ansatz in die Translation einzubinden, indem die Bedürfnisse, Interessen und Wertsysteme aller berücksichtigt werden.

1.2.3 Unterscheidung zwischen professioneller und unprofessioneller Translation

Translatorin ist ein interessanter, bisweilen schöner Beruf, manchmal mit einem Gefühl der Frustration, gelegentlich mit Erfolgserlebnissen verbunden. Es ist aber eine schleichende und systematische Abwertung des Berufs feststellbar, die verschiedene Ursachen hat. Eine der Ursachen ist sicherlich die Rezeption von Translaten, die von Laien angefertigt wurden. Es ergibt sich als Gesamtbild eine zunehmende Diskrepanz zwischen dem durchaus idealistischen Eigenanspruch professioneller Translatorinnen und der ökonomiegesteuerten translatorischen Wirklichkeit. Ein nicht unbeträchtlicher Teil aller Translate wird von Nicht-Translatorinnen hergestellt. Die Präsenz der Nicht-Translatorinnen auf dem Translationsmarkt ist u. a. auch dadurch zu erklären, dass von den Handlungspartnerinnen und der Gesellschaft nicht selten angenommen wird, dass jede Person, die eine Fremdsprache spricht, ohne Weiteres imstande ist, zu übersetzen oder zu dolmetschen. Dies ist möglich, da der Beruf in den meisten Ländern nur in einem kleinen Bereich – dem Gerichtsdolmetschen und -übersetzen – gesetzlich geschützt ist und sich somit – anders als bei Ärztinnen oder Anwältinnen – jede als Übersetzerin oder Dolmetscherin bezeichnen darf. Es ist dann auch nicht weiter verwunderlich, wenn Negativleistungen entstehen oder beklagt werden. Nicht zuletzt deshalb haben sowohl Translatorinnen als auch die Gesellschaft guten Grund, Translationsprozesse zu regulieren.

1.2.4 Kommunikations- und Translationskultur

Wesentlich bestimmend für die öffentliche Wahrnehmung eines Individuums oder einer Gruppe sind die Kommunikationsformen, deren sich das jeweilige Individuum oder die Gruppe bedient. Auch Berufsstände werden so wie andere Gruppen danach beurteilt, wie ihre Mitglieder untereinander und nach außen kommunizieren. Der Ruf eines Berufsstandes als Ganzes, das Bild, das sich die Öffentlichkeit von diesem Berufsstand macht, soll nicht dem Zufall oder der Beliebigkeit überlassen, sondern bewusst und strategisch gepflegt und gestaltet werden. Grundsätzlich besteht ein Image aus mehreren Komponenten, die sich sowohl auf die Berufsgruppe als Ganzes, ihre einzelnen Mitglieder als auch auf die von der Berufsgruppe hergestellten ‚Produkte' beziehen. Daraus lässt sich eine grundsätzliche Feststellung zur Bildung eines Images ableiten, das folgende drei Dimensionen der öffentlichen Wahrnehmung einer Berufsgruppe umfasst:

- Wissen und Kenntnisse über die Berufsgruppe
- Erwartungen an diese Berufsgruppe
- Verhalten und Handeln der Gesellschaft gegenüber der Berufsgruppe

Daraus ergibt sich die Forderung an Translatorinnen als Berufsgruppe, eine Reihe allgemeiner Kriterien zu entwickeln und sicherzustellen, die für die Berufsgruppe und ihre Positionierung bzw. ihren Kontext maßgeschneidert sind. In ihrem Kern würde die Gestaltung dieser Kriterien in der Maxime „richtig handeln und darüber reden" bestehen: Neben der Qualität und Zuverlässigkeit der eigenen Produkte und Handlungen ist es die Gestaltung und

Entwicklung einer Kommunikationskultur, die dazu dienen soll, das äußere Erscheinungsbild des Berufes in einer bestimmten und gewollten Weise zu festigen. Diesen von Translatorinnen aktiv gestalteten und gesteuerten Beitrag zur Verbesserung des Bildes vom eigenen Berufsstand wollen wir in Anlehnung an Prunč (1997) die Entwicklung einer **Translationskultur** nennen.

Prunč (1997: 107) nennt die Gesamtheit der Prozesse, die dazu dienen, translatorische Berufe sowie jene, die sie ausüben, gezielt in der Gesellschaft zu positionieren, die Entwicklung einer Translationskultur. Diese Translationskultur definiert er als historisch gewachsenes und steuerbares Subsystem einer Kultur, das aus einem Geflecht von gesellschaftlich anerkannten Erwartungshaltungen und Wertvorstellungen in Bezug auf Translation besteht. Aufgrund der unterschiedlichen Konventionen in den verschiedenen Kulturen können Kommunikation und Translation nur funktionieren, wenn sich alle aktuell oder potentiell an Translationsprozessen Beteiligten kooperativ und loyal verhalten.

So können auch Übereinstimmungen und Unterschiede zwischen den verschiedenen Kulturen identifiziert und beschrieben werden. Dieses System der Translationskultur sollte dann dazu genutzt werden, Prozesse im Handlungsfeld Translation zu beschreiben, zu steuern und so zu einer dauerhaften öffentlichen Bewusstseinsbildung für das Tätigkeitsfeld beizutragen.

In diesem Handlungsfeld, an dem Textautorinnen, Translationsinitiatorinnen sowie Konsumentinnen beteiligt sind, treten Translatorinnen als selbstverantwortliche Handlungspartnerinnen auf. Um das zu erreichen, müssen wir verstehen, dass Translation nie ein kontextfreies Abbild eines Textes sein kann und bei translatorischen Prozessen immer bestimmte Intentionen und Interessen verfolgt werden.

Die jeweiligen Handlungspartnerinnen in einem Translationsprozess, nämlich Auftraggeberinnen, Zieltextempfängerinnen und Ausgangstextautorinnen, erwarten selbstverständlich einen funktionsgerechten bzw. ‚richtigen' Text. Allerdings können die Handlungspartnerinnen nicht selbst überprüfen, ob diese Anforderungen an das Translat erfüllt werden, was die Translatorinnen gegenüber den Handlungspartnerinnen zur *Loyalität* verpflichtet.

Die Loyalität wird dabei in vierfacher Weise erfüllt, nämlich gegenüber den Autorinnen, Auftraggeberinnen, Zieltextempfängerinnen und – sich selbst gegenüber.

Loyal zu sein bedeutet, dass die Translatorinnen im Sinne eines kleinsten gemeinsamen Nenners, der zwischen den verschiedenen Interessen- und Machtkonstellationen der Handlungspartnerinnen und den unterschiedlichen kulturellen Normen gefunden werden kann, handeln. Die drei erstgenannten Loyalitäten hat bereits Nord (1989) definiert; dieses Konzept wurde von Prunč

(1997) erweitert – Translatorinnen und Translatoren sollen im Akt der Translation nicht nur gegenüber ihren Handlungspartnerinnen loyal sein, sondern auch sich selbst gegenüber. Diese vierte Loyalitätskomponente erlaubt es Translatorinnen, ihre eigene Identität zu wahren und selbstverantwortlich zu handeln. So verschaffen sich Translatorinnen mehr Freiraum und gleichzeitig auch mehr Macht. Sie gestalten die transkulturelle Kommunikation aktiv mit und übernehmen gleichzeitig auch die Verantwortung für ihre Handlungen. Die Translatorinnen haben nun die Möglichkeit, in den jeweiligen Situationen selbstverantwortlich Entscheidungen zu treffen, und die Aufgabe, sich der moralischen Verantwortung für das translatorische Handeln zu stellen. Sie können sich an den Translationskonventionen orientieren; die endgültige Entscheidung in einer bestimmten Situation tragen sie selbst.

Darüber, wie nun in bestimmten Situationen zu entscheiden ist, können keine allgemeingültigen Regeln aufgestellt werden, da jede Situation anders ist und jeweils unterschiedliche Intentionen und Interessen bestehen. Der Translatorin muss die Kompetenz eingeräumt werden, selbstständig zu entscheiden – dies kann mithilfe einer gelernten Translationskultur geschehen. Zu diesem Rahmen gehört ein theoretisches Basiswissen, das den Translatorinnen die Wege ebnet, ihre Freiheit verantwortungsvoll zu nutzen, damit sich alle an der Kommunikation Beteiligten voll und ganz auf sie verlassen können.

Diese aktive Gestaltung des Berufsbildes und die Entwicklung einer Translationskultur umfasst auch eine Hervorhebung der Rolle der Translation und der Rolle der Translatorin in der Gesellschaft. Bei der Beschreibung der Rolle sind jene Pflichten, Verantwortungen und Verhaltensweisen herauszustreichen, welche zu den beruflichen Selbstverständlichkeiten gehören, wie beispielsweise Unterscheidungsmerkmale im Wettbewerb oder die Transparenz über Produktions- und Rezeptionsbedingungen von Translaten, aber auch die Mitverantwortung der Handlungspartnerinnen. Ziele und Strategien im Rahmen der Entwicklung einer Translationskultur dienen nicht zuletzt der Berufsgruppe selbst als Unterscheidungsmerkmal zur Sicherung des ökonomischen Handlungsspielraums. Die Systematik einzelner Themenkreise im Rahmen der Entwicklung einer Translationskultur nach außen könnte man sich als eine Reihe von allgemeinen Imagekriterien vorstellen, die aufzubauen, zu sichern, zu pflegen und weiterzuentwickeln sind:

- Vertrautheit mit dem Imageobjekt ‚Translation'
- Vertrauen in das Produkt ‚Translation'
- Glaubwürdigkeit
- Respekt
- adäquate Erwartungen

Das Vertreten von Imagekriterien einer Berufsgruppe nach außen erfordert jedoch, dass für verschiedene Fachleute – Praktikerinnen wie Theoretikerinnen – in der unternehmerischen Praxis wie in der Fachliteratur die Bedeutungsinhalte von Imagekriterien eindeutig und für alle gleichermaßen verbindlich festgelegt sind. Ein gewisses Maß an Institutionalisierung und Standardisierung der Kommunikation ist nicht nur aus Gründen der Transparenz und Akzeptanz in der Gesellschaft notwendig, sondern insbesondere zur Ermöglichung einer eindeutigen Zuordenbarkeit. Ein übergeordnetes und professionell formuliertes, von einzelnen Translatorinnen vertretenes Berufsbild, eine Art ‚Verfassung', bietet auch reichhaltige Anhaltspunkte sowohl für die Weiterentwicklung einer Gesamttranslationskultur für die Berufsgruppe als auch für die inhaltliche wie formalistische Umsetzung von Teilaspekten der Translation in ihren diversen Erscheinungsformen der Gesamtkommunikation.

1.3 Zusammenfassung

In der modernen Gesellschaft würde man es als zwecklos, wenn nicht geradezu undenkbar betrachten, ein Individuum oder eine Gruppe in künstlicher Isolierung von der Umwelt zu studieren oder zu bewerten. In diesem Sinne sind Menschen und Menschengruppen offene Systeme, die ihre Stabilität und ihre gesellschaftliche Anerkennung dadurch erhalten, dass sie im dauernden Informationsaustausch mit der Umwelt stehen. Die Umwelt diktiert auch eine große Anzahl von Instruktionen zur Existenz und gesellschaftlichen Positionierung des Individuums oder einer Berufsgruppe. Wir haben im vorliegenden Kapitel versucht, die Translation und insbesondere die Translatorin in einen gesellschaftlichen Kontext zu stellen und die Relevanz einer sichtbaren und eindeutigen Positionierung hervorzuheben. Als Ergebnis und Anhaltspunkt für eine weitere Auseinandersetzung sehen wir die Entwicklung und Pflege einer Translationskultur. Die Entwicklung und die strategischen Zielsetzungen einer Translationskultur im Rahmen sowohl der wissenschaftlichen Auseinandersetzung als auch der berufsständischen und praktischen Translation im Einzelnen enthalten eine Botschaft und die dazugehörende Auslobung. Der Berufsstand spricht für sich und über sich, er stellt sich selbst dar, indem er seine Werte und Standards, seine Stärken und Kompetenzen, seine Überzeugungen und andere besondere Merkmale, die für den Berufsstand als Ganzes und Besonderes stehen, entwickelt und definiert. Durch die Möglichkeiten, sich als eigenständige und professionell agierende Berufsgruppe in der Gesellschaft zu positionieren und sich damit nicht zuletzt von den Laien klar zu distanzieren und zu unterscheiden, wird auch ein Beitrag zur öffentlichen Bewusstseinsbildung über den Beruf der Translatorin geleistet.

Translatorinnen stehen in einem umfassenden Kommunikationsgefüge und sind Trägerinnen eines kommunikativen Potenzials. Die Außenwelt nimmt sowohl das aktive Handeln als auch das Gesamtverhalten der Translatorin wahr und erstellt danach ihr Bild von diesem Berufstand. Die Translatorin, die sich bewusst ist, dass sie durch jede Art von Verhalten kommuniziert, wird neben der transkulturellen Kompetenz auch die Fähigkeit entwickeln, sich nach außen aktiv gegenüber Auftraggeberinnen, Rezipientinnen und ganz allgemein in der Gesellschaft zu präsentieren. Translatorinnen können nur dann als Expertinnen für transkulturelle Kommunikation in unserer Gesellschaft wahr- und ernst genommen werden, wenn sie ihren Beitrag zum gesellschaftlichen Diskurs über Translation leisten.

Quellen und weiterführende Literatur

AIIC. Region Deutschland. http://www.aiic.de/verband_berufsethik.html (Stand: Oktober 2004).

AIIC. „The Principle of Confidentiality for Professional Interpreters. Statement by the Executive Committee of AIIC". https://aiic.net/page/8618/the-principle-of-confidentiality-for-professional-interpreters/ [09.01.2019].

„Bundesgesetz über die Organisation der Universitäten und ihre Studien (Universitätsgesetz 2002)." In: *Bundesgesetzblatt für die Republik Österreich*. Jahrgang 2002, ausgegeben am 9. August 2002.

Goffman, Erving. 1969/2003. *Wir alle spielen Theater: die Selbstdarstellung im Alltag*. München: Piper.

Nord, Christiane. 1989. „Loyalität statt Treue: Vorschläge zu einer funktionalen Übersetzungstypologie." In: *Lebende Sprachen* 3, 100–105.

Prunč, Erich. 1997. „Translationskultur. (Versuch einer konstruktiven Kritik des translatorischen Handelns.)" In: *TexTconText* 11, 99–127.

2 Translation als kultureller Transfer

In diesem Kapitel werden wir die kulturelle Dimension des menschlichen Handelns und insbesondere der menschlichen Kommunikation näher untersuchen und dabei noch genauer erklären, warum Translation als kultureller Transfer zu betrachten ist. Zunächst aber eine kurze Begriffspräzisierung: Was ist eigentlich das Phänomen, das wir *Kultur* nennen? Wir werden sehen, dass der wissenschaftliche Begriff von Kultur viel mehr umfasst als der alltägliche: Kultur bezieht sich nicht nur auf Literatur, Theater, Musik etc., sondern stellt die Gesamtheit der Normen und Konventionen dar, die das Verhalten einer Gesellschaft oder einer Gruppe kennzeichnen. Wir können somit sagen:

> Kultur ist das Ensemble gesellschaftlicher Erfahrungen, Denkstrukturen und Handlungspraktiken.

Wir müssen uns aber auch folgende Fragen stellen:

- Woher kommt Kultur?
- Sind wir alle *nur* Produkte unserer Kultur?
- Wie hängen Kultur und Sprache zusammen?

Und:

- Was ist die Relation der unterschiedlichen Kulturen und Sprachen zueinander?

Denn, wenn diese *gar nichts* miteinander zu tun haben, wie könnten wir dann *trans*kulturell kommunizieren? Um diese Fragen zu beantworten, werden wir uns mit ein paar fundamentalen Grundsätzen des menschlichen Daseins befassen und nicht nur Texte, sondern auch die Menschen, die diese Texte produzieren und verstehen, als Teil des Weltkontinuums betrachten.

2.1 Kultur und Realitätsbezug

Wir gehen davon aus, dass es eine objektiv existierende Realität gibt. Dies bedeutet: Es gibt die Welt, unabhängig davon, ob wir Menschen sie wahrnehmen oder darüber kommunizieren wollen. Der uralte philosophische Streit über ‚Realität' lautet stark vereinfacht: Wenn ein Baum umfällt und kein Mensch dabei ist, um den Baum oder das Umfallen zu beobachten, besitzt der umfallende Baum eine Realität für uns oder nicht? Die einen behaupten: Nein, etwas ist nur real, wenn es eine Beobachterin gibt. Die anderen sagen: Natürlich – auch wenn wir es nicht sehen, fällt der Baum trotzdem um. Es gibt ja Dinge in der Welt, die eben *objektiv* vorhanden sind und deren Existenz nicht vom menschlichen Subjekt abhängen. Wenn wir hier sagen, es gibt eine objektiv existierende Realität, dann vertreten wir letzteren Standpunkt. Es gibt also die Welt; die Menschen sind Teil dieser Welt und können sie wahrnehmen (beobachten) – oder auch nicht.

Es ist natürlich klar, dass wir Menschen sehr viele Phänomene der Welt wahrnehmen, sogar wahrnehmen müssen, um überleben zu können. Wir müssen z. B. die Jahreszeiten wahrnehmen und uns mit diesem Naturgesetz auseinandersetzen, um uns ernähren zu können. Oder wir nehmen wahr, dass es Tiere und Pflanzen gibt, die uns nützlich sind. Dies gilt wohl für alle Menschen: Wir alle beziehen uns auf irgendeine Weise auf die Welt, auf die Realität. Wichtig ist aber: Auf *welche* Weise beziehen wir uns auf die Realität? Dieses Sich-Beziehen auf die Welt, in der man lebt, wird vor allem durch das Kollektiv oder die Gesellschaft bestimmt, in der man lebt. Menschen, die z. B. in der Wüste leben, müssen – und wollen daher – sich ganz anders auf ihre Umgebung beziehen als Menschen, die in den Bergen in Mitteleuropa leben. Erstere haben z. B. ganz andere Wasserbeschaffungsprobleme als die Bergbewohnerinnen. Sie haben daher nicht nur eine andere Umgebung, sondern haben auch als Gruppe ganz andere *Bedürfnisse* in Bezug auf diese Umgebung. Ihr **Realitätsbezug** ist daher zwangsläufig ein anderer als der des Bergvolks.

Was hat das alles mit Kultur zu tun? Wir haben oben gesagt: Kultur ist das Ensemble gesellschaftlicher Erfahrungen, Denkstrukturen und Handlungspraktiken. Wir können jetzt diese Definition um folgende Erkenntnis erweitern: Kultur ist das Ergebnis der Umgebung, in der wir leben, der Bedürfnisse, die in Bezug auf diese Umgebung befriedigt werden sollen, und nicht zuletzt der Art und Weise, wie wir mit diesen Bedürfnissen umgehen und über sie kommunizieren. Die oben genannten gesellschaftlichen Erfahrungen sind nichts anderes als die Wahrnehmung einer Gesellschaft derjenigen Aspekte der Welt (der Realität), die für sie wichtig sind. Die Denkstrukturen ergeben sich aus dieser Selektion: Wir denken so über die Welt, wie es unserer Gesellschaft als relevant erscheint. Und logischerweise erfolgen die Handlungspraktiken aus diesen Erfahrungen und den Denkstrukturen: Unser Tun, unsere Handlungen, werden auch davon bestimmt, wie wir die Realität erfahren und darüber denken.

Woher kommt Kultur? Kultur entsteht aus dem Bedürfnis der Menschen, sich adäquat auf die Realität zu beziehen. Was als adäquat gilt, unterscheidet sich je nach Gesellschaft und den kollektiven Bedürfnissen dieser Gesellschaft. Es gibt unterschiedliche Kulturen, weil es unterschiedliche Gesellschaften gibt mit unterschiedlichen Bedürfnissen in Bezug auf die Realität. Jede Kultur stellt somit einen anderen Bezug zur Realität dar. Jeder Mensch erwirbt im Laufe seiner Enkulturation (vgl. dazu genauer Kapitel 3.3) bestimmte Anteile an vielen Teilkulturen. Zum Beispiel durch seine Bildung, seine berufliche Sozialisierung, seine Sprachkompetenz usw. Er ist somit in verschiedenen kulturellen ‚Welten' zu Hause. Diese können mit Vermeer (1990) in eine Para-, Dia- und Idiokultur unterschieden werden. Parakultur meint dabei Kultur als Gesamtheit (z. B. die westeuropäische Kultur, die französische Kultur etc.), Diakultur bezieht sich auf eine bestimmte Gruppe (z. B. Jugendkultur) und Idiokultur meint die individuelle Kultur jeder einzelnen Person.

2.1.1 Kulturspezifisches Wissen

Wir haben oben festgestellt, dass jede Kultur diejenigen Aspekte der Realität selektiert, die sie für relevant erachtet. Diese Selektion bestimmt somit, was in einer bestimmten Kultur überhaupt als *relevante Erfahrung* der Welt zählt. Dass nicht alle Kulturen die gleiche Erfahrung der Welt haben und auch *nicht haben wollen*, sieht man z. B. daran, dass es für uns in Mitteleuropa selbstverständlich ist, dass wir die Straßenschuhe anlassen, wenn wir einen Laden betreten. Wir empfinden es nicht als unpassend, den Straßenschmutz ins Geschäft zu bringen. In Indien dagegen gilt es als extrem unhöflich, die Schuhe *nicht* auszuziehen, weil es ein Zeichen der Höflichkeit ist, den Boden, den man betritt, möglichst frei von Schmutz zu halten. Man könnte natürlich argumentieren, dass die Straßen in Indien oft schmutziger sind als Straßen in Mitteleuropa, aber wichtig ist hier das unterschiedliche *Empfinden* dessen, was schmutzig ist und was als höflich gilt, wenn man einkaufen geht. Die ‚gleiche' Realität wird anders erlebt, anders erfahren. Man könnte auch sagen: Sie wird anders *interpretiert*.

Beispiel: *Der europäische ‚way of life' aus der Sicht einer anderen Kultur*

Geburtenexplosion in Mitteleuropa! Entwicklung in Europa wieder rückläufig. Drohende humanitäre Tragödie in Europa: In Italien beträgt die durchschnittliche Geburtenrate 4,8 – und das bei einem BNP weit unter dem der meisten zivilisierten Länder. Unterernährung, niedrige Bildungsstandards und Krankheit grassieren in der bereits überbevölkerten Region, vor allem im Norden, wo das unüberwindliche Bergmassiv der Alpen und arktische Wintertemperaturen ein zivilisiertes Leben praktisch unmöglich machen. Dennoch produzieren die Europäer Nachwuchs ohne Ende. Es ist zwar kaum zu glauben, aber angeblich brauchen die Europäer während der extremen Kälte im Winter mehr Körperkontakt, was bei ihnen zwangsläufig dazu führt, dass sie mehr Kinder in die Welt setzen. Das abgelegene Bergdorf Cortina z. B. ist monatelang nur mithilfe von Holzplanken erreichbar, die

> man sich an die Füße schnürt, um nicht im Schnee zu versinken (sogenannte *Skis*). Und dort gebären die Frauen durchschnittlich 5,2 Kinder! Missionare machen die christliche Sekte der Katholiken für den unaufhaltsamen Kindersegen mitverantwortlich. Die Katholiken sind in diesem Teil Europas außerordentlich einflussreich: Sie predigen, dass der Gebrauch von Verhütungsmitteln zu ewiger Verdammnis führt und den Gott (die Sekte der Katholiken glaubt, es gebe nur einen Gott) erzürnt. Hinzu kommt, dass die Eingeborenen gerne zu einer hoch konzentrierten Droge (dem sogenannten *Grappa*, der in flüssiger Form eingenommen wird) greifen, was die sexuelle Aktivität der Bewohner Cortinas und der Nachbardörfer noch weiter ankurbelt.

In Mitteleuropa ist es ‚selbstverständlich', dass man Skis verwenden kann, um über den Schnee zu fahren oder, sofern man gläubig ist, nur an einen Gott glaubt. Was wir ‚alle wissen' ist so selbstverständlich, dass es uns absurd oder seltsam vorkommt, dieses Wissen zu thematisieren. Oft neigen wir sogar dazu, Menschen, die unser Kulturwissen nicht besitzen, als ignorant zu bezeichnen: „Jemand, der Mozart nicht kennt, ist ein Kulturbanause" oder „Stell' dir vor, die Amerikaner verwechseln immer Monet und Manet! Wie dumm kann man sein!" Frage: Wie viele afrikanische Komponisten kennen Sie? Oder: Können Sie eine chinesische Malerin nennen? Wir sehen, dass das Alltagswissen und auch die sogenannte Allgemeinbildung gar nicht so allgemein sind – sie sind eben kulturspezifisch.

2.1.2 Kulturspezifik und Transkulturalität

Auch wenn es weiterhin kulturspezifisches Wissen gibt und dieses somit auch für die Translation relevant ist, so hat sich das Verhältnis der Kulturen zueinander in den letzten Jahrzehnten stark verändert. Durch die Globalisierung, die alle Lebensbereiche von der Wirtschaft über Politik bis hin zur Kultur erfasst hat, entsteht eine interaktive Dynamik, die klar abgezirkelte Grenzen obsolet erscheinen lassen. Während die Globalisierung und ihre Auswirkungen auf Translation später behandelt werden (vgl. Kapitel 10), beschäftigt uns hier die Frage, wie wir Kultur und translatorische Kulturkompetenz im Lichte einer global vernetzten Welt verstehen sollten.

Wolfgang Welsch (2012) prägte den Begriff der Transkulturalität, durch den die vermeintliche Homogenität und Trennung verschiedener Kulturen in Frage gestellt wird. Laut Welsch sind Kulturen immer – sowohl extern als auch intern – miteinander vernetzt. Die externen Verflechtungen zwischen Kulturen entstehen durch die vielfältigen Kontakte, Verkehrs- und Kommunikationsflüsse und führen dazu, dass zahlreiche Praktiken durchdrungen sind von vielfältigen kulturellen Einflüssen. So finden sich z. B. bestimmte Fernsehformate wie Big Brother, Castingshows für Sängerinnen oder Top-Models,

Kochsendungen, Unterhaltungsshows usw. in verschiedenen Kulturen. Die jeweilige Aneignung der Formate erfolgt dabei in einem transkulturellen Kontext. Das heißt, die Sendungen weisen sowohl Gemeinsamkeiten als auch, aufgrund kultureller Gegebenheiten, Unterschiede auf.

Darüber hinaus ist Transkulturalität auch durch eine interne Hybridisierung gekennzeichnet. Unsere Gesellschaften sind vielfältig, in ihnen leben Angehörige unterschiedlicher Länder zusammen, was auch dazu führt, dass Traditionen, Sachverhalte, Gegenstände, Wissensbestände, die einst als exotisch galten, nunmehr Teil unserer Kultur sind. Diese Entwicklungen finden sich in allen sozialen Bereichen. Hip-Hop in der Musik, Ayurveda in der Medizin oder Humus in der Gastronomie – um nur die drei Beispiele zu nennen – sind heute nicht mehr „fremde" Dinge, die einer Erklärung bedürfen, sondern – transkulturelle – Bestandteile unserer Gesellschaft.

Dies hat auch Auswirkungen auf das Individuum, das durch unterschiedliche kulturelle Einflüsse geprägt wird, wodurch kulturelle Identität immer vielfach und hybrid ist. „Heutige Menschen werden zunehmend *in sich* transkulturell." (Welsch 2012: 30, Hvbg. i.O.) Was für Translatorinnen immer selbstverständlich war, nämlich, dass sie sich in und zwischen verschiedenen Kulturen bewegen, ist im Zuge der Globalisierung zu einem weitverbreiteten Phänomen geworden.

Für die Kulturkompetenz von Translatorinnen und den Umgang mit Kulturspezifika hat die Transkulturalisierung unserer Gesellschaften verschiedene Auswirkungen. Zum einen wird das Überwinden von kulturellen Barrieren einfacher, da zahlreiche kulturelle Referenzen inzwischen kulturübergreifend bekannt sind. Zum anderen wird es auch schwieriger abzuwägen, welche Kulturspezifika in einem Text als bekannt angenommen werden können und welche translatorisch bearbeitet werden müssen, damit sie ihre Funktion im Text erfüllen können.

> **Beispiel**: In den 1970er-Jahren wurde bei der Übersetzung des Comicstrips *The Peanuts* das kulturspezifische American Football zu einem europäischen Fußballspiel gemacht. Es war einer der running gags, dass Lucy den ovalen Ball hält und, wenn Charlie Brown versucht, den Ball zu treffen, diesen wegzieht, sodass er durch die Luft segelt. Im Deutschen wurde der amerikanische football durch einen europäischen Fußball ersetzt. Zwar passt Lucys Verhalten (den Ball mit den Händen am Boden zu halten) nicht zu den europäischen Fußballregeln, allerdings nahmen das die Übersetzerinnen in Kauf, da ein ovaler Fußball und die Regeln des American Football für die Zielleserinnen völlig fremd waren und so der komische Effekt verloren gegangen wäre. Nicht zuletzt durch Fernsehserien und Filme ist American Football heutzutage auch bei uns so weit bekannt, dass eine solche Anpassung in der Übersetzung der *Peanuts* wohl nicht mehr nötig wäre.

2.2 Sprache und Kultur

Sprache ist das wichtigste Medium, mit dem wir unsere Erfahrungen und Interpretationen der Realität kommunizieren (wie wir in Kapitel 3 sehen werden, verwenden wir ja auch andere, nonverbale Mittel, um dies zu tun, wie z. B. Kleidung, Mimik, Gestik usw.). Sprache ist aber ein wesentlicher Ausdruck und gleichzeitig auch Träger der Kultur.

Eine Kultur kann allerdings nur über Dinge kommunizieren, die sie begreifen kann. Dieses Begreifen erfolgt, wie oben besprochen, indem wir die Welt bzw. unseren Bezug dazu interpretieren. Dabei ordnen wir auch unsere Erfahrung der Welt, d. h., wir bilden Abstraktionen davon. Diese Abstraktionen können wir auch *Begriffe* nennen. Begriffe erlauben uns, die Welt zu begreifen, indem sie gewisse Aspekte der Realität zusammenfassen und auch in Beziehung zueinander setzen. Insofern strukturieren auch Begriffe die Komplexität der Welt – wir müssen nicht jedes Mal alles wahrnehmen und jedes Mal entscheiden, was wichtig oder relevant ist. Wie oben bereits besprochen, wird dies von der Kulturgemeinschaft ‚entschieden'. Es sind diese Entscheidungen, die als Begriffe vermittelt und tradiert werden.

Das Vorhandensein von Begriffen allein genügt aber in den meisten Fällen nicht; wir brauchen auch Wörter, um diese Begriffe zu benennen. Diese bilden dann das Sprachsystem, das die kulturell relevante Erfahrung der Welt so darstellt, dass sie innerhalb der Kultur- und Sprachgemeinschaft kommuniziert werden kann. Man könnte sagen: Die Wörter (und auch die Grammatik) einer Sprache weisen darauf hin, was in einer bestimmten Kultur wichtig ist. Wenn es kein Wort für eine bestimmte Erfahrung gibt, dann wahrscheinlich deswegen, weil die Kultur noch nicht das Bedürfnis hatte, die Kommunikation über diese Erfahrung dadurch zu erleichtern, dass sie durch ein Wort ‚standardisiert' wurde. Dieser kollektive Konsens darüber, wie über eine gewisse Erfahrung kommuniziert wird – auch Lexikalisierung genannt –, prägt wiederum unsere Wahrnehmung der Erfahrung: Wir sehen die Welt durch die Brille unserer Sprache. Menschen, die z. B. ‚kein Wort' für die unterschiedlichen Gesichtsausdrücke einer Kuh haben, werden in der Regel auch nicht in der Lage sein, irgendwelche Unterschiede in der Kuhmimik festzustellen, sie sehen sie tatsächlich nicht.

> Objektive Realität
>
> ⇓
>
> Erfahrung
>
> ⇑⇓
>
> Interpretation (aufgrund kultureller Bedürfnisse)
>
> ⇑⇓
>
> Selektion /Begriffsbildung
>
> ⇑⇓
>
> Benennung/sprachliche Äußerung

Die Idee, dass unsere Wahrnehmung der Welt nicht nur kulturell, sondern vor allem sprachlich geprägt ist, wurde im 20. Jahrhundert hauptsächlich von den Linguisten Edward Sapir und Benjamin Whorf propagiert. Diese behaupteten allerdings, dass es unmöglich sei, der eigenen sprachlich geprägten Wahrnehmung der Welt zu entkommen. Diese These des sogenannten linguistischen Relativismus (alles sei relativ, es gebe keine absolute, objektive Realität oder Wahrheit, weil jede Sprache die Welt nur in Relation zu sich selbst ‚sehe') entfachte eine heftige wissenschaftliche Debatte: Wenn wir alle die Welt unterschiedlich sehen, woher wissen wir, was in anderen Sprachen gesagt wird? Wie können wir wissen, wovon in einer anderen Sprache die Rede ist, was ‚gemeint' ist, wenn es keinen neutralen Standpunkt gibt, von dem aus wir die wahre, objektive Welt betrachten können? In der Sprachphilosophie wird ‚das Gemeinte' als **Referenz** bezeichnet.

Die Frage der Referenz (also: Woher wissen wir, worauf sich Wörter beziehen oder worauf sie *referieren*?) ist natürlich für die Translation von zentraler Bedeutung. Denn wir haben ja oben gesagt, dass wir beim translatorischen Handeln eben das tun: Wir bewegen uns zwischen zwei unterschiedlichen Sichtweisen der Welt und drücken eine bestimmte Interpretation mittels einer der Sprachen aus. Die Antwort lautet: Wir wissen es aufgrund unserer Erfahrung mit der Realität, die mit unserer Kenntnis der Sprache gekoppelt ist.

2.3 Sprache und Diskurs

Wie wir alle wissen, sprechen nicht alle Mitglieder einer Kultur- oder Sprachgemeinschaft ‚dieselbe Sprache'. Schulkinder sprechen anders als Erwachsene, Jugendliche anders als Erstklässlerinnen, Akademikerinnen anders als Hilfsarbeiterinnen. Jede Gruppe bedient sich, je nach den eigenen Kommunikationsbedürfnissen, anderer Ausdrucksmöglichkeiten der Sprache, in und mit der sie lebt. Anders gesagt: Durch die Selektion in der tatsächlichen gesellschaftlichen Praxis werden unterschiedliche Aspekte des Sprachsystems artikuliert und sichtbar gemacht. Wenn wir eine Sprache als die Interpretation und Artikulation des menschlichen Bezuges zur Realität sehen, sind die unterschiedlichen, selektiven, praktischen Ausdrucksformen dieser Interpretation weitere, spezifischere Manifestationen der allgemeinen Interpretation. Der tatsächliche Sprachgebrauch der unterschiedlichen Gruppen in einer Kultur- und Sprachgemeinschaft selektiert und verwendet diejenigen Merkmale des allgemeinen Sprachsystems, die für ihre Zwecke geeignet sind. Man könnte sagen, dass eine ‚Sprache' – z. B. ‚Deutsch' oder ‚Tschechisch' – als übergeordnete Interpretation der Realität fungiert, die eine Reihe von untergeordneten Interpretationen hervorbringt. Diese untergeordneten Interpretationen werden auch *Diskurse* genannt.

Wie das Sprach- und Begriffssystem, innerhalb dessen sie ausgedrückt werden, artikulieren auch Diskurse die Interpretationen der Realität und die Werte derjenigen Gruppen, die sie verwenden. Wie die darüber gelagerte Sprache geben auch Diskurse vor, was kommunikativ thematisiert wird und wie, und auch, was nicht thematisiert wird oder werden soll. Diskurse stellen, mit anderen Worten, einen Konsens darüber dar, was ‚Thema' ist (dies haben wir oben auch als *Referenz* bezeichnet). Sie geben ‚das Gemeinte' oder die Interpretation des Realitätsbezugs einer bestimmten, durch Werte konstituierten Gruppe vor. Man hört z. B. im gewinn- und geldorientierten Diskurs der männlich dominierten Gesellschaft oft die Phrase: *Meine Mutter arbeitet nicht*. Dieser Diskurs interpretiert die Fürsorge einer Mutter, die Tatsache, dass sie putzt, kocht, ihrem Kind physische und emotionale Unterstützung bietet, nicht als *Arbeit*. In diesem Diskurs gilt eine Aktivität nur dann als *Arbeit*, wenn man damit Geld verdienen kann. Ein z. B. feministisch orientierter Diskurs, der die Realität der Mütter anders interpretiert, könnte die im Sprachsystem des Deutschen vorhandenen Mittel anders selektieren und das Handeln der Mütter so artikulieren: *Meine Mutter arbeitet nicht außer Haus* (was übrigens in einigen Ländern bereits zum politisch korrekten Sprachgebrauch geworden ist). Mit anderen Worten, Diskurse stellen soziale Interaktion dar, indem sie die bestehenden soziopolitischen Verhältnisse durch Selektion in einer konkreten sprachlichen Praxis beschreiben. Das heißt eigentlich, dass sich Menschen (bewusst oder unbewusst) durch Diskurse für bestimmte Interpretationen *entscheiden*, die zwangsläufig selektiver sind als die allgemeine Interpretation, die durch das Sprachsystem zur Verfügung steht.

Translatorinnen, die ja im Auftrag anderer entscheiden, was wie gemeint werden soll, müssen natürlich *bewusst* wissen, warum sie einen bestimmten

Diskurs wählen. Mit anderen Worten, sie brauchen ein explizites Wissen darüber, welche Assoziationen in den jeweiligen Sprachen und Kulturen mit welchen Mitteln aktiviert werden. Sie müssen in der Lage sein, Entscheidungen auf der Basis eines Vergleichs zwischen den Arbeitssprachen und Kulturen zu treffen. Damit kommen wir zur Frage: Wie kann dieser Vergleich stattfinden?

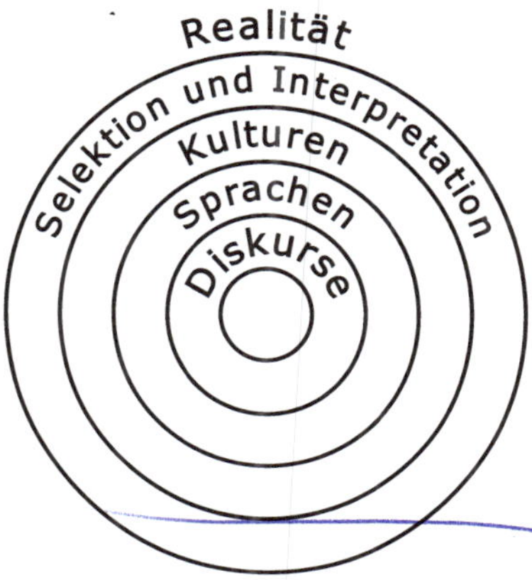

Abbildung 1: Die Einbettung von Diskursen in Kulturen (eigene Darstellung)

2.4 Kulturspezifik und Translation

Der Vergleich findet dadurch statt, dass wir uns bewusst machen, welche Interpretation welcher Erfahrung mit den jeweiligen sprachlichen Mitteln benannt wird. Wir haben in Abschnitt 2.2.1. festgestellt, dass die meisten Menschen sich unbewusst für eine Realitätsinterpretation ‚entscheiden', indem sie den Diskurs der Gesellschaftsgruppe, in der sie sich befinden, unreflektiert übernehmen. Professionelle Translatorinnen dagegen müssen immer wissen, was sie tun, d. h., warum sie was wann sagen. Der erste Schritt ist die Bewusstmachung der Kulturspezifik der jeweiligen sprachlichen Äußerung.

Die ‚Befreiung' aus dem Interpretationsmuster einer Kultur und Sprache, sei es das eigene oder ein ‚fremdes', erfolgt über den Weg der kritischen Auseinandersetzung damit. Dabei wird die Interpretation der jeweiligen im Text thematisierten Erfahrung bewusst wahrgenommen; ein Sich-Distanzieren findet statt, das es der Translatorin ermöglicht, die interpretative Wirkung der Sprache zu erkennen und vor allem die eigene Kultur und Sprache nicht mehr als selbstverständlich oder ‚natürlich' zu empfinden.

Diese kritische Auseinandersetzung verlangt nicht, wie z. B. von vielen Sprachphilosophen behauptet, dass man sich einer neutralen Sichtweise bedient. Diese kann es ja gar nicht geben, denn, wie wir oben gesehen haben, stellt *jede* Sprache eine kulturgeprägte Interpretation dar. Die kritische Auseinandersetzung erfolgt durch den Vergleich der eigenen Kultur und Sprache mit der ‚fremden' oder Zielkultur und -sprache. Die Basis für den Vergleich ist dabei die Erfahrung der Translatorin mit dem Teil der Realität, der Gegenstand des Textes ist.

Beispiel: ***Der Schriftsteller J. S. wurde in Wien 1919 geboren. Er emigrierte 1941 nach Amerika.*** Diese Sätze, aus einer Sammlung der Biographien berühmter Österreicherinnen, sollen in unterschiedliche Sprachen für das Internet übersetzt werden. Das Zielpublikum ist damit potenziell die ganze Welt. Eine kritische Auseinandersetzung mit der Realität, die im zweiten Satz thematisiert wird, zeigt folgende Interpretation auf: Das Datum ***1941*** ist für Menschen, die mit der österreichischen Geschichte vertraut sind, eindeutig – es weist auf den Zweiten Weltkrieg und die damit verbundene politische Situation hin (Verfolgung der Juden und anderer politisch Unerwünschter). Das Wort ***emigrierte*** steht ebenfalls für ein Phänomen, das im kollektiven österreichischen Bewusstsein präsent ist: Viele Menschen mussten in diesen Jahren das Land verlassen, um ihr Leben zu retten. Bei einer Übersetzung für ein Zielpublikum, das diese Geschichte nicht kennt oder nicht mehr im Bewusstsein hat, wäre zu überlegen, welches kulturspezifische Wissen in der Zielsprache explizit zu machen wäre und welche sprachlichen Mittel in der Zielsprache diese
Sicht der Geschichte ausdrücken könnten. Auch wenn die Translatorin nicht zu dieser Zeit gelebt und daher keine *unmittelbare* Erfahrung mit dieser Realität hat, verfügt sie doch aufgrund ihrer Kenntnisse der deutschen Sprache und der österreichischen Kultur über genügend Erfahrung aus zweiter Hand (aus Büchern, aus der Schule), um die Realität hinter den Wörtern zu erkennen.

Translation ist trotz der Kulturspezifik der Sprache deswegen möglich, weil jeder Mensch reale Erfahrung mit der Welt hat. Diese Erfahrung ist der Grund, warum wir wissen, ‚wovon wir sprechen', sowohl innerhalb einer Sprache als auch zwischen zwei Sprachen. Im Akt der Translation werden die unterschiedlichen Realitätsbezüge der jeweiligen Kulturen/Sprachen/Diskurse für die Zwecke der Kommunikationssituation im Bewusstsein der Translatorin kritisch miteinander verglichen. Der Translationsprozess ist der Ort, wo Sprache als Kultur sichtbar wird. Und damit Translation als Prozess stattfinden kann, muss ein menschliches Subjekt vorhanden sein (eine Translatorin), das Zugang zu zwei kulturell relevanten Interpretationen des menschlichen Realitätsbezugs hat. Dies ist möglich, weil Translatorinnen gelernt haben, sich auf unterschiedliche Weise auf die Realität zu beziehen. Und sie können dies lernen, weil sie Erfahrung mit der Realität durch unterschiedliche Kulturen und Sprachen gesammelt haben.

2.5 Zusammenfassung

Wenn wir uns im weiteren Verlauf des Buches mit Texten beschäftigen, so werden wir feststellen, dass diese keine Bedeutung *an sich* haben und *in sich* tragen, sondern dass die Bedeutung durch die Textrezipientinnen gestiftet wird. Dieses Kapitel hat erklärt, woher diese Bedeutung kommt: aus der Verknüpfung zwischen unserer Erfahrung der Realität, der kulturellen Interpretation dieser Erfahrung und den sprachlichen Mitteln, die diese Interpretation benennen. Jeder Text fungiert als Teil des Weltkontinuums (vgl. Abschnitt 2.1.2) in dem Sinne, dass er in der Realität (d. h. irgendeiner kulturell relevanten Realität) verankert sein muss, um Sinn zu ergeben, um verstanden zu werden. Ein Text kann eben nur verstanden werden, wenn er auf eine Rezipientin ‚trifft', die Zugang zu dem darin dargestellten kulturspezifischen Wissen hat.

Im Prozess der Translation treffen unterschiedliche Zugänge zur Realität aufeinander, die durch unterschiedliche Sprachen (und Diskurse) ausgedrückt werden. Translation ist daher immer kultureller Transfer. Ohne Kulturwissen ist professionelle Translation gar nicht möglich, denn Sprache ist immer der Ausdruck einer Kultur. Und professionelle Translatorinnen sollen ja immer wissen, welche Sicht der Welt sie mit den Mitteln der jeweiligen Sprache ausdrücken können, sollen, wollen.

> Translation ist ein wichtiges Mittel des kulturellen Transfers. Translation ist deswegen möglich, weil Menschen die Fähigkeit haben, sich auf verschiedene Weise auf die Welt zu beziehen. Dieser Bezug drückt sich in den unterschiedlichen Kulturen und Sprachen aus. Translatorinnen haben gelernt, sich mittels Sprache zwischen unterschiedlichen Realitätsbezügen zu bewegen und zu entscheiden, welche Realitätsinterpretationen mit welchen sprachlichen Mitteln nach welchen Kriterien auszudrücken sind.

Mit anderen Worten, Translatorinnen müssen immer Entscheidungen treffen: in Bezug auf die Interpretation des Ausgangstextes und in Bezug auf die Art und Weise, wie sie diese Interpretation im Zieltext wiedergeben können (mehr zu diesem Thema in Kapitel 8). Diese Entscheidungen können nur adäquat getroffen werden, wenn wir uns die Kulturspezifik der Sprachen und der Texte explizit bewusst machen – sonst ‚entscheiden' wir blind. Translation ist *immer* ein Entscheidungsprozess (vgl. z. B. Levy 1981). Translatorinnen sind daher keine passiven Vermittlerinnen: Sie gestalten *aktiv* die Kommunikation zwischen und innerhalb von Kulturen.

Quellen und weiterführende Literatur

Agar, Michael. 1994. *Language Shock. Understanding the Culture of Conversation.* New York: William Morrow.

Bachmann-Medick, Doris. 1997 (Hrsg.). *Übersetzung als Repräsentation fremder Kulturen.* Berlin: Schmidt.

Bartlett, Frank C. 1932. *Remembering. A study in experimental and social psychology.* Cambridge: Cambridge University Press.

Beaugrande, Robert de. 1994. „Cognition, communication, translation, instruction: The geopolitics of discourse." In: Beaugrande, Robert de & Shunnaq, Abdulla & Helial, Mohamed Helmy (Hrsg.). *Language, Discourse and Translation in the West and in the Middle East.* Amsterdam: Benjamins, 1–22.

Clyne, Michael. 1981. „Culture and discourse structure." In: *Journal of Pragmatics* 5, 61–66.

Drescher, Horst W. 1997. *Transfer. Übersetzen, Dolmetschen, Interkulturalität.* Frankfurt am Main: Peter Lang.

Geertz, Clifford. 1996. *Welt in Stücken. Kultur und Politik am Ende des 20. Jahrhunderts.* Deutsch von Herwig Engelmann. Wien: Passagen.

Hepp, Andreas. 2006. *Transkulturelle Kommunikation.* Konstanz/UVK.

Heringer, Hans Jürgen. 2007. *Interkulturelle Kommunikation. Grundlagen und Konzepte* (2. Auflage). Tübingen/Basel: Narr Francke.

Kupsch-Losereit, Sigrid. 1990. „Sprachlich-konzeptuelle Verarbeitung von Kulturdifferenz in der Übersetzung." In: *Lebende Sprachen* 4/90, 152–155.

Levy, Jiri. 1981. „Übersetzung als Entscheidungsprozess." In: Wilss, Wolfram (Hrsg.). *Übersetzungswissenschaft.* Darmstadt: Wissenschaftl. Buchgesellschaft, 219–235.

Schank, Roger & Abelson, Robert. 1977. *Scripts, plans, goals and understanding.* Hillsdale: Lawrence Erlbaum Associates.

Vermeer, Hans J. 1990 (Hrsg.). *Kulturspezifik des translatorischen Handelns* (2. Auflage). Heidelberg: Universitätsdruckerei Heidelberg.

Welsch, Wolfgang. 2012. „Was ist eigentlich Transkulturalität?" In: Kimmich, Dorothee & Schahadat, Schamma (Hrsg.). *Kulturen in Bewegung. Beiträge zur Theorie und Praxis der Transkulturalität.* Bielefeld: transcript, 25–40.

Whorf, Benjamin L. 1956/1988. *Sprache – Denken – Wirklichkeit* (*Language, Thought and Reality*). Beiträge zur Metalinguistik und Sprachphilosophie. Hrsg. und übersetzt von Peter Krausser. Reinbek bei Hamburg: Rowohlt.

3 Grundfragen der Kommunikation

Kommunikation wird allgemein als Austausch von Signalen zwischen mindestens zwei Beteiligten verstanden. Streng genommen ist jedes soziale Verhalten kommunikativ, denn in jeder zwischenmenschlichen Situation besteht ein natürlicher Drang zur Kommunikation. Es geht dabei um Mitteilungen, die wir mithilfe von sprachlichen, parasprachlichen und nichtsprachlichen Elementen vermitteln. Das lateinische Verbum *communicare* bedeutet ‚teilen', ‚mitteilen', ‚teilnehmen lassen'. In diesem Sinne wollen wir die Kommunikation als ‚Anteil haben an einer Mitteilung' verstanden wissen. Das berühmte Zitat von Paul Watzlawick (1969/2003: 53) „Man kann nicht *nicht* kommunizieren" geht auf die Überlegung zurück, dass jedes Verhalten gewissermaßen ein kommunikatives Potenzial besitzt. Wir werden uns zunächst mit diesen grundlegenden, kommunikationspsychologischen Überlegungen beschäftigen, um auf dieser Grundlage den intentionalen Charakter der transkulturellen Kommunikation besser beleuchten zu können.

3.1 Axiome der menschlichen Kommunikation

Menschliche Kommunikation ist ein Bereich, an dem wir alle tagtäglich teilhaben. Dennoch ist die Art, sich zu verständigen und miteinander umzugehen, ein komplexer Sachverhalt, der mehrere Seiten hat. Wir werden im Folgenden versuchen, die für unsere späteren translatorischen Fragestellungen wichtigen Aspekte herauszugreifen, und beginnen mit allgemeinen Grundsätzen der Kommunikation, die Watzlawick als **Axiome** definierte.

Zum ‚Material' der Kommunikation gehört Verhalten jeder Art – nicht nur Worte, sondern alle als bedeutungstragend interpretierbaren Signale wie Körperhaltung, Lachen, Weinen usw. In der interpersonalen Situation hat jedes Verhalten Mitteilungscharakter, unabhängig davon, ob es bewusst oder unbewusst auf ein Ziel hin ausgerichtet ist, d. h., jedes Verhalten ist Kommunikation. Eine vor dem Hörsaal wartende Studentin, die einige Meter von der übrigen Gruppe der Wartenden entfernt steht und durch das Fenster auf eine Mauer starrt, teilt auf diese Weise wahrscheinlich den übrigen Studierenden mit, dass sie nicht angesprochen werden möchte – was in der Regel auch ‚befolgt' wird. Die Studentin kommuniziert, indem sie versucht, nicht zu kommunizieren. Ihr Verhalten ist eine mögliche Definition ihrer Beziehung zur Gruppe, aus der sich die Postulierung des ersten metakommunikativen Axioms nach Watzlawick (2003: 53) ergibt:

> Man kann nicht *nicht* kommunizieren.

Die nächste grundlegende Eigenschaft der Kommunikation ist die Tatsache, dass jede Mitteilung neben der sachlichen Information, die auf einer rationalen Ebene angesiedelt ist, einen weiteren Aspekt enthält, der der emotionalen Ebene zuzuschreiben ist. Die emotionale Ebene spiegelt die Beziehung der Senderin zur Empfängerin der Mitteilung wider. Wenn beispielsweise die Tochter ihrer Mutter zum Geburtstag eine Uhr schenkt und beim nächsten Familientreffen mit einem liebevollen Lächeln auf die Uhr der Mutter deutet und fragt: „Geht die Uhr auch richtig?", so ist dies inhaltlich eine Frage nach Informationen zur Uhr. Auf der emotionalen Ebene wird durch den Kontext, Gesichtsausdruck usw. jedoch die Beziehung der Tochter zu ihrer Mutter ausgedrückt – Liebe, Respekt. Auch wenn sich Mutter und Tochter in weiterer Folge über die Präzision der Uhr unterhalten, hat der Inhalt wenig Bedeutung. Durch das Gespräch wird vielmehr die gegenseitige Beziehung definiert. Somit kann man von der Prämisse ausgehen, dass jede Kommunikation einen Inhalts- und einen Beziehungsaspekt hat. Dabei liefert der Inhaltsaspekt die reinen Informationen und der Beziehungsaspekt drückt aus, wie diese Informationen aufzufassen sind. Oder wie es Watzlawick (2003: 56) im zweiten Axiom der Kommunikation zusammenfasst:

> Jede Kommunikation hat einen Inhalts- und einen Beziehungsaspekt, derart, daß letzterer den ersteren bestimmt und daher eine Metakommunikation ist.

Einen wesentlichen Bestandteil der Kommunikation bilden des Weiteren Eigenschaften, die den Mitteilungsaustausch prägen. Es geht dabei um die Frage, wer eine bestimmte Verhaltensweise begonnen hat bzw. was die Folgen sind. Watzlawick spricht in diesem Zusammenhang von „Interpunktionen von Ereignisfolgen" (2003: 57), die die wechselseitigen Verhaltensverstärkungen regeln und ein Grund für Beziehungskonflikte sind. „Interpunktion" heißt willkürliche Interpretation des einen Verhaltens als Ursache und des anderen Verhaltens als Folge. Beispiele dafür finden sich sowohl auf interpersonaler als auch auf internationaler Ebene: Das berühmte Beispiel von Watzlawick: Ein Ehepaar, das dauernd streitet – der Mann zieht sich zurück, die Frau nörgelt. Die Interpretation des Mannes: „*Weil* sie immer nörgelt, ziehe ich mich zurück." Die Interpretation der Frau dazu: „*Weil* er sich immer zurückzieht, nörgle ich." Ein weiteres plastisches Beispiel für wechselseitige Verhaltensverstärkungen ist das Wettrüsten der Großmächte. Jede der wettrüstenden Nationen gibt vor, dass die Rüstung einer konkurrierenden Nation eine Bedrohung des Friedens sei. Die eigene Rüstung sei nur die Antwort darauf und werde ausschließlich zur Erhaltung des Friedens betrieben. Daraus ergibt sich ein drittes metakommunikatives Axiom (Watzlawick 2003: 61):

> Die Natur einer Beziehung ist durch die Interpunktion der Kommunikationsabläufe seitens der Partner bedingt.

In der menschlichen Kommunikation finden zwei Formen der Darstellung von Sachverhalten Anwendung: analoge und digitale Kommunikationsformen. Analoge Kommunikation wird durch eine Analogie hergestellt, z. B. durch eine Zeichnung, Weinen, Lachen, Körpersprache usw.; digitale Kommunikation benützt Worte, um Sachverhalte darzustellen. Beide Kommunikationsformen ergänzen und überschneiden einander. Mitteilungen durch Analogien besitzen eine weite Allgemeingültigkeit, während digitale Äußerungen durch sprachliche Feinheiten komplexe und abstrakte Ausdrucksmöglichkeiten aufweisen. Analoge Kommunikation ist vorwiegend der Beziehungsebene zuzuschreiben, während sich digitale Mitteilungen in der Regel der Inhaltsebene bedienen. Wenn wir uns an das Beispiel mit der geschenkten Uhr erinnern: Die Körpersprache der Tochter, ihr Lächeln, die Deutung auf die Uhr, ist der analogen, die verbale Frage „Geht die Uhr auch richtig?" der digitalen Kommunikation zuzuordnen. Dort, wo in der Kommunikation – wie in diesem Beispiel – die Beziehung die wichtigere Rolle spielt, erweist sich der analoge Teil der Kommunikation als bedeutungsträchtiger. Auch hier findet dieser Grundsatz sowohl im interpersonalen als auch im internationalen Bereich Anwendung: Wenn z. B. ein griechischer Reiseveranstalter für Reisen nach Griechenland wirbt, dann ist der analoge Teil der Mitteilung – das Bild vom kristallklaren Wasser, Strand und Sonne –, welcher die emotionale Ebene anspricht, wichtiger als der sprachliche, digitale Teil der Nachricht. Damit können wir das vierte Axiom der Kommunikation (Watzlawick 2003: 68) definieren:

> Menschliche Kommunikation bedient sich digitaler und analoger Modalitäten. Digitale Kommunikationen haben eine komplexe und vielseitige logische Syntax, aber eine auf dem Gebiet der Beziehungen unzulängliche Semantik. Analoge Kommunikationen dagegen besitzen dieses semantische Potential, ermangeln aber die für eindeutige Kommunikationen erforderliche logische Syntax.

Wir haben bereits festgehalten, dass in einer Mitteilung – neben der Sachinformation – auch zum Ausdruck gebracht wird, in welcher Beziehung die Kommunikationspartnerinnen zueinander stehen. Für die Festlegung der Beziehung wird aus einer breiten Palette des Miteinanderumgehens ein bestimmtes Verhalten ausgewählt, je nachdem, wer mit wem kommuniziert. Symmetrisch ist eine Beziehung, wenn beide Kommunikationspartnerinnen ihrem Gegenüber das gleiche Verhalten zeigen können, z. B. wenn beide Seiten fragen, kritisieren, Vorschläge machen dürfen. Komplementär ist eine Beziehung hingegen, wenn diese Gleichheit fehlt, also nur eine Seite z. B. Fragen stellt, für die andere Seite aber lediglich das Antworten vorgesehen ist. Wenn beispielsweise zwei Medizinerinnen in Vorbereitung einer Lehrveranstaltung ein Fachthema erörtern, so kann dieser Austausch von Informationen als symmetrische Kommunikation betrachtet werden; wenn dieselben Medizinerinnen das gleiche Thema in einem medizinischen Praktikum mit Studierenden erörtern, nehmen sie durch das Weitergeben des Fachwissens an die Studierenden eine superiore Stellung ein: Die Kommunikation wird komplementär. Symmetrische Kommunikationsabläufe zeichnen sich durch Gleichheit zwischen den Kommunikationspartnerinnen aus, wogegen die komplementären Kommunikationsabläufe die asymmetrische Kommunikation darstellen und auf sich gegenseitig ergänzenden Unterschiedlichkeiten beruhen. Während im ersteren Fall das gemeinsame Streben nach Verminderung von Unterschieden im Vordergrund steht, sind es in der komplementären Beziehung die grundsätzlich verschiedenen Positionen: die dominierende und die sich fügende Position, die sich gegenseitig ergänzen und voraussetzen. Damit kommen wir zur Definition des fünften Axioms nach Watzlawick (2003: 70):

> Zwischenmenschliche Abläufe sind entweder symmetrisch oder komplementär, je nachdem, ob die Beziehung zwischen den Partnern auf Gleichheit oder Unterschiedlichkeit beruht.

3.2 Kommunikationsmittel

Wir Menschen verständigen uns, indem wir durch unser Verhalten bestimmte bewusste oder unbewusste Signale senden, die von unserer Umwelt empfangen werden. Somit gibt es eine Senderin, die etwas mitteilen möchte, und eine Empfängerin, die das gesendete Gebilde entschlüsselt. Wir verwenden dabei bestimmte Zeichen, die wir folgenden sich ergänzenden Bereichen zuordnen können: der Sprache, der Parasprache und der nonverbalen Ebene. Zu Sprachzeichen gehören Silben, Wörter, Sätze und Texte, die wir benutzen.

Zur Parasprache gehören die Prosodie (Intonation, Pausen, Schnelligkeit, Akzent), Proxemik (Körperstellung und Körperführung), Gestik (Bewegungen der Hände) und Mimik (Mienenspiel), zur nonverbalen Ebene z. B. Kleidung, Räume, Objekte. Menschliche Kommunikation besteht aus einem dichten Netz von Sprachlichem, Parasprachlichem und Nonverbalem.

3.2.1 Sprache als Kommunikationsmittel

Zwischenmenschliche – mündliche und schriftliche – Kommunikation vollzieht sich zum größten Teil als sprachliche Kommunikation. Sprache als Kommunikationsmittel besteht dabei aus drei Dimensionen. Die **Syntax** bestimmt die generellen grammatikalischen Regeln, die Art und Weise, wie wir sprachliche Zeichen verknüpfen. Die **Semantik** bezieht sich auf die Bedeutungen, die mit sprachlichen Zeichen verbunden sind. Die für Translatorinnen zentrale Dimension stellt jedoch die **Pragmatik** dar: Sie umfasst die Verwendungssituation, betrachtet Sprache vom Standpunkt der Sprachbenützerin aus. Kenntnisse über abstrakte syntaktische Regeln und allgemeine Bedeutungsinhalte allein sind für unsere Zwecke daher nicht ausreichend; um erfolgreich zu kommunizieren, benötigen wir genaues Wissen darüber, wie man sich in bestimmten Situationen sprachlich verhält. Unser Interesse gilt hier der Stellung der Sprache im Zusammenhang mit der kommunikativen Leistung. Wir betrachten Sprache als Instrument, das dazu dient, Inhalte unseres Bewusstseins anderen Menschen mitzuteilen. Unter diesem Aspekt ist unser Interesse an Sprache ganz ‚pragmatisch'. Die Pragmatik ist besonders empfindlich bei Abweichungen: So erscheint uns abweichendes Verhalten störender als syntaktische oder semantische Regelverletzungen.

Die genauere Betrachtung der sprachlichen Interaktionen lässt sich jedoch nicht ohne Einteilung der verschiedenen Funktionen der Sprache darstellen. Der Sprachpsychologe Karl Bühler hat schon 1934 in seinem häufig zitierten und noch heute gültigen ‚Organonmodell' die Sprache als Werkzeug (griech. *organon* = ‚Werkzeug') bezeichnet, das verschiedene Funktionen erfüllt. Bühler zufolge bestehen folgende Grundfunktionen der Sprache und der Kommunikation:

> *Darstellung* eines Themas, *Ausdruck* einer Person und *Appell* an eine Person.

Sprachliche Zeichen sind demnach gleichzeitig **Symbol** für Gegenstände und Sachverhalte, **Symptom** für den Zustand der sprechenden Person und **Signal** für die angesprochene Person.

Eine bekannte Weiterentwicklung dieses Modells stammt von Schulz von Thun (1981). Er kombinierte die Sichtweisen von Bühler und Watzlawick und erstellte ein erweitertes Modell der Kommunikation, das „vier Seiten einer Nachricht“ enthält: Jede Mitteilung enthält zunächst eine Sachinformation – das, worüber informiert wird; in jeder Mitteilung stecken weitere Informationen über die Person der Senderin, über das, was sie über sich kundgibt, wie sie sich ‚offenbart‘. Mit ‚Offenbarung‘ meint Schulz von Thun sowohl die intendierte Selbstdarstellung als auch unfreiwillige Selbstenthüllungen. Der dritte Aspekt der Nachricht ist die Definition der Beziehung zwischen Senderin und Empfängerin. Und schließlich enthält die vierte Seite der Nachricht einen Appell, mit dem auf die Empfängerin der Nachricht Einfluss genommen wird.

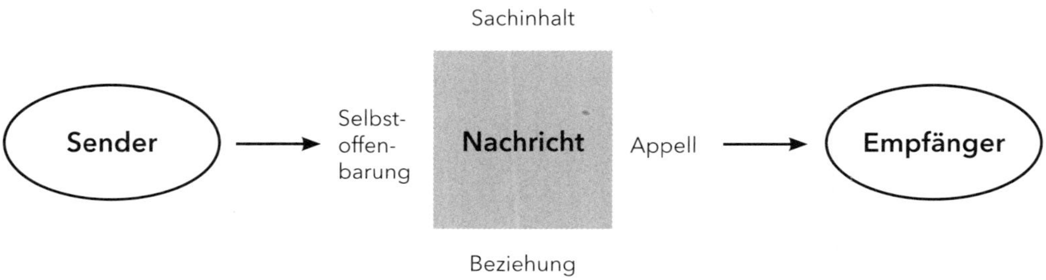

Abbildung 2: Die vier Seiten einer Nachricht – ein psychologisches Modell der zwischenmenschlichen Beziehung (Schulz von Thun 1981: 30)

Zur Veranschaulichung, was in einer Mitteilung bewusst oder unbewusst steckt und was man aus der Mitteilung erfahren kann, bedienen wir uns des einfachen Alltagsbeispiels von Schulz von Thun (1981: 26): Der Mann sagt zu seiner am Steuer sitzenden Frau: „Du, da vorne ist grün.“ Zunächst ist da ein Sachinhalt, das, worüber informiert wird: Die Ampel steht auf grün. In der Mitteilung stecken aber auch Botschaften über den Sender, die Selbstoffenbarung: Damit gibt der Mann kund, dass er schneller fahren würde oder dass er es vielleicht eilig hat. Aus der Mitteilung geht ferner hervor, wie der Mann zur Frau steht, dass er eventuell ihren Fahrkünsten nicht vertraut: Hier wird also die Beziehungsebene angesprochen. Das wird durch parasprachliche Signale – Intonation, Körpersprache – verstärkt. Die Appellseite der Nachricht ist vermutlich: Die Frau soll Gas geben, damit sie es noch bei grün schafft. Um die Nachricht mit ihren vier Seiten aufzunehmen, gibt Schulz von Thun der Empfängerin der Nachricht ‚vier Ohren‘: Mit dem ‚Sachinhalt-Ohr‘ versucht die Empfängerin, den Sachinhalt zu verstehen: „Wie ist der Sachverhalt zu verstehen?“ Das ‚Selbstoffenbarungsohr‘ fragt im nächsten Schritt über den

Sender: „Was ist das für einer?" Das ‚Beziehungsohr' hört die persönliche Note der Nachricht: „Wie steht der Sender zu mir?" Und schließlich fragt das ‚Appellohr': „Was will er von mir, was soll ich tun?"

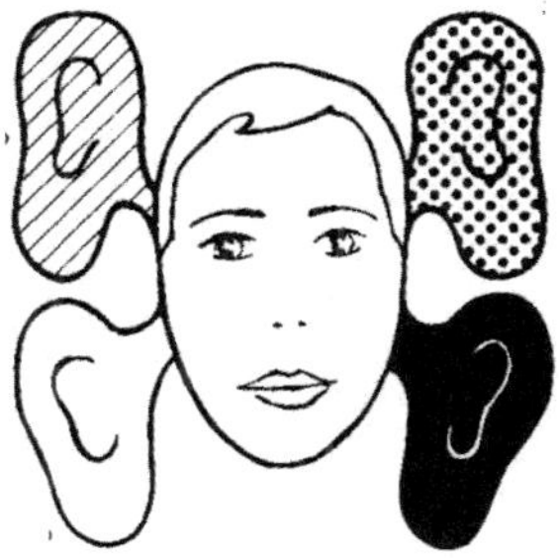

Abbildung 3: Der ‚vierohrige' Empfänger (Schulz von Thun 1981: 45)

Menschen reagieren in der Regel auf einem Ohr besonders sensibel – je nachdem, in welcher Beziehung die Kommunikationspartnerinnen zueinander stehen. Das hängt unter anderem auch davon ab, welche parasprachlichen und nonverbalen Zeichen in diesem Kommunikationsvorgang verwendet wurden und wie sie von der Empfängerin interpretiert werden.

> Die vier Seiten einer Nachricht umfassen: Sachinhalt, Selbstoffenbarung, Beziehung und Appell. Der ‚vierohrige Empfänger' versucht, die vier Seiten der Nachricht gleichzeitig zu erfassen.

3.2.2 Parasprachliche und nichtsprachliche Kommunikationsmittel

Das für den Menschen typische und zugleich am höchsten entwickelte Kommunikationsmedium ist sicherlich die Sprache. Die real stattfindenden Kommunikationsprozesse kennen jedoch eine Vielzahl anderer Kommunikationsmittel, die aus dem zwischenmenschlichen kommunikativen Austausch nicht wegzudenken sind. Die wichtigsten außersprachlichen Mittel in der Kommunikation sind körperbezogene Ausdrucksmittel, Kommunikationsräume, Kommunikationsobjekte. Alles, was uns umgibt, kann als kommunikatives Zeichen auftreten und damit Bedeutungen vermitteln. Im Sinne der Kommunikationstheorie von Watzlawick können wir außersprachlich verwendete Kommunikationsmittel der analogen Kommunikation zuordnen. Paraverbale und nonverbale Ausdrucksmittel wie Mimik, Gestik, Körperhaltung, Stimme usw. werden in der Regel unbewusst gesendet. Diese Informationen haben einen appellativen Charakter und wenden sich an die Beziehungsebene. Durch sie werden emotionale Wertungen und Einstellungen angesprochen und auch beeinflusst. Selbstverständlich können und werden sie aber auch bewusst eingesetzt. Nicht nur in der mündlichen Kommunikation lässt sich die appellative Funktion einer Nachricht durch analoge Kommunikationsmittel gut verkörpern. Insbesondere Bilder können emotionalisierend wirken, indem sie Neugierde, Interesse oder Betroffenheit wecken und bestimmte Reaktionen auslösen. Wir kennen die Instrumentalisierung der Bilder insbesondere aus der Werbung, aber auch aus den Nachrichten, aus Spendenaufrufen usw.

> Durch parasprachliche und nonverbale Kommunikationsmittel werden teils eigenständige Botschaften, größtenteils jedoch Hinweise darüber geliefert, wie der sprachliche Teil der Nachricht gemeint ist.

Was zwischenmenschliche Kommunikation kompliziert macht, ist die grundsätzlich freie Auswahl, welche Seite einer Nachricht man besonders sensibel aufnimmt bzw. mit welchem Ohr man besonders sensibel hört.

3.3 Kommunikation und Gesellschaft

Kommunikationsprozesse finden immer in einem bestimmten gesellschaftlichen Umfeld statt. Dies kann als zentraler Gesichtspunkt der Kommunikation gelten. Wie in einer Gesellschaft kommuniziert wird, hängt von vielen Faktoren ab: vom Klima, vom Lebensstandard und von den Bedürfnissen, von Machtverhältnissen, vom Verhältnis der Generationen, von Sitten und Gewohnheiten, von der Rollenvorstellung der Geschlechter, Tabus usw. Viele dieser Lebensumstände wurzeln in einer Tradition, die häufig als *Werte* bezeichnet wird und die Wunschvorstellungen einer Gesellschaft in einem bestimmten Zeitraum wiedergibt. Die Befolgung der Wunschvorstellungen geschieht durch das Lernen von Regeln und die Annahme von Verhaltensmustern, die in einer Gesellschaft in Form von Konventionen verankert sind. Den Anpassungsprozess an die Gesellschaft und ihre Kultur nennen wir **Enkulturation**. Enkulturation ist ein langer Prozess des Lernens von Spielregeln: Wir lernen, wie wir essen, wo wir schlafen, wie wir Zuwendung zeigen, mit Kolleginnen umgehen, Respekt vor Formen und Symbolen zeigen, wie viel Wert auf Äußeres in unserer Gesellschaft gelegt wird, also was von uns erwartet wird. Wir verhalten uns in Übereinstimmung mit dem, was in unserer Gesellschaft als ‚normal' angesehen wird. Wir haben uns in Kapitel 2 mit Kulturspezifik beschäftigt. An dieser Stelle wollen wir daher lediglich nochmals festhalten, dass Definitionen des Kulturbegriffs in der Regel das Wort *Verhalten* beinhalten: Verhaltensmuster, Verhaltensnormen, Verhaltenskonventionen …

Konventionen einer Gesellschaft beeinflussen das Kommunikationsverhalten einzelner Mitglieder der Gesellschaft, sodass man von der Kommunikationskultur einer Gruppe sprechen kann. In manchen Kulturen wird allgemein mehr als in anderen kommuniziert; aber auch der Anteil an sprachlicher und parasprachlicher Kommunikation variiert von Kultur zu Kultur. Das führt in der Regel zu stereotypen Meinungsbildungen, die aber häufig ein Körnchen Wahrheit enthalten, z. B. schweigsame Finninnen, hierarchieorientierte Österreicherinnen, redefreudige Italienerinnen. So selbstverständlich Verhaltensnormen und -konventionen in der gewohnten Umgebung sind, so hemmend können sie sich auswirken, sobald sie verfremdet oder in einer Gesellschaft angewandt werden, die diese Konventionen nicht kennt. Dies gilt sowohl für sprachliche als auch für parasprachliche und nonverbale Äußerungen. Das Repertoire an Mimik- und Gestikerscheinungen, die aus der Natur des menschlichen Gesichtsausdrucks entstehen, hat auch eine kulturspezifische Note und drückt dementsprechend kulturspezifische Inhalte und die dazu gehörenden Emotionen und Einstellungen aus.

Dieser Denkansatz liegt auch folgendem Modell zugrunde, das bereits 1948 vom amerikanischen Politikwissenschafter Harold D. Lasswell vorgestellt wurde. Lasswell suchte nach einer Formulierung, mit der Kommunikationsprozesse möglichst allgemeingültig beschrieben werden können, und formulierte eine Abfolge von Fragepronomen, die bald in der Kommunikationsforschung zur vielzitierten ‚Lasswell-Formel' wurde:

Wer
sagt was
in welchem Kanal
zu wem
mit welcher Wirkung?

Diese Fragenabfolge fasst die wichtigsten Faktoren, die den Kommunikationsprozess beeinflussen, zusammen. Viele Disziplinen haben diese Formel übernommen und weiterentwickelt. Wir möchten hier eine Erweiterung dieser Formel nach Hellmut Geißner (1981: 111) vorstellen, da dieses Modell ein harmonisches Spiel verschiedener Faktoren darstellt, wie sie insbesondere im Situationsmodell eines Gesprächs vorkommen, sich aber genauso gut auf die schriftliche Kommunikation übertragen lassen. Geißner fasst die wichtigsten Faktoren, die Kommunikation beeinflussen, mit neuen Fragewörtern zusammen:

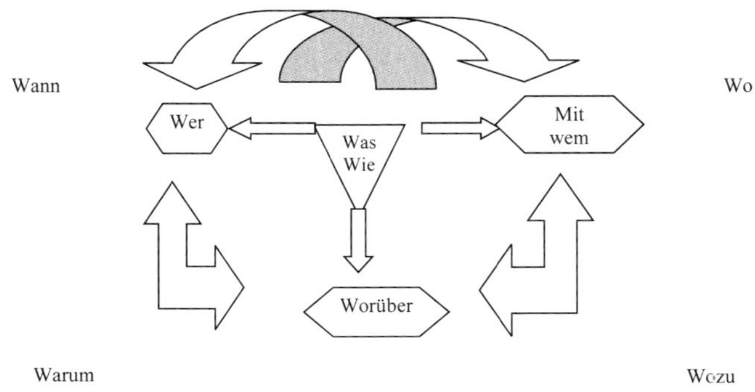

Abbildung 4: Neu gezeichnetes Modell ‚Sprechsituation' nach Geißner (1981: 111)

Diese Fragen sind ein Hinweis darauf, dass Kommunikationsprozesse nur im Zusammenhang mit einer bestimmten Gruppe zu einer bestimmten Zeit in einem bestimmten Raum untersucht werden können. Bevor wir zu situativen Faktoren der Kommunikation kommen, betrachten wir zunächst den größeren Kontext, in dem sich Kommunikation vollzieht.

3.4 Kommunikation zwischen Normativität und Individualität

Das Kommunikationsverhalten der Mitglieder einer Gesellschaft wird durch Verhaltensnormen und -konventionen geregelt. Diese Verhaltensregeln werden von der Mehrheit übernommen und verinnerlicht. Sie geben uns die Sicherheit, dass wir in bestimmten Situationen und Beziehungen in bestimmter Weise agieren oder reagieren. Sie geben uns auch die Sicherheit, dass wir mit einem bestimmten Verhalten unserer Kommunikationspartnerinnen rechnen können und nicht Überraschungen erleben. Persönliches Kommunikationsverhalten richtet sich nach den geltenden Regeln einer bestimmten Gruppe in der Gesellschaft. Das Grundmuster der Kommunikation enthält meistens standardisierte Verhaltensweisen, die am besten mit den Axiomen der Kommunikation nach Watzlawick wiedergegeben werden können. Als Beispiel können wir einen Kommunikationsvorgang in einem Amt nehmen:

Zwei Menschen, die heiraten wollen, sprechen am zuständigen Standesamt vor. Die Gesprächsorganisation zwischen der Standesbeamtin und dem jungen Paar ist ein regulierter Austausch von Informationen: Klientinnen liefern die Informationen, die Behördenvertreterin fordert, reglementiert. Die Kommunikation verläuft nach einem Frage-Antwort-Muster, wobei die Fragen der Behördenvertreterin auch dazu dienen, Entscheidungen für die eigenen weiteren Handlungen zu treffen. Es handelt sich dabei um eine asymmetrische Gesprächsorganisation, um ‚komplementäre Interaktion'. Die Referentin nimmt die superiore Stellung ein, die Parteien die inferiore, wobei sich die kommunikativen Handlungen der beiden Seiten ergänzen bzw. voraussetzen. (An dieser Stelle interessiert uns lediglich die gesellschaftlich organisierte, d. h. institutionalisierte Kommunikation; selbstverständlich könnten wir hier auch den Inhalts- und Beziehungsaspekt der Kommunikation untersuchen sowie die Verflechtung zwischen analogen und digitalen Signalen der Kommunikation.) Die kommunikativen Abläufe hängen vom Kontext, den man als ‚Umwelt' der Kommunikation bezeichnen kann, ab. Kommunikation ist die wechselseitige Abhängigkeit des Individuums und seines Umfelds. Dennoch ist jede Kommunikation durch den Kommunikationsstil des Individuums geprägt.

Der Kommunikationsstil eines Individuums – der über das Individuum hinaus auch die Gemeinschaft in gewisser Weise repräsentiert – wird im kommunikativen Verhalten des Individuums sichtbar und zuordenbar. Der Kommunikationspsychologe Hellmuth Benesch (1987: 213) vertritt die Ansicht, dass sich persönliches Kommunikationsverhalten stets zwischen Machtverhalten (Dominanz) und Sich-Fügen (Komplianz) sowie zwischen Zuwendung (Affiliation) und Abstandsbildung (Ditention) bewegt. Typische Merkmale für Dominanz und Affiliation sind: initiieren, führen, koordinieren, lenken, raten. Merkmale für Dominanz und Ditention sind: beurteilen, kritisieren, missbilligen, sich widersetzen; für Komplianz und Affiliation: dulden, gefällig sein, mitarbeiten, zustimmen; für Komplianz und Ditention: aufgeben, ausweichen, einräumen, sich zurückziehen. Wie sich das Kommunikationsverhalten in einer konkreten Situation manifestiert, hängt wiederum von Faktoren ab, die wir bereits im Situationsmodell kennengelernt haben: wer mit wem, was, worüber, warum, wo, wann, wie, wozu. In der Kommunikationssituation stehen sich zwei Personen stets folgendermaßen gegenüber:

wer:	**mit wem:**
Person A geprägt durch	Person B geprägt durch
emotionale Befindlichkeit	emotionale Befindlichkeit
soziale Kompetenz	soziale Kompetenz
sprachliche Kompetenz	sprachliche Kompetenz
parasprachl. Ausdrucksgewohnheiten	parasprachl. Ausdrucksgewohnheiten
nonverbale Ausdrucksgewohnheiten	nonverbale Ausdrucksgewohnheiten
Sachkompetenz	Sachkompetenz
kommunikative Kompetenz	kommunikative Kompetenz
Erfahrung	Erfahrung
Intention	Intention
Erwartung	Erwartung

worüber:	Kommunikationsthema
warum:	aus welchem Anlass, aus welcher Motivation heraus
wo:	Ort und Ortsbeschaffenheit
wann:	Zeitraum, Tageszeit, Termineinbindung
wie:	Kommunikationsform und Zuwendungsqualität (Beziehungsebene)
wozu:	Zweck der Kommunikation

In jeder Kommunikation laufen also Implikationen, Bündel von Hintergrundfaktoren mit, die einen wesentlichen Anteil in der Kommunikation ausmachen. Durch die voranstehende Fragenabfolge und insbesondere durch ihre Beantwortung können wir zu einer Bewertung der von den Kommunizierenden ausgetauschten Informationen gelangen. In der Kommunikation gibt es also nicht eine von allen gleich wahrgenommene **Realität**; vielmehr sieht und interpretiert jeder Mensch diese Realität aus seiner individuellen Perspektive. Unterschiedliche Kommunikationsstile können besser verstanden werden, wenn wir unseren eigenen Stil nicht als den einzig logischen oder als den einzig richtigen betrachten.

3.5 Erfolg und Misserfolg der Kommunikation

Vereinfacht gesagt ist Kommunikation ein Vorgang der Verständigung, wobei im Mittelpunkt der Verständigung eine Information steht. Wir haben jedoch gesehen, dass die Beschreibung des kommunikativen Handelns umso komplexer wird, je mehr Faktoren, die die realen Kommunikationssituationen beeinflussen, berücksichtigt werden. Wir haben erfahren, dass jegliches menschliches Verhalten kommunikativ ist. Dieses Wissen brauchen wir einerseits, um Kommunikationsprozesse im Allgemeinen zu verstehen, und andererseits deshalb, weil unbewusst gesetzte Signale eine nicht unbedeutende Rolle in der Kommunikation spielen. Dennoch ist unser Hauptanliegen in weiterer Folge die intendierte Kommunikation. Die zum Kommunizieren gesetzten Aktionen wollen wir **kommunikatives Handeln** nennen. Wir verstehen kommunikatives Handeln nicht als bloßes Verhalten, sondern als ein absichtsvolles, auf ein Ziel ausgerichtetes sprachliches und parasprachliches Handeln, das stets ein Mittel zum Zweck ist. Zum kommunikativen Handeln gehören also alle zielgerichteten sprachlichen, parasprachlichen und nonverbalen Äußerungen, die in der konkreten Situation einen unmittelbaren kommunikativen Wert haben.

Kommunikative Handlungen können zwar singulär gesetzt werden, Kommunikation ist aber erst dann möglich, wenn mindestens zwei Menschen ihre kommunikativen Handlungen wechselseitig aufeinander richten. Kommunikative Ereignisse sind reziprok, d. h., man kann kommunizieren, wenn Rezipientinnen bereit sind zu rezipieren – es liegt das Prinzip der impliziten Reziprozität vor. Kommunikation kann daher zustande kommen, wenn die Mitteilungshandlung mit der Verstehenshandlung korrespondiert. Kommunikation ist sodann ein wechselseitiges soziales Ereignis, das von einer bestimmten Intention geleitet wird. Was die Intentionalität des kommunikativen Handelns ausmacht, lässt sich am besten mit folgender Differenzierung im Sinne von Burkart (1998: 58f.) festhalten:

> Jede kommunikativ handelnde Person hat eine *allgemeine* und eine *spezielle* Intention.

Die allgemeine Intention hat Mitteilungscharakter: etwas Bestimmtes mitteilen zu wollen. Damit wird das konstante Ziel jeder kommunikativen Handlung verfolgt – nämlich das Streben nach Verständigung zwischen sich und seinen Kommunikationspartnerinnen. Die spezielle Intention verfolgt weitere Ziele, nämlich durch kommunikatives Handeln ein bestimmtes Interesse zu realisieren. Diese spezielle Zielverfolgung ist variabel, denn Kommunikationsinteressen variieren und werden als erfolgreich angesehen, wenn die erwarteten Folgen eintreffen. Wir unterscheiden bei kommunikativen Handlungen zwischen zwei Aspekten: Kommunikationsversuchen und erreichter kommunikativer Absicht. Zur Charakterisierung von Kommunikationsversuchen ist es wesentlich, ob die Erwartungen der Senderin von der Empfängerin verstanden werden. Ein Kommunikationsversuch liegt vor, wenn eine Mitteilungsabsicht vorliegt. Für erfolgreiche Kommunikation ist somit das Gelingen des entsprechenden Kommunikationsversuches wesentlich. Erfolgreiche Kommunikation im Sinne eines erfolgreichen kommunikativen Handelns liegt dann vor, wenn die Adressatin diese kommunikative Handlung versteht.

3.6 Zusammenfassung

Die in diesem Kapitel vorgestellten allgemeinen Grundsätze der Kommunikation bieten einen ersten Einblick in den pragmatischen Bereich der menschlichen Kommunikation und stellen die Grundlage für die Untersuchung der Pragmatik der transkulturellen Kommunikation im Allgemeinen, aber auch des Dolmetschens und Übersetzens im Besonderen dar. Insbesondere können die hier theoretisch vorgestellten Konstrukte auf ihre praktische Nützlichkeit untersucht werden. Wir werden uns in weiterer Folge vorwiegend mit bewusster und absichtlicher Kommunikation beschäftigen, die zum gegenseitigen Verständnis führt; wir dürfen jedoch nicht außer Acht lassen, dass gegenseitiges Verständnis nicht immer zustande kommt. Soll Kommunikation gelingen, so dürfen die menschlichen Motive und Einstellungen nicht missachtet werden. Der Mensch hat wiederum eine klassifizierte Umwelterfahrung und kulturelle Prägung, diese prägen wiederum seine Ausdrucksweise – sowohl die Sprache als auch die parasprachlichen und nonverbalen Zeichen. Wir können generell festhalten, dass sich mit und in den kommunikativen Handlungen – neben den beiden Kommunikationspartnerinnen gemeinsamen Kommunikationsmitteln – individuelle Stile und Wertvorstellungen, individuelle Varianten der Realität, fixierte Traditionen und kulturspezifische Konventionen und Normen manifestieren. Ein Gutteil dieser Verhaltensformen ist unbewusst. Jede von uns kann aus der Erfahrung über misslungene Kommunikation berichten – oft dringt ins Bewusstsein nur das vage Gefühl, dass sich das Gegenüber falsch verhält, ohne zu wissen, woran das liegt. Die Beispiele zeigen, dass bestimmte Verhaltensweisen unerklärlich bleiben, solange sie nicht in einem weiten Kontext gesehen werden.

Quellen und weiterführende Literatur

Benesch, Hellmuth. 1987. *Atlas zur Psychologie. Tafeln und Texte*. München: dtv.

Bühler, Karl. 1934/1982. *Sprachtheorie. Die Darstellungsfunktion der Sprache*. Stuttgart: Fischer.

Burkart, Roland. 1998. *Kommunikationswissenschaft. Grundlagen und Problemfelder*. Wien: Böhlau.

Geißner, Hellmut. 1975/1981. *Rhetorik und politische Bildung*. Königstein/Ts: Scriptor.

Lasswell, Harold Dwight. 1948. *Power and personality*. New York: Norton.

Schulz von Thun, Friedemann. 1981. *Miteinander reden. Störungen und Klärungen. Psychologie der zwischenmenschlichen Kommunikation*. Reinbek bei Hamburg: Rowohlt.

Watzlawick, Paul & Beavin, Janet H. & Jackson, Don D. 1969/2003. *Menschliche Kommunikation. Formen, Störungen, Paradoxien*. Bern: Huber.

4 Grundfragen der Translation

Im vorhergehenden Kapitel haben wir einige grundlegende Aspekte der menschlichen Kommunikation diskutiert und u. a. festgestellt, dass Kommunikation viele unterschiedliche Aspekte des menschlichen Verhaltens umfasst. Wir haben gesehen, dass jede Art von Verhalten, sei es sprachlicher, parasprachlicher oder nonverbaler Natur, vom gesellschaftlichen – genauer gesagt, kulturellen – Umfeld beeinflusst wird, in dem der Mensch handelt. Diesen Einfluss der Kultur auf die Art und Weise, wie wir agieren und mit anderen Menschen *interagieren*, haben wir **Enkulturation** genannt. Die Sprache als eines der wichtigsten menschlichen Kommunikationsmittel ist dementsprechend ein wichtiger Träger und zugleich Ausdruck der jeweiligen Kultur. Wenn wir übersetzen oder dolmetschen, haben wir es immer mit (mindestens) zwei Sprachen zu tun und daher auch mit (mindestens) zwei unterschiedlichen Kulturen.

Dieses Kapitel beschäftigt sich also grundsätzlich mit der Frage: Was ist der Unterschied zwischen Kommunikation *in einer* Sprache und Kommunikation *zwischen zwei* Sprachen? Die Art von Kommunikation, die es Menschen ermöglicht, eine Äußerung von einer Sprache in eine andere ‚umzuwandeln', nennen wir **Translation** (vom lateinischen *translatio* = Übertragung, Versetzung). Translation kann – vereinfacht gesagt – zwei grundsätzliche Formen annehmen: Sie kann entweder schriftlich erfolgen und wird dann als **Übersetzen** bezeichnet. Oder sie erfolgt mündlich und trägt in diesem Fall die Bezeichnung **Dolmetschen**. Der Prozess des Übersetzens oder Dolmetschens, also die Tätigkeit, die von Menschen ausgeführt wird, wenn sie übersetzen oder dolmetschen, können wir unter den Oberbegriff **translatorisches Handeln** (vgl. auch Kapitel 5) einordnen. Und das Endergebnis des translatorischen Handelns, die fertige Übersetzung oder Dolmetschung, nennen wir dementsprechend **Translat**. Die eigentliche Frage, die in diesem Kapitel gestellt wird, ist: Was tun wir, wenn wir übersetzen oder dolmetschen, also wenn wir translatorisch handeln?

4.1 Was heißt transkulturelle Kommunikation?

Um die oben gestellte Frage zu beantworten, müssen wir zunächst die Ebene der Sprache verlassen und uns dem Thema der **Kommunikation zwischen Kulturen** widmen. Denn wie wir in Kapitel 3 festgestellt haben, findet Kommunikation nicht nur mittels Sprache statt, sondern auch innerhalb einer bestimmten Kultur. Wenn wir also zwischen zwei (oder mehreren) Sprachen kommunizieren wollen, sprechen oder schreiben wir nicht mehr innerhalb *einer* Kultur, sondern müssen uns ständig zwischen den zwei Kulturen bewegen, in denen diese Sprachen eingebettet sind. Wir können also sagen, dass wir dabei **transkulturelle Kommunikation** tätigen. Aber: Warum ist transkulturelle Kommunikation überhaupt notwendig?

4.2 Wozu brauchen wir transkulturelle Kommunikation?

Haben Sie schon einmal einen Blick in die Bibel geworfen? Ein Stück von Shakespeare im Theater gesehen? Oder Keanu Reeves im Fernsehen erlebt? Die bloße Tatsache, dass Sie das alles tun konnten, ist das Ergebnis der transkulturellen Kommunikation.

Die Menschen haben immer erfahren wollen, was andere, die vor ihnen gelebt haben oder in anderen Teilen der Welt leben, denken, tun und fühlen. Mit anderen Worten, sie wollten immer über die eigenen Sprach- und Kulturgrenzen hinausgehen und die Werte und Handlungsweisen anderer menschlicher Kollektive oder Gesellschaften kennenlernen. Wir haben bereits festgestellt, dass die Gesamtheit der Werte und der innerhalb einer Gruppe tradierten Verhaltenskonventionen als **Kultur** bezeichnet werden kann. Der Bedarf nach transkultureller Kommunikation war also immer schon gegeben.

> Ohne transkulturelle Kommunikation könnten wir nie erfahren, was Menschen in anderen Ländern tun, denken, fühlen. Wir würden nicht wissen, was in der Welt geschieht oder geschehen ist. Wir wären vom Großteil der menschlichen Geschichte abgeschnitten. Wir würden vom Großteil der Welt nichts wissen.

Wir können zwar davon ausgehen, dass Menschen auch in den vorschriftlichen Epochen über Sprach- und Kulturgrenzen hinweg miteinander kommuniziert haben, aber dafür gibt es klarerweise kaum verlässliche Quellen. Dass es aber immer darum ging, zu erfahren, was andere Menschen dachten, sagten, schrieben, sehen wir daran, dass das Übertragen von sprachlichen Äußerungen in eine andere Sprache in der Regel die Erschließung bzw. Verbreitung von kulturellen Werten zum Ziel hatte. So wurde z. B. die Literatur des alten Griechenland von römischen Dichtern wie Terenz, Cicero, Horaz, Virgil etc. ins Lateinische übersetzt, um die eigene Literatur und Kultur mit den Gedanken und Werten der von ihnen gepriesenen griechischen Autoren zu bereichern.

Auch die Übersetzung der Bibel aus dem Griechischen ins Lateinische (die sogenannte *Vulgata*) durch Hieronymus (ca. 331–ca. 420) trug maßgeblich dazu bei, die klassische Kultur seinen Zeitgenossen näherzubringen. Die lateinische Übersetzung der Bibel legte nicht nur eine bestimmte Interpretation der Heiligen Schrift über Jahrhunderte hinweg fest (und bestimmte dabei die Auslegung der christlichen Werte), sondern lieferte auch die Basis für die spätere Übersetzung in andere Landessprachen und ermöglichte indirekt auch den Zugang des ‚gemeinen Volkes' zur christlichen Botschaft. Welch zentrale Rolle die Übersetzung in der Gesellschaft spielt und wie politisch heikel die Interpretation und Verbreitung von Wissen oft ist, sehen wir am Beispiel der Bibelübersetzungen von Martin Luther oder dem Engländer William Tyndale. Beide wollten durch ihre Übersetzung der Bibel in die Sprache des Volkes die Monopolstellung der Kirche in der Interpretation des in der Bibel dargestellten Wissens unterminieren und auch dem nicht klerikalen Volk die Möglichkeit geben, zu erfahren, was in der Bibel steht, ohne kirchliche Intervention oder gar Zensur. Bekanntlich wurden sowohl Luther als auch Tyndale von der Kirche stark angefeindet (Tyndale wurde sogar aufgrund seiner Übersetzungen zum Tode verurteilt), denn ihre Übersetzungen haben Wissen verbreitet und damit die vorherrschenden kulturellen Werte in Frage gestellt. Es ging in der Tat um einen durch Übersetzertätigkeit ausgelösten Kulturkampf und daher schließlich auch um einen Machtkampf.

Der Wissenstransfer durch Übersetzungen fand nicht nur mittels der Bibel statt; er war natürlich auch in vielen Bereichen der Wissenschaft und Kunst ein wichtiges Instrument des kulturellen Austausches. So wurden z. B. im 12. Jahrhundert zahlreiche Texte aus dem Arabischen, der Sprache des islamischen Reichs, das Europa wissenschaftlich und philosophisch in vieler Hinsicht weit voraus war, im Rahmen der sogenannten ‚Schule von Toledo' ins Lateinische übersetzt und diese Texte wurden wiederum im 13. Jahrhundert in die spanische Landessprache übersetzt. Die daraus entstandene Verbreitung neuer Erkenntnisse in den Bereichen Astronomie, Medizin, Mathematik und Philosophie trugen dazu bei, die Kulturen Europas nachhaltig zu verändern und das Weltbild nicht nur der damaligen Zeit maßgeblich zu gestalten.

An dieser Werte verbreitenden und Weltbild verändernden Funktion und Wirkung von Übersetzungen hat sich bis heute nichts geändert. Wenn wir in Mitteleuropa täglich synchronisierte Filme und Fernsehsendungen aus den USA sehen können, wenn wir Teile der Bibel im Wiener Dialekt lesen können oder auch Zugang zu islamischen Texten haben, ohne Arabisch lesen zu können, bedeutet das, dass wir ständig mit Werten und Konventionen aus anderen Kulturen zusammenkommen. Das alles hat eine Wirkung auf die Art und Weise, wie wir die Geschehnisse in der Welt rezipieren und interpretieren. Und dies beeinflusst nicht zuletzt unsere eigenen Werte und unser eigenes Verhalten.

Die Kommunikation über Kultur- und Sprachgrenzen hinweg fand nicht nur mittels schriftlicher Texte statt, sondern natürlich und zuallererst in mündlicher Form. Das Dolmetschen wurde bereits im Alten Testament erwähnt (Josef und seine Brüder) und die Dolmetschtätigkeit war schon zu Zeiten des ägyptischen Alten Reiches ein wesentlicher Bestandteil militärischer Operationen. Das Dolmetschen blieb über Jahrhunderte hinweg ein unverzichtbares Instrument der Kriegsverhandlungen und gewann auch als Mittel zur Förderung der Handelsbeziehungen zwischen den unterschiedlichen Ländern an Signifikanz. So wurde z. B. in Wien im Jahr 1754 die Orientalische Akademie von Maria Theresia gegründet, um die Qualität der Dolmetscher zu sichern und unter zentrale Kontrolle zu bringen.

Wie beim Übersetzen erfolgt also auch mittels der Dolmetschtätigkeit ein Austausch von kulturell bedingten Werten und Einstellungen und es geht auch beim Dolmetschen um das Aushandeln von Machtansprüchen. Ob bei Kriegsverhandlungen, in der Diplomatie oder auch ‚nur' beim Konferenzdolmetschen, die Dolmetscherin ist immer an einem Prozess beteiligt, bei dem Menschen aus unterschiedlichen Kulturen ihren eigenen Standpunkt, ihre eigene Auffassung dessen, was besprochen wird, darlegen und verständlich machen wollen. Wir haben es immer mit zwei kulturell geformten Interpretationen eines Teils der Realität zu tun, die einander verstehen oder auch sich gegenseitig dominieren wollen.

Wir sehen, dass sowohl Übersetzerinnen als auch Dolmetscherinnen immer transkulturell kommunizieren und auch, dass sie die transkulturelle Kommunikation zwischen anderen Menschen ermöglichen. So haben sie natürlich eine sehr heikle Funktion inne: Nicht nur sprechen oder schreiben sie für Menschen, die nicht kontrollieren können, was sie tatsächlich sagen, sondern sie sind auch in der Lage, durch ihre sprachlichen Entscheidungen kulturelle Werte zu unterdrücken oder hervorzuheben. Dieser zentralen Rolle der Übersetzerin oder Dolmetscherin im interkulturellen Machtgefüge wurde in der Vergangenheit zwar oft mit Misstrauen begegnet (wir erinnern uns an Luther oder Tyndale), aber sie wurde immerhin *anerkannt*. Im Laufe der Zeit verlor aber die Translation als professionelle Tätigkeit immer mehr an gesellschaftlicher Anerkennung und Prestige. Ein Grund dafür könnte sein, dass das Übersetzen und Dolmetschen zunehmend zu einem Frauenberuf wurde. Ein anderer könnte aber auch sein, dass gerade *weil* Translatorinnen so viel (versteckte) Macht besitzen, die Signifikanz ihrer Tätigkeit heruntergespielt wird. Oder spielen vielleicht beide Faktoren eine Rolle?

Eine der Aufgaben und Ziele der Translationswissenschaft ist es, die gesellschaftliche Wichtigkeit der professionellen Translation sichtbar zu machen. Es gelingt Translationswissenschaftlerinnen immer mehr, die enorme Komplexität der transkulturellen Kommunikation zu identifizieren und zu erklären. Dabei geht es klarerweise nicht nur um hochentwickelte Sprach- und Textkompetenz, sondern auch um die Entscheidungsfindung in Bezug auf den Transfer von kulturellen Werten, auf soziopolitische Machtverhältnisse und schließlich auch darauf, welchen Interpretationen der Welt auf welche Weise eine Stimme verliehen wird.

> Die transkulturelle Kommunikation bewirkt den Austausch und die Verbreitung von Wissen, von Werten und von Interpretationen der Welt. Die Frage der Macht spielt dabei oft eine wichtige Rolle: Wer darf bestimmen, welches Wissen, welche Werte und welche Interpretation der Realität als die kulturelle Norm gilt?

Was tun wir also, wenn wir translatorisch handeln? Wir kommunizieren – und ermöglichen die Kommunikation – nicht nur zwischen Sprachen, sondern auch zwischen Kulturen. Sprache, als Träger der Kultur, vermittelt und tradiert kulturell geformte Werte und Interpretationen der Welt. Mit jeder sprachlichen Entscheidung treffen wir also auch eine kulturbezogene Entscheidung. Durch das Übersetzen oder Dolmetschen ermöglichen wir die Begegnung mit und den Austausch von kulturellen Werten – oder auch deren Ablehnung. Translatorisches Handeln ist immer auch transkulturelles Handeln, ist immer eine Form der transkulturellen Kommunikation.

4.3 Was heißt eigentlich Übersetzen?

Wie wir im vorangegangenen Abschnitt gesehen haben, sind Übersetzungen aus unserem Alltag nicht wegzudenken. Sie begegnen uns in den unterschiedlichsten Situationen und in vielfältigsten Formen. Oft sind wir uns gar nicht bewusst, dass es sich nicht um Originaltexte, sondern um Translate handelt. Wenn man darüber hinaus bedenkt, dass das Übersetzen eine Jahrtausende alte Tätigkeit ist, die in jeder Epoche und in jeder Gesellschaft immer wieder anderen Prinzipien folgte, so wird vielleicht klar, dass eine Erklärung, was Übersetzen nun eigentlich ist und worin das Wesen einer Übersetzung besteht, äußerst schwierig ist.

Diese Fragen sind jedoch für jede Übersetzerin von zentraler Bedeutung. Von ihrer Beantwortung hängt es auch ab, wie Übersetzende ihre Tätigkeit sehen und welche Rolle sie sich im Übersetzungsprozess zuschreiben. Wir wollen daher verschiedene Versuche, das Übersetzen zu erklären, näher betrachten. Ziel ist es dabei, eine solide Grundlage für ein zeitgemäßes und professionelles Selbstverständnis des Berufs und der Tätigkeit in Form einer schlüssigen und griffigen Definition zu erhalten.

4.3.1 Metaphorische Annäherungen

Schon bevor es die Übersetzungswissenschaft im heutigen Sinn gab, haben jene, die Übersetzungen angefertigt haben, immer wieder versucht, die Übersetzung in Form von Metaphern zu erfassen. Diese bildhaften Vergleiche sagen sehr viel darüber aus, worin die Aufgabe der Übersetzerin gesehen wird und was das Wesen einer guten und richtigen Übersetzung ist. Betrachten wir einige dieser Metaphern und die dahinter stehenden (Vor-)Urteile über das Übersetzen einmal näher.

> **Metapher 1:** Der Übersetzer ist ein Baumeister, der die Ziegel eines Gebäudes Stück für Stück abträgt, um an einer anderen Stelle mit denselben Ziegeln ein neues Gebäude zu errichten.

Dieses Bild existiert bereits seit der Antike; welche Auffassung vom Übersetzen steckt nun dahinter? Der Baumeister/Übersetzer konstruiert ein Gebäude/einen Text mithilfe von Ziegelsteinen/Bedeutungselementen. Wie geht er dabei vor? Er trägt die Ziegel einzeln ab und errichtet danach mit eben diesen Ziegeln an einer anderen Stelle ein neues Gebäude. Mit anderen Worten: Er analysiert die einzelnen Bedeutungen und transferiert sie unverändert in die Zielsprache, in der er seinen neuen Text schafft. Über die Form des neuen Gebäudes wird in dieser Metapher nichts gesagt, d. h., das Gebäude kann gegebenenfalls auch anders aussehen, wichtig ist, dass die gleichen Ziegel zur Konstruktion verwendet werden. Auf die Übersetzung übertragen heißt das, dass der Text zwar aufgrund der unterschiedlichen Strukturen der verschiedenen Sprachen in der Form anders sein kann; was allerdings identisch bleiben sollte, sind die Bedeutungsinhalte. Welches Berufsbild steckt hinter dieser Metapher? Das Tragen der Ziegel ist einerseits mit einer gewissen physischen Leistung verbunden, andererseits auch mit einem hohen Maß an Achtsamkeit, damit die Ziegel nicht zu Bruch gehen. Sind es tatsächlich die in diesem Bild beschriebenen Eigenschaften des handwerklichen Kraftaufwands und der handwerklichen Sorgfalt, die eine gute Übersetzerin ausmachen? Sehen wir uns noch eine zweite metaphorische Beschreibung der übersetzerischen Tätigkeit an.

> **Metapher 2:** Übersetzer sind Brückenbauer der Verständigung. Die Brücke des Übersetzens verbindet zwei unterschiedliche Kulturen und Sprachgemeinschaften.

Diese Metapher verwendet der Übersetzungswissenschaftler Hans Hönig (1995: 18), der ein ganz anderes Bild von der Tätigkeit und dem Beruf entwirft. Eine Brücke dient dazu, ein Hindernis, z. B. eine Kluft, einen Fluss, zu überwinden. Um eine tragfähige Brücke bauen zu können, braucht man zunächst einen Plan; danach muss man einen Entwurf erstellen, der dann die Grundlage für die Gestaltung ist. Diese hängt dabei von der Beschaffenheit der Konstruktionsmittel und der Funktion der Brücke ab. Je nachdem, ob sie für Fußgängerinnen oder Kraftfahrzeuge gedacht ist, ob sie auf sandigem oder felsigem Boden gebaut wird, sieht die Brücke anders aus. Überträgt man dieses Bild auf das Übersetzen, so steht die Brücke für einen Text, den die Übersetzerin schafft, um so Informationen und Gedanken über eine Verständigungsbarriere hinweg von einer Ausgangs- in eine Zielkultur zu transportieren. Sie selbst wählt das dafür nötige Material, d. h. die entsprechenden kommunikativen Mittel aus, je nachdem, wofür der Text gebraucht wird. Das Berufsbild entspricht hier dem einer eigenständig und eigenverantwortlich handelnden Expertin. Ähnlich wie der Brückenbauer, der über Planungs- und Gestaltungskompetenz verfügt und Kenntnisse in Materialkunde und Statik benötigt, muss die Übersetzerin die Funktionsweise von Sprache und die Grundlagen und Prinzipien der Kommunikation verstehen und anwenden können, um ihre Übersetzung planvoll und funktionsgerecht gestalten zu können. Anders als bei der Baumeister-Metapher ist die Übersetzerin hier eine Expertin, deren Übersetzungen nicht aufgrund von handwerklichem Geschick, sondern durch reflektiertes Handeln entstehen.

Neben bildhaften Vergleichen, von denen wir hier zwei näher analysiert haben, gibt es natürlich auch wissenschaftliche Versuche, das Übersetzen näher zu bestimmen. Eine wissenschaftliche Erklärung bedient sich nicht rein metaphorischer Umschreibungen, sondern versucht ihren Gegenstand präzise zu definieren, d. h. die wesenstypischen Merkmale eines Begriffs zu erfassen. Je nach theoretischer Ausrichtung sind ganz unterschiedliche Definitionsansätze zu finden. Wir wollen uns zwei davon näher ansehen.

> **Definition 1:** Eine Übersetzung ist das Resultat einer sprachlich-textuellen Operation, die von einem AS-Text zu einem ZS-Text führt, wobei zwischen ZS-Text und AS-Text eine Übersetzungs-(oder Äquivalenz-)relation hergestellt wird. (Koller 1992: 16)

Diese Definition sieht das Wesen der Übersetzung in ihrer Beziehung zum Ausgangstext. Diese Beziehung wird mit dem Konzept der Äquivalenz näher bestimmt. Äquivalenz wird in der Wissenschaft sehr unterschiedlich definiert; für uns genügt die Feststellung, dass es sich um eine Ähnlichkeitsbeziehung handelt, die der zielsprachliche (zs) Text mit dem ausgangssprachlichen (as) Text aufweisen muss. Äquivalenz kann sich auf verschiedene Dimensionen eines Textes, z. B. seinen Inhalt, seinen Stil, seine Wirkung, seine Form etc. beziehen. Was in der Übersetzung äquivalent bleiben muss, ergibt sich aus der Analyse des Ausgangstextes, der letztlich die entscheidende Instanz bei der Beurteilung der Übersetzung ist. Daher nennt man diesen Ansatz auch ausgangstextorientiert. Wenn wir diese Definition mit unseren beiden bildhaften Vergleichen der Übersetzung kontrastieren, so können wir eine Ähnlichkeit mit der Metapher des Baumeisters feststellen. Dieser findet das Material, mit dem er sein Gebäude errichtet, bereits fertig vor, er muss es nur noch transportieren. Die Ziegel (d. h. die Bedeutungsinhalte des Ausgangstextes) sollen möglichst unbeschädigt bleiben und geben dem Baumeister bereits vor, wie das neue Gebäude errichtet werden muss.

Die Aufgabe der Übersetzerin besteht laut dieser Definition in der unveränderten (d. h. äquivalenten) Wiedergabe der verschiedenen inhaltlichen, stilistischen, formalen etc. Merkmale des Ausgangstextes. Diese und auch andere ausgangstextorientierte Definitionen vernachlässigen einen wesentlichen Aspekt, der in der Brückenbau-Metapher zum Ausdruck kommt: Das Handeln der Übersetzerin wird nicht vom vorgegebenen (Sprach-)Material bestimmt, sondern von der Funktion und den Aufgaben, die ihre (Text-)Konstruktion in der Zielkultur erfüllen muss. Wir wollen uns daher noch eine andere Definition ansehen, die nicht den Ausgangstext, sondern die Funktion, die die Übersetzung erfüllen soll, zum zentralen Maßstab nimmt.

> **Definition 2:** Übersetzen heißt, einen Zieltext über Sprach- und Kulturbarrieren hinweg zu erstellen. Die Realisation der verschiedenen Dimensionen des Zieltextes (Inhalt, Form, Stil, Wirkung etc.) hängt von der intendierten Funktion ab, die dieser in der Zielkultur erfüllen soll. Diese Funktion ist es auch, die die Art der Anbindung an den Ausgangstext bestimmt.

In dieser – zieltextorientierten – Definition wird die Übersetzung nicht als Abbild des Ausgangstextes gesehen. Wie die Übersetzung aussehen soll, hängt von ihrer Funktion ab. Das heißt, die Übersetzerin muss zunächst einmal genau analysieren, wozu die Übersetzung gebraucht wird. Dazu bedarf es einer übersetzungsrelevanten Analyse (vgl. Kapitel 8). Nicht der Ausgangstext bestimmt das übersetzerische Handeln, sondern der Verwendungszweck. Die Übersetzerin hat in dieser Definition eine größere Verantwortung, da sie nicht einfach übersetzen kann, was im Ausgangstext steht, sondern sich genau überlegen muss, für wen die Übersetzung gedacht ist und welchen Zweck ihr Zieltext erfüllen soll. Sie ähnelt hier dem Brückenbauer, der über ein Hindernis hinweg und in Kenntnis der Funktion seiner Konstruktion und der Beschaffenheit des Baumaterials einen Verbindungsweg schafft. Analog dazu ermöglicht die Übersetzerin Kommunikation über Sprach- und Kulturgrenzen hinweg, indem sie zunächst genau analysiert, wozu ihre Übersetzung benötigt wird, dann die Beschaffenheit des Ausgangstextes untersucht und schließlich die kommunikativen Mittel auswählt, die zur Erstellung eines funktionsgerechten Zieltextes nötig sind.

4.3.2 Übersetzungsformen

Die Begriffe Übersetzen und Übersetzung werden für die unterschiedlichsten Phänomene und in unterschiedlichsten Zusammenhängen verwendet. So spricht man zum Beispiel in der Architektur von der Übersetzung japanischer Formen in europäisches Design, in der Soziologie wird die Übersetzung als Konzept für die Beschreibung von Integrationsprozessen verwendet, in der Medizin spricht man von der Übersetzung präklinischer Daten in klinische Studien. Wenn wir aus übersetzerischer Sicht den translatorischen Prozess und das translatorische Produkt betrachten, so beziehen wir uns immer auf textbasierte Handlungen. Texte umfassen dabei – wie wir später sehen werden – nicht nur sprachliche, sondern auch nichtsprachliche Elemente.

Will man die verschiedenen – textuellen – Übersetzungsphänomene klassifizieren, so wäre es natürlich möglich, dies im Hinblick auf die unterschiedlichen Textarten zu tun, nicht zuletzt, weil jede Textgattung bzw. -sorte auch eigene Schwierigkeiten und Herausforderungen mit sich bringt. Wenn man jedoch bedenkt, dass grundsätzlich aus allen Bereichen – Recht, Wirtschaft, Medizin, Kunst, Literatur, Film usw. – übersetzt wird, entstünde eine unüberschaubare Zahl unterschiedlicher Übersetzungsformen.

Daher wollen wir eine Klassifizierung wählen, die sich an den zum Einsatz kommenden Kommunikationssystemen orientiert. Die Semiotik als Wissenschaft der Zeichen unterscheidet zwischen sprachlichen und nicht-sprachlichen Kommunikationsmitteln. In erster Linie assoziieren wir mit der Übersetzung den Transfer von Texten aus einer Sprache in eine andere. Diese Übersetzungsform nennt Roman Jakobson (1959) die interlinguale oder „eigentliche“ Übersetzung. Daneben unterscheidet er noch zwei weitere Formen: die intralinguale und die intersemiotische Übersetzung, also die Übersetzung innerhalb einer Sprache bzw. die Übersetzung zwischen zwei unterschiedlichen semiotischen Zeichensystemen, wie z. B. die Übersetzung von Sprache in Bilder oder von Musik in Sprache. Beide Formen gewinnen immer mehr an Bedeutung und bieten auch für professionelle Übersetzerinnen wichtige Tätigkeitsfelder.

Das Übersetzen innerhalb einer Sprache findet in der Regel statt, um Texte, die ansonsten für eine Zielgruppe schwer verständlich wären, zugänglich zu machen. Vor allem im Rahmen barrierefreier Kommunikation ist diese Übersetzungsform häufig zu finden. So werden deutschsprachige Fach- oder Standardtexte zum Beispiel in Leichte Sprache übersetzt. Diese Varietät des Deutschen zeichnet sich durch die Verwendung einfacherer syntaktischer und lexikalischer Formen und der Verwendung visueller Mittel wie zum Beispiel größerer Schrift, Hervorhebungen, Zwischentiteln aus (vgl. Maaß 2015). Die Zielgruppen solcher Übersetzungen sind Menschen mit kognitiven Einschränkungen oder Sinnesbeeinträchtigungen sowie Personen, die aufgrund mangelnder Alphabetisierung beim sinnerfassenden Lesen Schwierigkeiten haben.

Auch die intersemiotische Übersetzung stellt eine Form dar, die immer größere Bedeutung gewinnt, nicht zuletzt aufgrund des Bestrebens, möglichst alle Menschen an der Kommunikation teilhaben zu lassen. Ein Beispiel hierfür wären die sogenannten Audiodeskriptionen, die auch als akustische Bildbeschreibungen bezeichnet werden. Dabei werden bildliche Informationen in sprachliche Informationen übersetzt. Wenn Blinde oder sehbehinderte Menschen einen Film ansehen, eine Theateraufführung besuchen oder in ein Museum gehen, so wird ihnen durch die Übersetzung der visuellen Elemente eines Films, einer Bühnenaufführung oder einer Ausstellung in gesprochene Sprache die bildliche Dimension zugänglich gemacht. Wie jede Übersetzung stellen auch Audiodeskriptionen ganz spezifische Herausforderungen an Übersetzerinnen dar (vgl. Benecke 2014).

So unterschiedlich und vielfältig die Übersetzungsformen auch sind, ihnen allen gemeinsam ist, dass Sie das Ziel verfolgen, Kommunikation zwischen und für Menschen zu ermöglichen, indem sie hierfür die jeweils adäquaten kommunikativen Mittel auswählen.

4.4 Was heißt eigentlich Dolmetschen?

Wir haben im vorangegangenen Kapitel gesehen, dass Kommunikation als soziales Verhalten im Allgemeinen ein komplexes Netzwerk verschiedener Einflussbereiche darstellt. Der Unterschied zur ‚einfachen' Kommunikation ist der, dass es sich beim Dolmetschen um Kommunikation über komplexe

Grenzen hinweg handelt: nicht nur über Sprach- und Kulturgrenzen, sondern auch über individuelle Stile, Gefühle, Machtkonstellationen hinweg. Ähnlich wie beim Übersetzen steht beim Dolmetschen der Skopos der translatorischen Handlung im Vordergrund. So ist es beim Dolmetschen zulässig, das Translat in kommentierter, gekürzter oder verlängerter Form zu liefern.

4.4.1 Dolmetschtechniken

Dolmetschhandlungen werden in der Translationswissenschaft auf unterschiedliche Weise eingeteilt. Eine zentrale Einteilung ist die nach der verwendeten ‚Technik' oder, wie es auch oft heißt, nach dem Dolmetschmodus. Wir beschränken uns hier zunächst auf die Einteilung in die Haupttechniken des Dolmetschens: **Konsekutivdolmetschen** und **Simultandolmetschen**. Das Konsekutivdolmetschen ist die klassische bzw. die älteste Form des Dolmetschens. Hauptkennzeichen dieser Dolmetschtechnik ist, dass die Dolmetschung erst einsetzt, wenn die Rednerin einen in sich abgeschlossenen Text(teil) produziert hat, die Dolmetschung erfolgt also im Nachhinein. Es kann sich dabei um kurze Äußerungen handeln, die aus dem Gedächtnis wiedergegeben werden, aber auch um längere Textpassagen, die mithilfe der Notizentechnik vollständig gedolmetscht werden können. Die Anwendung der Konsekutivtechnik ist durch einen erheblichen Zeitaufwand gekennzeichnet. Zunächst trägt die Rednerin ihre Ausführungen vor, dann erfolgt die Wiedergabe durch die Dolmetscherin, sodass die Rede durch diese Dolmetschtechnik im Ergebnis etwa doppelt so lange dauert wie die Ausgangsäußerung. Deshalb wird das Konsekutivdolmetschen vor allem bei Veranstaltungen eingesetzt, die eher von kürzerer Dauer sind: Der Konsekutivmodus wird bei diplomatischen, wirtschaftlichen, politischen Gesprächen oder feierlichen Anlässen gepflegt, aber auch bei Gerichten und Behörden. Für mehrsprachige Veranstaltungen von längerer Dauer, wie z. B. große Tagungen, Arbeitskreise und Konferenzen, ist die Konsekutivtechnik, die mit erheblichem Zeitaufwand verbunden ist, ungeeignet: Für große Veranstaltungen und auch dann, wenn mehrere Sprachen beteiligt sind, wird in der Regel im Simultanmodus gearbeitet. Diese ‚zeitgleiche' Translation sieht zumeist so aus, dass die Dolmetscherin in einer schalldichten Kabine sitzt, über Kopfhörer die ausgangssprachlichen Äußerungen empfängt und diese unmittelbar in ein Mikrofon in die Zielsprache dolmetscht. Die Zuhörerinnen empfangen die Dolmetschung über Kopfhörer. Das gleichzeitige Aufnehmen des Ausgangstextes und seine Wiedergabe, unterstützt durch die moderne Technik – auch wenn sie heute bereits eine Selbstverständlichkeit geworden ist –, macht das Simultandolmetschen zu einer faszinierenden Erscheinung.

Die Übertragung der Dolmetschung mittels technischer Geräte kam zwar schon in den 1920er-Jahren erstmals zur Anwendung; als eigentlicher Beginn des Dolmetschens in der Kabine werden aber im Allgemeinen die Nürnberger Kriegsverbrecherprozesse der Jahre 1945 und 1946 genannt. Das Simultandolmetschen ist heute aus den großen Veranstaltungen, wie z. B. internationalen Fachtagungen, Arbeitskreisen, Sitzungen internationaler Organisationen usw. nicht wegzudenken. Das simultane Dolmetschen an sich, also das Dolmetschen während der Aufnahme der ausgangssprachlichen Äußerungen, ist freilich viel älter, wahrscheinlich so alt wie der Dolmetschberuf selbst. Es ist nämlich möglich, auch ohne Hilfe von technischen Geräten bereits während der Rezeption des Ausgangstextes zu dolmetschen. Praktiziert wird dies in der Regel in Form des sogenannten **Flüsterdolmetschens**. Das simultane Flüsterdolmetschen erfordert grundsätzlich dieselben Fähigkeiten wie das Kabinendolmetschen. Der Unterschied zum Kabinendolmetschen besteht jedoch darin, dass in der Regel keine technischen Anlagen zur Verfügung stehen, sondern dass sich die Dolmetscherin in unmittelbarer Nähe der Personen befindet, für die sie dolmetscht und denen sie – ähnlich wie in der Kabine – mit einer Zeitverzögerung von nur wenigen Sekunden das Translat zuflüstert. Simultanes Flüsterdolmetschen kommt zum Einsatz, wenn keine Dolmetschanlagen zur Verfügung stehen, die Dolmetschung jedoch nicht laut sein darf, um den Ablauf der Gesamtveranstaltung nicht zu stören. In Situationen, in denen mehr als zwei oder drei Leute beflüstert werden sollen, werden auch Führungsanlagen eingesetzt, sogenannte ‚Flüsterkoffer', also ein drahtloses Sendemikrofon für die Dolmetscherinnen und Empfangsgeräte für die Konferenzteilnehmerinnen. Es handelt sich um ein System, das von Reisegruppen bekannt sein dürfte und auch im Dolmetschbereich v. a. für mobile Einsätze bei Betriebsführungen o. Ä. verwendet wird. Flüsterdolmetschen ohne Anlage kann in verschiedenen Kommunikationssituationen zum Einsatz kommen, so etwa beim Dolmetschen im Rahmen der Betreuung von ausländischen Gästen: Wenn etwa eine fremdsprachige Politikerin im Rahmen eines Staatsbesuchs eine Theateraufführung oder eine sonstige öffentliche Veranstaltung besucht, so wird dort in der Regel keine Dolmetschanlage zur Verfügung stehen und daher mit Flüsterdolmetschen gearbeitet werden, damit der Gast den Ereignissen folgen kann. Ein weiteres Einsatzgebiet sind etwa Gerichtsverhandlungen, bei denen einer fremdsprachigen Partei der Prozessstoff (z. B. Zeugenaussagen, Plädoyers) im Flüstern gedolmetscht wird, damit die Partei die Verhandlung versteht und der Ablauf des Verfahrens durch eine laute Konsekutivdolmetschung nicht gestört wird. Zum Simultandolmetschen wird auch das sogenannte **Vom-Blatt-Dolmetschen** gezählt. Es geht dabei um Situationen, in denen ein Ausgangstext schriftlich vorliegt, dessen Translation aber mündlich geliefert wird. Dabei kann es sich z. B. um in einer Gerichtsverhandlung vorgelegte Urkunden oder in einer Konferenz behandelte Dokumente u. Ä. handeln, die vom Blatt gedolmetscht werden.

Des Weiteren ist auch die Direktionalität beim Dolmetschen von Bedeutung. Meist werden die Arbeitssprachen in **A-, B- und C-Sprache**(n) eingeteilt. Als A-Sprache gilt die Muttersprache bzw. Erstsprache der Dolmetscherin. Die B-Sprache ist eine Fremdsprache, die die Dolmetscherin auf einem mit A-Sprachlerinnen vergleichbaren Niveau beherrscht und in die sie aus der A-Sprache arbeitet. Als C-Sprache bezeichnet man Sprache(n), die die Dolmetscherin perfekt versteht, sie jedoch nicht perfekt spricht. Die Dolmetscherin arbeitet nicht in diese Sprache, auch wenn sie die Sprache unter Umständen auf sehr hohem Niveau spricht. Wird nun von der Richtung gesprochen, in die gedolmetscht wird, so spricht man von **Retourdolmetschen,** wenn in die Fremdsprache, also z. B. aus A>B gedolmetscht wird. **Relaisdolmetschen** bezeichnet eine Dolmetschung zwischen zwei Sprachen über eine dritte Sprache.

4.4.2 Dolmetschformen

Für das Simultandolmetschen in der Kabine und das Konsekutivdolmetschen haben sich seit Mitte des 20. Jahrhunderts zwei prototypische Einsatzbereiche je nach Modus herausgebildet, die in der Wissenschaft vorrangig behandelt werden: Simultandolmetschen wird mit dem **Konferenzdolmetschen**, das konsekutive Dolmetschen mit dem **Dialogdolmetschen** gleichgesetzt. Konferenz- oder Vortragsdolmetschen meint dabei simultanes Dolmetschen in der Kabine, wobei es sich in der Regel um längere Reden handelt (Vortrag, Referat, Statement u. Ä.).

Das Dolmetschen von Vorträgen ist somit die Dolmetschung von **monologisch** organisierten Texten, für die charakteristisch ist, dass die Kommunikation einseitig verläuft, d. h., die Senderin und Empfängerin der Nachricht wechseln ihre Rollen nicht. Monologisch organisierte Kommunikation hat für die Dolmetschung den Vorteil, dass die Dolmetscherin davon ausgehen kann, dass das Thema der Ausführungen grundsätzlich nicht wechselt und weniger Überraschungen auftreten. Ebenso ist der emotionale Anteil an der Kommunikation geringer als bei face-to-face-Kommunikationen. Wenn wir als Prototyp für Vortragsdolmetschen etwa eine internationale Fachtagung von Herzchirurginnen heranziehen, so können wir davon ausgehen, dass diese internationalen Fachleute ungefähr gleichen Qualifikationen besitzen, dem gleichen fachlichen Kontext verbunden sind und eine gemeinsame Zielsetzung haben, nämlich die Entwicklung und Verbesserung in ihrem Fach, und zwar auch dann, wenn sie sich über ein konkretes Thema aus ihrem Bereich uneinig sind

– etwa über die ‚richtige' von mehreren denkbaren Behandlungsmethoden. Somit können wir von symmetrischen Interaktionen sprechen: Alle Kommunikationspartnerinnen haben etwa die gleichen Möglichkeiten in der Kommunikationssituation.

Beim Dialogdolmetschen dagegen ist die wechselseitige Kommunikation von Angesicht zu Angesicht charakteristisch. Es überwiegen die Dialoge, sodass man von **dialogisch** organisierten Texten sprechen kann. Im Allgemeinen wird die Konsekutivtechnik oder Flüsterdolmetschen angewandt. In diesen Kommunikationssituationen vertreten die Kommunikationspartnerinnen in der Regel verschiedene Positionen. Dies muss nicht zwingend bedeuten, dass eine Seite dominiert und die andere sich fügen muss (was aber nicht selten der Fall ist). In der Regel aber ist die Gesprächsorganisation durch asymmetrische Beziehungen der Beteiligten offen, d. h., dass Gespräche jederzeit eine unerwartete Wendung nehmen können und die Mitteilungen häufig Doppeldeutigkeiten und Gegensätzlichkeiten enthalten. Dazu kommt, dass die Kommunikationspartnerinnen die verbalen Äußerungen durch die Körpersprache begleiten oder ersetzen und so die Einstellung und Beziehung zueinander stärker demonstrieren als in einer monologischen Situation. Kommunikation in komplementären Beziehungen an sich unterliegt einer komplexen Gesetzmäßigkeit. Wenn diese Kommunikation gedolmetscht wird, so bedeutet das für die Dolmetscherin ein stetes Abwägen und Balancieren zwischen den kommunizierenden Parteien.

Diese grobe Unterteilung vernachlässigt freilich Fachbereiche und konkretere Kommunikationssituationen und ist somit für eine detaillierte Beschreibung von Dolmetschleistungen nur bedingt geeignet. So wurden verschiedene andere Einteilungen als die Unterteilung in Konferenzdolmetschen und Dialogdolmetschen entwickelt, die die Tätigkeitsbereiche näher eingrenzen und die Anforderungsprofile bzw. die Art der Tätigkeit spezifischer beschreiben.

So spricht man heute beispielsweise von **Verhandlungsdolmetschen** bzw. **Gesprächsdolmetschen** in verschiedenen Gesprächssituationen, wie z. B. in diplomatischen oder wirtschaftlichen Settings, von **Begleitdolmetschen** etwa für ausländische Gäste bei Stadtrundfahrten und Exkursionen (z. B. bei Staatsbesuchen), von **Gerichtsdolmetschen** bei Behörden, **Mediendolmetschen** für Fernsehen oder Radio, **Bühnendolmetschen** bei Theatervorführungen mit Publikum, **Krankenhausdolmetschen**, **Bildungsdolmetschen** usw. Auch **Remote Interpreting** wird als eigene Form genannt: Diese Art des Ferndolmetschens wird in Kapitel 10 noch ausführlich beschrieben. Zu allen diesen Bereichen gibt es bereits ausführliche Untersuchungen.

Eine an sich seit jeher bestehende Dolmetschform, die erst im letzten Jahrzehnt durch wissenschaftliche Aufarbeitung und die Schaffung fundierter

Ausbildungsmöglichkeiten professionalisiert wurde, ist das **Gebärdensprachdolmetschen**. Es handelt sich dabei um das Dolmetschen zwischen gesprochener und gebärdeter Sprache, wobei im Allgemeinen die Simultantechnik angewendet wird. Obwohl also zwischen Gebärden- und Lautsprache vor allem Bedarf an Simultandolmetschung besteht, kann auch hier das Vom-Blatt-Dolmetschen sowie das konsekutive Dolmetschen von z. B. videoaufgezeichneten Botschaften nicht ausgeschlossen werden.

4.4.3 Dolmetschen und Kommunikationspsychologie

Durch dynamische Entwicklungen der transkulturellen Kommunikation werden immer mehr ‚Dolmetschformen' und ihre Spezifika definiert. Eines der Spezifika, das jeder Kommunikation und somit auch jeder Translation zugrunde liegt, ist die notwendige Beachtung der psychologischen Aspekte der Kommunikation, wie wir sie im ersten Kapitel kennengelernt haben. Diese kommunikativen Unterschiede manifestieren sich in unterschiedlichen sozialen Verhaltensformen, und diese sind wiederum kulturbedingt. Kulturbedingte Verhaltensformen sind in der Regel unbewusst. Wenn ein Verhalten von der Norm der Ausgangskultur und -sprache abweicht, dringt ins Bewusstsein der Kommunikationspartnerin nur das Gefühl, dass sich die andere falsch verhält. Translatorinnen sind in der Ausübung ihrer Tätigkeit aufgefordert, die Andersartigkeit zunächst zu erkennen. Im translatorischen Handeln geht es aber um mehr als um das Erkennen der Unterschiede. Die zu transferierenden Kulturen müssen vielmehr miteinander in der Weise in Bezug gesetzt werden, dass vermeintliche Unterschiede oder Gleichheiten so transportiert werden, dass sie in der Zielkultur sowohl Aufschluss über die Bedeutung in der Ausgangskultur geben als auch die intendierte Wirkung in der Zielkultur erzielen.

Wir versuchen, diesen Standpunkt mit einem Beispiel zu verdeutlichen, das an der Oberfläche, d. h. im ausgangssprachlichen Ausdruck, keine Auffälligkeiten bzw. Schwierigkeiten oder Kulturspezifika, die die Dolmetscherin beachten müsste, aufweist. Es geht um einen Vortrag einer österreichischen Historikerin zum Thema ‚Vergangenheitsbewältigung in Österreich' für Studierende der Universität Sarajevo, die im Rahmen eines Austauschprogramms ein Gastsemester an der Wiener Universität absolvieren. Die Studierendengruppe aus Bosnien setzt sich aus allen drei Bevölkerungsgruppen Bosnien-Herzegowinas zusammen: Bosniakinnen, Kroatinnen und Serbinnen. Der Vortrag wird simultan gedolmetscht. In ihrem Vortrag zu Schuld und Verantwortung spricht die Professorin über österreichische Erfahrungen in der Vergangenheitsbewältigung. Ihre Ausführungen über politische Kultur und Demokratie, Doppelmoral, Schuld und Verantwortung, Aufarbeitung der NS-Verbrechen durch Gerichte, Schulen usw. beinhalten keine direkte Referenz auf die kriegerischen Auseinandersetzungen im ehemaligen Jugoslawien. Die Professorin bezieht sich klar auf Österreich, wo sie allgemeiner wird, spricht sie von universaler Schuld. Auf der Inhaltsebene hat der Vortrag ‚Vergangenheitsbewältigung in Österreich' mit dem Land Bosnien-Herzegowina nichts gemein, auf der Beziehungsebene weist dieses Thema selbstverständlich eine Parallele auf: Während die österreichische Professorin sachlich über das Schuldverschweigen und dessen Folgen für die Entwicklung der politischen Kultur im Land spricht, wird jede Studentin und jeder Student aus Bosnien unweigerlich an die Situation im eigenen Land denken. Diese Parallelen werden bewusst oder unbewusst gezogen, die Mitteilung wird primär auf der Beziehungsebene empfangen. Was will also die österreichische Professorin den bosnischen Studierenden mit ihrem Vortrag über die Vergangenheitsbewältigung in Österreich tatsächlich mitteilen? Wir können versuchen, mithilfe des Vier-Seiten-einer-Nachricht-Modells die Mitteilung der Professorin zu entschlüsseln. (Wir erinnern uns an das Modell, das besagt, dass jede Nachricht 1. einen Sachinhalt – das, worüber informiert wird – besitzt, 2. die Selbstoffenbarung, in der sich die Person der Senderin enthüllt, 3. die Beziehung, mit der mitgeteilt wird, was die Senderin von den Empfängerinnen der Nachricht denkt, und 4. den Appell, mit dem die Senderin auf die Empfängerinnen der Nachricht Einfluss nehmen will.)

Der Sachinhalt des Vortrags ist klar festzuhalten, es ist die ‚Vergangenheitsbewältigung in Österreich'; die Selbstoffenbarung als intendierte Selbstdarstellung der Vortragenden könnte sein: „Ich bin Österreicherin und besitze den Mut, mich mit Schuld und Verantwortung meiner Väter auseinanderzusetzen." Der dritte Aspekt der Nachricht, die Definition der Beziehung zwischen der Senderin und den Empfängerinnen, könnte lauten: „Als junge Menschen sind Studierende für Veränderungen offen und können mit ihrer Offenheit und ihrem starken Willen diesen Aspekt auch in ihrem Land zum Thema machen und somit an der Gestaltung des Friedens und der Zukunft aktiv mitwirken." Somit kommen wir zum Appell, also den intendierten Einfluss, den die Nachricht auf die Studierenden haben könnte: „Ohne Vergangenheitsbewältigung gibt es keine Zukunft. Tun auch Sie etwas … Sie können die Zukunft Ihres Landes mitgestalten …"

Wie hat nun die Dolmetscherin im Translat die vierseitige Nachricht gestaltet? Wie hat sie die Kulturspezifik berücksichtigt? Hat der kulturelle Aspekt hier überhaupt Bedeutung, zumal es sich eigentlich um ein fremdes Thema handelt?

Bei näherer Betrachtung unterscheiden sich der ausgangssprachliche und der zielsprachliche Text erheblich. Auch sind einige kulturell bedingte Unterschiede vorhanden. Als Beispiel wollen wir hier nur den Schlüsselbegriff „Vergangenheitsbewältigung" herausgreifen. In der Translation dieses Ausdrucks wählt die Dolmetscherin die bosnische, kroatische und serbische Wendung „suočiti se s prošlošću", was so viel wie „mit der Vergangenheit konfrontiert werden" bedeutet. Diese Wendung ist in den letzten Jahren in den Sprachgebrauch des Nachkriegsdiskurses im ehemaligen Jugoslawien gekommen, abgeleitet von der Redewendung „suočiti se s istinom" („mit der Wahrheit konfrontiert werden"). Man könnte diese Wendung als den ersten Schritt in der Annäherungsdiskussion der Völker betrachten, als eine Vorstufe der ‚Bewältigung'. Die bosnische, kroatische oder serbische Sprache bietet aber auch eine genauere Bezeichnung für „Vergangenheitsbewältigung", die häufig verwendet wird, nämlich „obračunati se s prošlošću" (wörtlich „mit der Vergangenheit abrechnen").

Die österreichische Professorin hat sich in ihrem Vortrag sehr um Harmonie bemüht, indem sie keinen direkten Bezug auf ex-jugoslawische Verhältnisse nahm. Dennoch können wir feststellen, dass die Dolmetscherin den Text in der Zielsprache ‚geglättet' hat. Welche Überlegung lag der Entscheidung der Dolmetscherin zugrunde, nicht den semantisch näheren Ausdruck zu wählen?

Die Entscheidung der Dolmetscherin ist durch den zutreffenden Gedanken bestimmt, dass Wörter auch zusätzliche Bedeutungen ins Spiel bringen, die Werte und Konventionen widerspiegeln, Stimmungen erzeugen und den Fortgang und das Gelingen der Kommunikation bestimmen. Die Einbettung des Textes in die Situation und die Zielkultur entscheiden darüber, welchen Sinn der Text erhält. Die Translatorin benötigt daher zum einen ein hoch differenziertes Inventar von Wissen, gepaart mit der Beherrschung des Zusammenspiels von Sprach- und Kulturkenntnissen, Dolmetschtechniken und der Fähigkeit, Wissen und Formulierungen einander kommunikationspsychologisch zuzuordnen, damit nicht nur die Verständigung stattfinden kann, sondern auch das erwünschte Kommunikationsziel erreicht wird, damit alle vier Seiten der Nachricht rezipiert werden. Eine lediglich semantisch korrekte Dolmetschung unseres Schlüsselbegriffs „Vergangenheitsbewältigung" ohne Berücksichtigung der pragmatischen Aspekte würde wahrscheinlich die allgemeine Intention der Senderin, die Verständigung, erfüllen, die spezielle Interessenrealisierung, den Appell, wahrscheinlich nicht.

Das Dolmetschen ist also eine komplexe Angelegenheit. Die Dolmetscherin im vorangegangenen Beispiel befand sich in keiner ungewöhnlichen Situation; das methodische Abwägen gehört zur ständigen Aufgabe einer Dolmetscherin und ist in dieser Form insbesondere aus der hohen Diplomatie bekannt. Nicht selten werden unverblümte Äußerungen, aber auch Äußerungen, die in der Ausgangssprache nicht besonders markiert sind, in der Dolmetschung neutralisiert, weil sie in der Zielsprache eine bestimmte Assoziation hervorrufen, die zu der konkreten Kommunikationssituation nicht passt. So berichtet z. B. der BBC-Korrespondent James Robbins (2004) von einem Interview mit dem außenpolitischen Berater der ehemaligen britischen Premierministerin Margaret Thatcher, Charles Powell, der von der oft harschen Sprache Thatchers erzählte und von der Notwendigkeit, einiges im Translat zu zensurieren. So auch als Thatcher den ehemaligen Präsidenten von Französisch-Kongo, der als Kommunist und Marxist bekannt war, mit den eisigen Worten empfing: „Ich hasse Kommunisten." Der Dolmetscher soll diese ‚Begrüßung' in etwa so wiedergegeben haben: „Premierministerin Thatcher sagt, dass sie niemals völlig von den Ideen Karl Marx' überzeugt war."

Auch in diesem Beispiel können wir feststellen, dass durch die beschönigende Umschreibung der Äußerung „Ich hasse Kommunisten" durch „Frau Thatcher sagt, dass sie niemals völlig von den Ideen Karl Marx' überzeugt war" weder die Inhaltsebene, die Information, noch die Beziehungsebene beeinträchtigt werden – auch die ‚polierte' Mitteilung hat der Kongo-Präsident wohl verstanden; die Beschönigung hat wahrscheinlich dazu beigetragen, dass das Gespräch nicht abgebrochen wurde. Die Tatsache, dass der Dolmetscher in diesem Fall nicht, wie ansonsten üblich, die Äußerung in der 1. Person Singular wiedergibt, ist u. a. auch damit zu erklären, dass mit dieser Vorgangsweise eine klare Zuordnung der Aussage getroffen wird. Dieses Beispiel soll in Kapitel 7 noch weiter besprochen werden.

Abbildung 5: „Mrs Thatcher's bluntness could stun interpreters." (Robbins 2004)

Abschließend können wir zusammenfassend festhalten, dass die Pragmatik in Kommunikationssituationen besonders empfindlich für Abweichungen ist: Die Dolmetscherin muss daher für die Kompatibilität der ausgetauschten Informationen sorgen und gleichzeitig darauf achten, dass auch die Pragmatik stimmt. Denn abweichendes Verhalten in der translatorischen Pragmatik kann störender sein als syntaktische oder semantische Fehlleistungen.

4.5 Zusammenfassung

Der Bedarf an transkultureller Kommunikation war immer schon gegeben. Durch die Vernetzung und Globalisierung der Welt würde die Menschheit ohne transkulturelle Kommunikation nicht auskommen. Der Wissenstransfer durch Translation ist ein wesentliches Instrument des wissenschaftlichen, kulturellen, politischen, philosophischen usw. Austausches über Sprach- und Kulturgrenzen hinweg. Die transkulturelle Kommunikation bedient sich dabei schriftlicher und mündlicher Formen. Die schriftliche Form, das Übersetzen, ist eine Jahrtausende alte Tätigkeit, die in verschiedenen Epochen und Gesellschaften unterschiedlichen Regeln folgte, entsprechend dem jeweils gerade geltenden Maßstab für Übersetzungen. In unserem Ansatz wird die Übersetzung als zweckorientierte und daher zieltextorientierte Handlung angesehen. Die mündliche Form der Translation, das Dolmetschen, ist ebenfalls eine alte Tätigkeit, die über Jahrhunderte hinweg ein unverzichtbares Instrument in den internationalen Beziehungen blieb. Wir haben das Dolmetschen aus dem Blickwinkel der Haupttechniken, Konsekutiv- und Simultandolmetschen, beschrieben. Wir haben – vereinfachend – festgestellt, dass Simultandolmetschen mehrheitlich bei monologisch organisierten Texten zum Einsatz kommt, während Konsekutivdolmetschen vorwiegend bei dialogisch organisierten Texten verwendet wird. Die breite Palette von Einsatzgebieten reicht vom Konferenzdolmetschen über das Gerichtsdolmetschen, Gebärdensprachdolmetschen, Mediendolmetschen bis hin zu neueren Bereichen wie etwa dem Remote Interpreting. Allen Bereichen gemeinsam ist dabei die hohe Bedeutung der Erwartungen, Einstellungen und Befindlichkeiten der Kommunikationsteilnehmerinnen, die entscheidend für das translatorische Verhalten sind.

Quellen und weiterführende Literatur

Álvarez, Román & Vidal, M. Carmen-África. 1996 (Hrsg.). *Translation, Power, Subversion*. Clevedon (etc.): Multilingual Matters.

Benecke, Bernd. 2014. *Audiodeskription als partielle Translation. Modell und Methode*. Münster: LIT.

Bowen, Margareta. 2003. „Geschichte des Dolmetschens." In: Snell-Hornby, Mary & Hönig, Hans G. & Kußmaul, Paul & Schmitt, Peter A. (Hrsg.). *Handbuch Translation*. Tübingen: Stauffenburg, 43–46.

Chesterman, Andrew. 1997. *Memes of translation. The spread of ideas in translation theory*. Amsterdam: John Benjamins.

Göhring, Heinz. 2003. „Interkulturelle Kommunikation." In: Snell-Hornby, Mary & Hönig, Hans G. & Kußmaul, Paul & Schmitt, Peter A. (Hrsg.). *Handbuch Translation*. Tübingen: Stauffenburg, 112–114.

Hönig, Hans. 1995. *Konstruktives Übersetzen*. Tübingen: Stauffenburg.

Jacobson, Roman. 1959. „On Linguistic Aspects of Translation". In: Fang, Achilles & Brower, Reuben A. (Hrsg.). *On translation*. Boston: Harvard University Press, 232–239.

Kadrić, Mira. 2006. *Dolmetschen bei Gericht. Anforderungen, Erwartungen, Kompetenzen.* Wien: facultas.

Kohlmayer, Rainer. 1994. „Übersetzung als ideologische Anpassung: Oscar Wildes Gesellschaftskomödien mit nationalsozialistischer Botschaft." In: Snell-Hornby, Mary & Pöchhacker, Franz & Kaindl, Klaus (Hrsg.). *Translation Studies: An Interdiscipline.* Amsterdam: Benjamins, 91–101.

Maaß, Christiane. 2015. *Leichte Sprache. Das Regelbuch.* Münster: LIT.

Markstein, Elisabeth. 1994. „Sprache als Realie: Intertextualität und Übersetzung. Am Beispiel totalitärer Sprache." In: Snell-Hornby, Mary & Pöchhacker, Franz & Kaindl, Klaus (Hrsg.). *Translation Studies: An Interdiscipline.* Amsterdam: Benjamins, 103–111.

Pöchhacker, Franz. 2000. *Dolmetschen. Konzeptuelle Grundlagen und deskriptive Untersuchungen.* Tübingen: Stauffenburg.

Robbins, James. 2004. „Translation trouble at top-level talks." http://news.bbc.co.uk/1/hi/uk/3426257.stm [13.01.2019].

Schäffner, Christina & Adab, Beverly. 1995. „Translation as intercultural communication – Contact as conflict. " In: Snell-Hornby, Mary & Jettmarová, Zuzana & Kaindl, Klaus (Hrsg.). *Translation as Intercultural Communication.* Amsterdam: Benjamins, 325–337.

Snell-Hornby, Mary. 1998. „Translationswissenschaftliche Grundlagen: Translation (Übersetzen/Dolmetschen) Translationswissenschaft/Translatologie." In: Snell-Hornby, Mary & Hönig, Hans G. & Kußmaul, Paul & Schmitt, Peter A. (Hrsg.). *Handbuch Translation.* Tübingen: Stauffenburg, 37–38.

Woodsworth, Judith. 2003. „Geschichte des Übersetzens." In: Snell-Hornby, Mary & Hönig, Hans G. & Kußmaul, Paul & Schmitt, Peter A. (Hrsg.). *Handbuch Translation.* Tübingen: Stauffenburg, 39–43.

5 Funktionale Ansätze in der Translationswissenschaft

Wie wir in Kapitel 3 gesehen haben, ist Kommunikation ein zentraler Bestandteil des menschlichen Lebens. Kommunikation funktioniert nach bestimmten pragmatischen Kriterien und mithilfe verschiedenster kommunikativer Mittel; die Sprache nimmt dabei einen wichtigen Stellenwert ein. Auch translatorisches Handeln stellt eine – ganz spezifische – Art von Kommunikation dar. Ebenso wie sich Rednerinnen oder Autorinnen an eine Zuhörerinnen- bzw. Leserinnenschaft wenden, kommunizieren auch Translatorinnen durch ihre Translate mit ihren Adressatinnen. Dies bedeutet, dass die Prinzipien und Grundlagen kommunikativen Handelns auch in der Translation die entscheidende Basis bilden. Allerdings kommen aufgrund des transkulturellen Kontextes, in dem translatorische Kommunikationshandlungen stattfinden, eine Reihe zusätzlicher Aspekte zum Tragen, die im Folgenden dargestellt werden sollen. Dazu wollen wir uns jene Translationstheorien näher ansehen, die das Übersetzen und Dolmetschen unter einem kommunikativen Blickwinkel analysieren. Es handelt sich dabei um die sogenannte *Skopostheorie* von Hans J. Vermeer (Reiß/Vermeer 1984) und die *Theorie vom Translatorischen Handeln* von Justa Holz-Mänttäri (1984). Diese Ansätze sind etwa zeitgleich, unabhängig voneinander konzipiert worden, verhalten sich aber komplementär zueinander. Dies liegt unter anderem wohl auch daran, dass sie im Kontext der translatorischen Ausbildung entstanden sind und zum Ziel haben, das praktische Tun von Translatorinnen systematisch darzustellen und zu erklären und so den Praktikerinnen Hilfestellungen bei ihrer translatorischen Tätigkeit zu liefern. Folglich konzentriert sich die Darstellung der Theorien nicht auf eine umfassende Wiedergabe, sondern greift vor allem jene Aspekte heraus, die für eine Einführung in die translatorische Methodik besonders relevant sind.

5.1 Skopostheorie

Der Terminus **Skopos**, mit dem die allgemeine Translationstheorie von Reiß/Vermeer verkürzt bezeichnet wird, stammt aus dem Griechischen und kann mit ‚Zweck' bzw. ‚Ziel' übersetzt werden. Translation wird in dieser Theorie als eine Sondersorte von Kommunikation beschrieben, und diese wird, wie jede kommunikative Handlung, von einem Zweck bestimmt. Das Ziel jeder translatorischen/kommunikativen Handlung ist dabei von der jeweiligen Empfängerin abhängig. Die wesentlichen Komponenten dieser Theorie, die Zielorientierung, Adressatinnenorientierung und Kulturorientierung, wollen wir uns in ihrer Bedeutung für die Translation näher ansehen.

5.1.1 Zielorientierung

In der Übersetzungswissenschaft wurde lange Zeit der Ausgangstext als der entscheidende Maßstab erachtet, der bestimmt, wie die Übersetzung aussehen soll. Wenn wir Translation als eine spezifische Ausprägung von Kommunikation verstehen, so kann unsere erste Frage jedoch nicht lauten: „Was steht im Ausgangstext?“ Vielmehr müssen wir uns zunächst die Frage stellen: *„Wozu wird unser Translat gebraucht?“* Kommunikation findet immer in einer bestimmten Situation statt und hat auch ein bestimmtes Ziel. Situation und Ziel entscheiden auch über die Auswahl der Mittel, die Art und Weise, wie die Kommunikation gestaltet wird. Dies haben wir bereits in Kapitel 3.3. mithilfe der sogenannten Lasswell-Formel ganz allgemein als für Kommunikation gültig festgestellt. Für die Translation bedeutet dies, dass es nicht darum geht, einfach zu übersetzen, was im Ausgangstext steht, sondern zunächst das Kommunikationsziel festzustellen. Unter dieser Perspektive ist das Original nicht mehr ‚heilig‘ und unantastbar, sondern wird in der Translation zu einem ‚Informationsangebot‘, aus dem die Translatorin jene Aspekte auswählt, die für ihre Adressatinnen relevant sind.

Damit ist auch nicht mehr die Äquivalenz, d. h. die größtmögliche Übereinstimmung mit dem Ausgangstext, die Richtschnur für die Translation, sondern die Übereinstimmung von Translat und Kommunikationsziel. Diese Beziehung wird von Reiß/Vermeer mit dem Terminus **Adäquatheit** beschrieben. Der Ausgangstext wird damit zum Material, das je nach Kommunikationsziel in der Translation übernommen, allenfalls gekürzt, ergänzt etc. werden kann. Richtschnur bei der Beantwortung der Frage, wie mit dem Ausgangstext in der Translation umgegangen wird, ist dabei der Skopos, der durch den Übersetzungsauftrag vorgegeben wird.

Beispiel: Ein US-Amerikaner bewirbt sich in einer österreichischen Firma um eine ausgeschriebene Stelle, für die unter anderem auch Arbeitszeugnisse von früheren Beschäftigungsverhältnissen gefordert werden. Der Amerikaner beauftragt daraufhin eine Übersetzerin mit der Translation seiner bisherigen Arbeitszeugnisse. Amerikanische Arbeitszeugnisse beinhalten meistens nur eine Bestätigung über die Beschäftigung. In deutschsprachigen Arbeitszeugnissen werden hingegen neben Angaben zur Person, Tätigkeitsart und -dauer auch die Leistungen sowie die soziale Kompetenz beurteilt. Darüber hinaus finden sich auch Angaben zu den Gründen für die Beendigung des Arbeitsverhältnisses sowie Wünsche für eine weitere erfolgreiche Zukunft. Eine wörtliche Übersetzung der amerikanischen Dokumente würde zweifelsohne den inhaltlichen Erwartungen, die im deutschsprachigen Raum mit Arbeitszeugnissen verbunden sind, zuwiderlaufen und damit das Kommunikationsziel verfehlen, da der Eindruck entstünde, der amerikanische Arbeitgeber sei sehr unzufrieden mit der Leistung des Arbeitnehmers gewesen. Die Übersetzerin entscheidet sich daher, ihrem Zieltext eine Erklärung in Form einer Fußnote beizufügen, in der die kulturellen Unterschiede zwischen amerikanischen und deutschsprachigen Arbeitszeugnissen deutlich gemacht werden.

5.1.2 Adressatinnenorientierung

Translatorinnen müssen also genau wissen, zu welchem Zweck ihr Translat benötigt wird. Das Kommunikationsziel steht dabei in einem direkten Verhältnis zu der Frage: „Für wen ist mein Translat gedacht?" Die Adressatinnen sind somit die zweite wesentliche Komponente des Skopos.

Die funktionale Translationstheorie geht davon aus, dass Texte (ob mündlich oder schriftlich) immer Teil einer Situation, einer Kultur, oder wie Vermeer (1983: 48) es bezeichnet, eines „Weltkontinuums" sind, d. h., Texte sind keine isolierten Einheiten, sondern stehen immer in einem größeren Verwendungszusammenhang. Die Funktion eines Textes ergibt sich aus dieser Einbettung in einen bestimmten soziokulturellen Kontext. Es ist demnach nicht der Text selbst, der eine bestimmte Bedeutung hat, sondern er erhält seine Bedeutung erst durch die Rezipientin, die ausgehend von ihrem Erfahrungs- und Wissenshintergrund den Text versteht. Wird ein Text nun in eine andere Situation, eine andere Kultur transferiert, so verändert sich zumindest immer ein Faktor, der dem Text seine Funktion gibt: die Adressatin. Jeder Mensch ist sowohl ein durch soziale Parameter (wie z. B. Alter, Geschlecht, Bildung, soziale Herkunft usw.) als auch ein kulturell geprägtes Wesen mit spezifischen Lebensgewohnheiten, Erfahrungen und einem durch die Kultur geprägten Weltwissen.

Für die Translation bedeutet dies, dass nicht die Funktion und Beschaffenheit des Ausgangstextes für die Frage, wie übersetzt werden soll, entscheidend ist, sondern die Kenntnis der Zieltextrezipientin und ihrer Erwartungen an das Translat, das ein kohärent interpretierbarer Teil ihres Weltkontinuums werden muss. Dies ist auch gemeint, wenn Reiß/Vermeer feststellen, dass ein Translat ein Informationsangebot aus der Ausgangskultur „nicht-umkehrbar eindeutig" abbildet (1984: 119). Natürlich kann der Translatskopos auch in der genauen Abbildung des Ausgangstextes in der Zielsprache bestehen, allerdings ist aufgrund des neuen Empfängerbezuges, der sich aus der Kommunikation über Sprach- und Kulturgrenzen hinweg ergibt, eine solche funktionale Äquivalenz eher die Ausnahme als die Regel. Oft wird es daher der Fall sein, dass der Zieltext in Form und Inhalt anders gestaltet werden muss als der Ausgangstext.

> **Beispiel:** Eine Studie in englischer Sprache über neue Krebstherapien, die in einer medizinischen Fachzeitschrift erschienen ist, soll für die populärwissenschaftliche Zeitschrift *Gesundheit heute* übersetzt werden. Der Ausgangstext, der von einer auf Krebstherapien spezialisierten Forschungsgruppe verfasst wurde, richtet sich an ein medizinisches Fachpublikum (es handelt sich hier um eine symmetrische Kommunikationssituation, vgl. Kapitel 3.1), der zu erstellende Zieltext hat hingegen interessierte Laien als Adressatinnen (wodurch sich eine asymmetrische Kommunikationssituation ergibt). Die Übersetzerin entscheidet sich daher, für Laien unverständliche Fachtermini durch allgemeinsprachliche Ausdrücke wiederzugeben bzw. kurze Erklärungen hinzuzufügen, um so den unterschiedlichen Wissensvoraussetzungen Rechnung zu tragen, die zwischen den Rezipientinnen des Ausgangs- und des Zieltextes bestehen.

5.1.3 Kulturorientierung

Wie wir im vorigen Abschnitt bereits gesehen haben, sind Texte keine isolierten sprachlichen Gebilde, sondern immer in eine bestimmte Situation eingebettet, die wiederum Teil einer Kultur ist. Diese außersprachlichen Faktoren bestimmen ganz wesentlich, wie ein Text gestaltet und auch wie er verstanden wird. Der materiell vorliegende Text (sei es in schriftlicher oder akustischer Form) ist somit nur ein Teil des Textganzen, oder wie es Hönig/Kussmaul formulieren: „Jeder Text kann als der verbalisierte Teil einer Soziokultur verstanden werden" (1982: 58).

Wie wir etwas verstehen, ist somit immer auch kulturabhängig. Wenn z. B. eine deutsche Touristin in einem Wiener Kaffeehaus „Einen Kaffee bitte" bestellt, so verbindet sie damit in der Regel eine ganz bestimmte Vorstellung von Kaffee, in der Regel eine Tasse Filterkaffee. Für eine österreichische Kaffeetrinkerin hat die Bestellung von „einem Kaffee" keine konkrete Bedeutung (und sie würde einen solchen in dieser Form auch niemals in einem Kaffeehaus ordern), vielmehr würde sie spezifizieren, ob sie nun eine Melange, einen kleinen Braunen, eine Schale Gold, einen großen Schwarzen etc. trinken will. Für Französinnen und Italienerinnen heißt „un café" bzw. „un caffè" so viel wie ein Espresso, der wiederum mit der Tasse Kaffee der deutschen Touristin nichts zu tun hat. Auch wenn Kaffee ein in vielen Kulturen verbreitetes Getränk ist, so wird, wie Hönig feststellt (1995: 102f.), je nach kulturellem Hintergrund häufig etwas ganz Bestimmtes mit dem Begriff Kaffee verbunden.

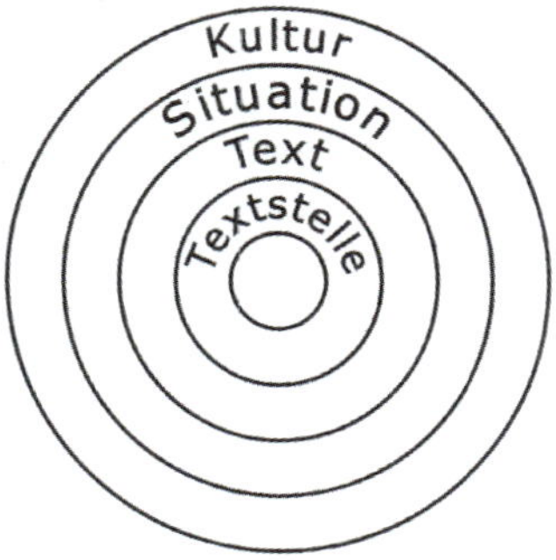

Abbildung 6: Text-in-Situation (eigene Darstellung)

Kultur ist in diesem Sinne in der funktionalen Translationstheorie ein allumfassender Begriff, der nicht nur jene Gegenstände umfasst, wie sie im Feuilleton von Zeitungen behandelt werden (Theater, Konzert, Malerei etc.), sondern alle gesellschaftlich bedingten Aspekte des menschlichen Lebens beinhaltet. Die kulturelle Dimension ist von entscheidender Bedeutung für translatorisches Handeln, wie wir in Kapitel 2 bereits ausführlich dargelegt haben. Hier wollen wir es daher bei diesen sehr kurzen und allgemeinen Bemerkungen belassen und lediglich anhand eines Beispiels nochmals verdeutlichen, welche Rolle die kulturelle Dimension in der Kommunikation über Sprach- und Kulturgrenzen hinweg spielen kann.

> **Beispiel:** Der französische Ministerpräsident Laurent Fabius absolvierte Mitte der 80er-Jahre einen Staatsbesuch in Südkorea und wurde vom dortigen Staatschef am Flughafen mit den Worten begrüßt: „Sie sind sehr schön, Herr Fabius.“ Der Dolmetscher übersetzte die Begrüßung wörtlich, was beim französischen Ministerpräsidenten Verwirrung auslöste. Es handelte sich hier jedoch um eine kulturspezifische Art der Begrüßung, die funktional etwa die gleiche Bedeutung hat wie: „Ich freue mich sehr, Sie hier begrüßen zu dürfen, Herr Fabius.“ Der Dolmetscher hat lediglich die Worte und nicht die Funktion übersetzt und durch das Ignorieren der kulturellen Dimension Verwirrung gestiftet.

5.2 Translatorisches Handeln

Holz-Mänttäris Theorie vom Translatorischen Handeln (1984) wurde ebenfalls ausgehend von einem funktionalen Verständnis entwickelt, sie ergänzt und erweitert die von Vermeer entworfene Skopostheorie, indem sie neben dem kommunikativen Aspekt vor allem den Handlungsaspekt betont. Translatorisches Handeln meint nicht das Übersetzen von Worten oder Sätzen, sondern die Produktion von Botschaftsträgern, die sich aus verbalen und nonverbalen Elementen zusammensetzen können, wobei Translatorinnen als Expertinnen in Kooperation mit anderen Handlungsträgerinnen agieren und so über Kulturbarrieren hinweg funktionsgerechte Produkte liefern. Zu den zentralen Begriffen ihres Ansatzes zählen Expertinnenhandlung, Handlungsrollen, Kooperation und Botschaftsträger.

5.2.1 Expertinnenhandlung

In der Öffentlichkeit herrscht auch heute noch vielfach die Auffassung vor, um übersetzen zu können, reichten sehr gute Sprachkenntnisse und Wörterbücher aus. Wie wir bereits festgestellt haben, setzen translatorische Handlungen jedoch professionelle Fähigkeiten und Kompetenzen voraus. Die Aufgabe von Translatorinnen besteht darin, über Sprach- und Kulturbarrieren hinweg auf der Grundlage der Intentionen einer Auftraggeberin und in Kenntnis der Adressatinnen einen funktionierenden Text zu verfassen. Um dies zu tun, muss die Translatorin die Situation, in der ein Text rezipiert wird, das Ausgangstextmaterial, das zur Verfügung steht, sowie die Zielgruppe mit ihren Erwartungen und Verstehensvoraussetzungen analysieren. Das Ergebnis dieser Analyse bildet dann die Grundlage für die Erstellung des Zieltextes.

Worin unterscheiden sich nun Expertinnen- von Laienhandlungen? Translatorische Laien konzentrieren sich bei der Lösung von Übersetzungsaufgaben auf die (materiell vorliegende) Textoberfläche. Wie wir zuvor festgestellt haben, ist ein Text jedoch immer auch Teil eines soziokulturellen größeren Ganzen, das das Verstehen eines Textes maßgeblich beeinflusst. Laien lösen Probleme meist anhand von feststehenden Regeln, die fälschlicherweise als allgemeingültig angenommen werden, wie z. B.: „Fachtermini müssen immer auch mit Fachtermini übersetzt werden.“ Und Laien konzentrieren sich auf die Lösung von evidenten Teilproblemen, ohne umfassende Analyse der Situation. Expertinnen hingegen analysieren zunächst die Gesamtsituation, handeln situationsangepasst und nicht nach vorgegebenen Regeln, kombinieren theoretisches und praktisches Wissen bei der Lösung von Übersetzungsproblemen und fühlen sich auch für die Resultate ihrer Handlungen verantwortlich.

> **Beispiel:** Ein österreichischer Verleger möchte sein Verlagsprogramm in Richtung Touristik erweitern. Er stellt fest, dass es kaum deutschsprachige Reiseführer über Indochina gibt, und legt einer Übersetzerin einen französischsprachigen Reiseführer über diesen Raum vor, mit der Bitte, diesen dahingehend zu beurteilen, ob er für eine Übersetzung in Frage käme. Die Übersetzerin befindet den Reiseführer von hoher sprachlicher Qualität und spricht sich für die Übersetzung aus. Sie erhält den Auftrag und übersetzt das insgesamt 400 Seiten umfassende Buch. Die Übersetzung entspricht jedoch nicht den Vorstellungen des Verlegers, der den Text als holprig und unleserlich bezeichnet. Die Übersetzerin rechtfertigt sich daraufhin, dass auch

das Original in einem komplizierten Stil geschrieben sei. Schließlich klagt der Verleger die Übersetzerin auf Schadenersatz, da ihm das Buch als nicht publizierbar erscheint. Nach jahrelangem Prozess wird die Übersetzerin zur Zahlung von umgerechnet 15.000 Euro verurteilt. Grund hierfür war letztlich das laienhafte Verhalten der Übersetzerin. Statt das Kommunikationsziel und die Situation, in der der Zieltext funktionieren soll, zu analysieren, stellte sie lediglich anhand der Oberflächenmerkmale des Textes fest, dass dieser anspruchsvoll geschrieben sei, und übersetzte den Text auch in dem gleichen Stil. Eine Bedarfsanalyse, die nicht nur die sprachlichen Merkmale des Textes zum Gegenstand gehabt hätte, hätte jedoch ergeben, dass im deutschsprachigen Raum deshalb kaum Reiseführer über Indochina existieren, weil dieser Raum – im Gegensatz zur früheren Kolonialmacht Frankreich – eher unter der einzelstaatlichen Perspektive (Vietnam, Laos, Kambodscha) wahrgenommen wird. Das Original war darüber hinaus von einem Wissenschaftler geschrieben, woraus sich auch der zum Teil umständliche Stil erklärte, und beinhaltete kaum praktische Hinweise (z. B. Einkaufsmöglichkeiten, Unterkünfte, Ausflugsmöglichkeiten, Vergnügungen etc.) bzw. waren diese für französische Leserinnen gedacht (Visaformalitäten, Anreise, Botschaften …). Eine translatorische Expertin hätte ausgehend von der Analyse des Kommunikationsziels sowie der Erwartungen der Adressatinnen festgestellt, dass das Buch in der Übersetzung grundlegend umgestaltet hätte werden müssen bzw. für den vom Auftraggeber intendierten Zweck ungeeignet sei.

5.2.2 Handlungsrollen und Kooperation

Vor allem die Tätigkeit von Übersetzerinnen wurde lange Zeit als ‚einsamer' Beruf erachtet, in dem alleine, im stillen Kämmerlein, umgeben von Wörterbüchern, die Arbeit verrichtet wird. Holz-Mänttäri situiert translatorisches Handeln hingegen in der arbeitsteiligen Berufswelt, die durch die Zusammenarbeit von Spezialistinnen geprägt ist. Translatorinnen als Expertinnen für das Erstellen von Texten für fremden Bedarf müssen daher im Arbeitsprozess mit anderen Personen kooperieren, sie sind Teil eines professionellen Handlungsgefüges, in dem verschiedene Personen spezifische Rollen innehaben. Dabei können insgesamt sechs Schlüsselpositionen unterschieden werden:

- Die Bedarfsträgerin: Sie braucht einen Text und initiiert die dazu notwendige translatorische Handlung.
- Die Bestellerin: Sie erteilt den Auftrag für eine Translation.
- Die Ausgangstext-Produzentin: Sie erstellt jenen Text, der als Ausgangsmaterial für die Translation dient. Dies kann unabhängig von einem bestimmten Translationsfall erfolgen oder aber auch bereits gezielt im Hinblick auf einen konkreten transkulturellen Kommunikationsbedarf.
- Die Translatorin: Sie führt den Auftrag aus, sei es als Einzelperson, sei es im Team

- Die Zieltext-Applikatorin: Sie arbeitet mit dem von der Translatorin erstellten Text (z. B. eine Medizinerin, die ihren Vortrag für einen Kongress ins Englische übersetzt benötigt).
- Die Zieltext-Rezipientin: Sie rezipiert das Translat (z. B. die Medizinerinnen, die dem ins Englische übersetzten Vortrag zuhören).

Die einzelnen Rollen können auch kombiniert werden, so können z. B. Bedarfsträgerin und Bestellerin in einer Person auftreten, die Translatorin kann unter Umständen auch die Erstellerin des Ausgangstextes sein usw. Wesentlich ist, dass Translatorinnen nicht für den eigenen Kommunikationsbedarf handeln, sondern Texte für fremden Bedarf produzieren. Dies setzt voraus, dass sie diesen Bedarf analysieren und in funktionsgerechte Texte umsetzen können. Dazu müssen sie mit jenen, die einen Text brauchen, zusammenarbeiten, wobei es ihnen ihr Expertinnenwissen um transkulturelle Kommunikation ermöglicht, ein Handlungskonzept zur Erreichung des Kommunikationsziels zu entwerfen. Translatorisches Handeln geht somit nicht von der Gestalt des Ausgangstextes aus, sondern gründet sich auf dem – in Kooperation mit den anderen Akteurinnen – ermittelten Kommunikationsbedarf und -ziel.

> **Beispiel:** Ein deutsches Unternehmen (Bedarfsträger) für Balkon- und Terrassenbewässerungsanlagen möchte einen deutsch- und spanischsprachigen Prospekt seiner Produkte erstellen lassen und beauftragt eine Werbeagentur mit der Konzeption eines solchen Prospekts. In der Werbeagentur entwirft eine Mitarbeiterin (Ausgangstext-Produzentin) die deutschsprachige Vorlage, die dem Unternehmen zur Genehmigung vorgelegt wird. Danach beauftragt die Agentur (Bestellerin) ein Übersetzungsbüro mit der spanischen Version. Eine im Büro angestellte Übersetzerin (Translatorin) analysiert das Sprach- und Bildmaterial im Hinblick auf seine Eignung (z. B. Entsprechen die ausgewählten Pflanzen- und Balkonmotive auch den typischen Pflanzen, wie sie in Spanien auf Balkonen und Terrassen zu finden sind, und kann die spanische Adressatin so eine Beziehung zur eigenen Situation herstellen?) und sucht gegebenenfalls neues Bildmaterial aus, das sie in Kooperation mit einer Grafikerin der Werbeagentur in den Zieltext integriert. Der spanische Prospekt wird danach in zweifacher Hinsicht verwendet: Einerseits wird er Vertreterinnen des Unternehmens in Spanien als Anschauungsmaterial und Werbemittel zur Verfügung gestellt (Zieltext-Applikatorinnen) und andererseits liegt er auch für potentielle Kundinnen in Fachgeschäften auf (Zieltext-Rezipientinnen).

5.2.3 Botschaftsträger

Translatorisches Handeln geht weit über das klassische Übersetzen von vorgegebenen, rein sprachlichen Ausgangstexten hinaus. Auf der Grundlage eines Auftrages wird das Ausgangsmaterial analysiert und im Hinblick auf den Verwendungszweck neben anderen Materialien zur Erstellung des Zielprodukts herangezogen. Bei der Zieltextgestaltung können dabei alle kommunikativen Mittel zum Einsatz kommen. Wenn Holz-Mänttäri in diesem Zusammenhang von Botschaftsträgern spricht, so verwendet sie einen sehr weiten Textbegriff, der alle Kommunikationsmedien, wie sie in Kapitel 3.2 beschrieben wurden, umfasst. Translatorinnen haben somit nicht nur mit Wörtern, Sätzen und Texten zu tun, sondern sind interkulturelle Kommunikationsexpertinnen, die sowohl mit sprachlichen als auch nonverbalen Medien umgehen können. Dies heißt nicht, dass sie selbst z. B. Skizzen anfertigen können, allerdings müssen sie erkennen, welche Medien funktionsgerecht einzusetzen sind, sie müssen dies in Kooperation mit anderen Fachleuten auch umsetzen können. Die inhaltliche und formale Gestaltung von Botschaftsträgern erfolgt dabei in verschiedenen Schritten.

Zunächst einmal muss das zu erstellende **Produkt spezifiziert** werden. Hier wird möglichst detailliert festgelegt, welche Botschaft mit welchen Kommunikationsmedien zu welchem Zweck und für welche Adressatinnengruppe übermittelt werden soll. Auch Lieferfristen und Fragen des Layouts sind wesentliche Bestandteile der Produktspezifikation. Nach genauer **Analyse der Verwendungssituation** wird das Ausgangsmaterial dahingehend untersucht, inwieweit und in welchem Umfang es für die Zieltextproduktion brauchbar ist, und es wird festgestellt, welche Recherchematerialien für die Translaterstellung nötig sind. Auf dieser Basis erfolgt die **Planung des Herstellungsprozesses**, der die Ausarbeitung einer Übersetzungsstrategie beinhaltet. Erst danach wird das **Produkt in Form und Inhalt konzipiert** und realisiert. Abschließend erfolgt die **Überprüfung der Ergebnisse** auf der Grundlage der in der Produktspezifikation gemachten Vorgaben.

> **Beispiel:** Eine chinesische Unternehmerin möchte CD-Player nach Österreich exportieren und gibt eine deutschsprachige Übersetzung in Auftrag. Chinesische Gebrauchsanweisungen für elektronische und technische Geräte sind in der Regel sehr ausführlich, da solche Geräte vielfach nicht wie im europäischen Raum als Alltagsgegenstände präsent sind. Eine wörtliche Übersetzung würde für die österreichische Leserin, die mit solchen Geräten vertraut ist, sehr umständlich wirken. Die Übersetzerin geht daher nicht von den Strukturen des Ausgangstextes aus, sondern entwirft, nach Absprache mit der Bedarfsträgerin, einen Botschaftsträger, indem verbale Ausführungen gestrichen und durch Skizzen ersetzt werden, durch die die Inbetriebnahme

erklärt wird. Die Skizzen werden dabei ausgehend von einer Funktionsbeschreibung der Übersetzerin von einer Grafikerin erstellt. Dieser Vorschlag und die Wahl der kommunikativen Mittel beruhen auf der Analyse des Kommunikationsbedarfs der Zieltextapplikatorin (d. h. der Verwenderin des CD-Spielers) und dem Kommunikationsziel der Bedarfsträgerin (d. h. des Unternehmens), das darin besteht, zufriedene Kundinnen durch funktionsadäquate Gebrauchsanweisungen zu erhalten.

5.3 Was macht Expertinnen aus? Ein Kompetenzmodell

Wie wir gesehen haben, beschrieb Holz-Mänttäri Übersetzerinnen als Expertinnen und das Übersetzen als kooperativen Prozess, in dem man verschiedene Rollen im Zusammenspiel verstehen muss. Daraus ergibt sich die Frage, was jemanden zu einer Expertin macht und wie dieses Expertinnentum definiert werden kann. Es gibt verschiedenste Modelle, die versuchen die translatorischen Kompetenzen zu beschreiben und zu kategorisieren. Meist wird dabei sprachliche und fachliche Expertise in unterschiedliche Gruppen eingeteilt.

Risku (1998) richtet in ihrem Kompetenzmodell den Fokus auf die **kognitiven Prozesse** beim Übersetzen – also die Prozesse, die mit dem Wahrnehmen, Erkennen und Entscheiden zusammenhängen – und beleuchtet deren Verbindung mit der sozialen Realität der Translatorinnen. Sie unterscheidet klar zwischen Laien und Profis: Das Übersetzen von Ersteren beschreibt sie als **Signaltransport**, während Expertinnen eine **Sinnkonstruktion** vornehmen. Das heißt, dass für translatorische Nichtexpertinnen nicht die Analyse der situativen Einbettung des Textes in einen neuen, zielkulturellen Kontext den Ausgangspunkt ihrer Arbeit bildet, sondern das Austauschen von Bausteinen in der Sprache A durch Bausteine in der Sprache B. Expertinnen versuchen hingegen unter Einsatz ihrer spezifischen Kompetenzen in einem neuen Zusammenhang und einer neuen Situation Sinn neu zu konstruieren. Der Sinn eines Textes erschöpft sich dabei nicht in der Analyse von Wörtern, Sätzen oder Textteilen, sondern ergibt sich aus dem funktional-kommunikativen Zusammenhang, wie er in der Skopostheorie und der Theorie vom translatorischen Handeln beschrieben wird.

Der Translationsprozess beginnt in Riskus Modell schon, wenn die Entscheidung getroffen wird, dass etwas übersetzt werden soll. Der letzte Schritt ist die Veröffentlichung der Übersetzung im Zielsetting. Daraus wird klar, dass Translation weit darüber hinausgeht, eine Botschaft von Sprache A nach Sprache B zu übertragen und mehrere Schritte auch außerhalb des Einflussbereichs der Translatorinnen liegen.

Die komplexen Anforderungen an die Translatorinnen werden in vier Bereiche eingeteilt:

- Selbstorganisation
- Makrostrategiebildung
- Maßnahmenplanung und Entscheidung
- Informationsintegration

Die Translatorinnen müssen demnach in der Lage sein, die eigenen Rollen, Aufgaben, Fähigkeiten sowie jene aller am Translationsprozess beteiligten Personen zu verstehen. Ebenso müssen sie die Ziele der translatorischen Aktivität kennen und die Fähigkeit haben, diese Ziele in konkrete Strategien umzumodellieren. Mit diesem Wissen werden Teilaufgaben bewältigt und konkrete Teilentscheidungen getroffen (vgl. Kapitel 8). Eine weitere Anforderung stellt schließlich der professionelle Umgang mit Recherche und der Nutzung oder Erstellung von Hilfsmitteln dar.

Eine weitere bedeutende Rolle spielt in diesem Modell die Idee, dass Kognition nicht nur ein rein mentaler Prozess der Translatorin ist, sondern auch ihr gesamtes Umfeld einen Einfluss darauf hat (vgl. Risku 2014). Beim Übersetzen – ob in einer Agentur oder bei Freiberuflerinnen – laufen demnach gewisse translatorische Verstehens-, Entscheidungs- und Sprachplanungprozesse nicht mehr nur im Kopf der Translatorin selbst ab, sondern werden in die Interaktion mit der sozialen Umgebung oder mit Hilfsmitteln verlegt.

> **Beispiel**: Eine Übersetzerin trifft in einem zu übersetzenden Text auf das englische Wort *directive*. Sie entscheidet jedoch nicht allein in einem Gedankenprozess, ob sie das als *Richtlinie*, *Weisung* oder *Vorschrift* übersetzen soll. Der Entscheidungsprozess ist vielmehr mit einer Vielzahl an Interaktionen verbunden – mit Paralleltexten, bereits von ihr selbst erstellten Übersetzungen, Terminologievorgaben der Kundin, Input der Übersetzungsagentur oder Interaktion auf virtuellen Übersetzerinnen-Netzwerken wie beispielsweise ProZ.com.

Auch der professionelle Umgang mit diesen Interaktionen und deren bestmögliche Nutzung zeichnet Translationskompetenz aus und macht Translatorinnen zu Expertinnen.

5.4 Zusammenfassung

Translation ist ein komplexer Vorgang, der nicht auf die Wiedergabe eines Ausgangstextes mit zielsprachlichen Mitteln reduziert werden kann. Vielmehr ist jedes translatorische Handeln ein kommunikativer Akt unter spezifischen Bedingungen. Diese resultieren aus der Tatsache, dass die Kommunikation über Sprach- und Kulturbarrieren hinweg erfolgt. Oberstes Gebot ist dabei eine funktionierende Übermittlung der intendierten Information. Dazu müssen Translatorinnen eine Reihe von Faktoren berücksichtigen:

- Das Kommunikationsziel: **Wozu** soll ein Text in eine Zielkultur übertragen werden?
- Die Adressatin: **Für wen** wird der Zieltext hergestellt und worin besteht das Interesse der Rezipientin an dem Text?
- Die soziokulturelle Einbettung des Textes: **In welcher Situation** und **in welcher Kultur** wird der Zieltext rezipiert?

Das Texten für fremden Bedarf stellt dabei hohe Anforderungen an Translatorinnen. Diese benötigen ganz allgemein:

- Professionalität: Translatorisches Handeln setzt **Expertinnenwissen** voraus. Dies bedeutet u. a. Rollenverständnis, die Fähigkeit, Strategien zu entwerfen, und professioneller Umgang mit Hilfsmitteln.
- Kooperationsfähigkeit: Translatorinnen müssen **mit anderen Fachleuten zusammenarbeiten** können.
- Interkulturelle Textbaukompetenz: Dies beinhaltet u. a. die Fähigkeit, ausgehend von einer **Produktspezifikation** die unterschiedlichen **Kommunikationsmedien einzusetzen**, relevante Informationen zu **recherchieren** und in Inhalt und Form zielgruppengerechte Botschaftsträger über Sprach- und Kulturgrenzen hinweg zu konzipieren.

Zudem arbeiten Expertinnen nicht im luftleeren Raum. Ihre Entscheidungsprozesse werden durch ihre soziale und physische Umgebung sowie durch Interaktionen mit anderen Beteiligten oder Hilfsmitteln mitbestimmt.

Quellen und weiterführende Literatur

Fillmore, Charles J. 1977. „Scenes-and-frames semantics." In: Zampolli, A. (Hrsg.). *Linguistic structure processing*. Amsterdam: N. Holland, 55–81.

Holz-Mänttäri, Justa. 1984. *Translatorisches Handeln. Theorie und Methode*. Helsinki: Suomalainen Tiedeakatemia.

Hönig, Hans. 1995. *Konstruktives Übersetzen*. Tübingen: Stauffenburg.

Hönig, Hans & Kußmaul, Paul. 1982. *Strategie der Übersetzung. Ein Lehr- und Arbeitsbuch*. Tübingen: Gunter Narr.

Kaindl, Klaus. 2001. „‚Schwemmland' versus ‚Schlammböden': Im Sumpf der Übersetzungskritik." In: Hebenstreit, Gernot (Hrsg.). *Grenzen erfahren – sichtbar machen – überschreiten. Festschrift für Erich Prunč zum 60. Geburtstag*. Frankfurt a.M. et al.: Peter Lang, 303–321.

Lesznyák, Márta. 2007. „Conceptualizing Translation Competence. " In: *Across Languages and Cultures* 8/2, 167–194.
Reiß, Katharina & Vermeer, Hans J. 1984. *Grundlegung einer allgemeinen Translationstheorie*. Tübingen: Niemeyer.
Risku, Hanna. 1998. *Translatorische Kompetenz: kognitive Grundlagen des Übersetzens als Expertentätigkeit*. Tübingen: Stauffenburg.
Risku, Hanna. 2014. „Translation Process Research as Interaction Research: From Mental to Socio-Cognitive Processes. " In: *MonTI* 7/2, 331–353.
Rosch, Eleanor. 1973. Natural Categories. In: *Cognitive Psychology* 4, 328–350.
Stackelberg, Jürgen V. & Kroeber, Burkhart. 1986. „Alter Mönch – strenger Greis (eine Kontroverse)." In: *Der Übersetzer* 22:3/4, 1–4.
Vermeer, Hans J. 1983. *Aufsätze zur Translationstheorie*. Heidelberg: Selbstverlag.
Vermeer, Hans J. 1990. *Skopos und Translationsauftrag – Aufsätze*. Heidelberg: Selbstverlag.

6 Text und Translation

Texte sind die zentrale Grundlage jeder Kommunikation. Wenn wir kommunizieren, dann tun wir dies mit Texten. Dies gilt selbstverständlich auch für translatorisches Handeln, das wir als eine spezifische Form von Kommunikation definiert haben. Bisher haben wir festgestellt, dass Texte viel mehr sind als nur eine Aneinanderreihung sprachlicher Zeichen. Texte sind immer Teil einer bestimmten Situation und Teil eines bestimmten soziokulturellen Umfeldes. Sie können – im Sinne von Holz-Mänttäris **Botschaftsträger** – alle Kommunikationsmittel (Sprache, Gesten, Bilder etc.) umfassen, wie sie in Kapitel 3 angeführt wurden. In diesem Kapitel wollen wir uns näher mit Texten beschäftigen, dabei werden wir zunächst die Frage klären, was ein Text überhaupt ist, und uns danach übersetzungsrelevante Einteilungen von Texten näher ansehen.

6.1 Textdefinitionen

Der Terminus **Text** stammt aus dem Lateinischen *textus* und bedeutet so viel wie ‚Gewebe, Geflecht'. Texte sind Einheiten, in denen verschiedene Elemente miteinander verbunden sind und mehr sind als die Summe ihrer Einzelteile. Woraus bestehen solche Einheiten, wann kann man etwas als Text bezeichnen? Diese Frage ist insofern für die Übersetzung wichtig, als wir nicht Wörter oder Sätze, sondern eben Texte übersetzen.

Es gibt verschiedene Versuche, das Wesen und die Merkmale von Texten zu definieren; für unsere Zwecke sind nur jene Ansätze interessant, die sich mit der pragmatisch-kommunikativen Dimension von Texten beschäftigen. Einen solchen haben z. B. Beaugrande/Dressler (1981) vorgelegt, indem sie Texte als ein **kommunikatives Ereignis** bezeichnen, das insgesamt sieben Textualitätskriterien erfüllen muss. Diese sind:

- **Kohäsion:** Die Elemente eines Textes müssen auf der Textoberfläche miteinander in einem formalen, meist grammatikalischen Zusammenhang stehen und miteinander durch entsprechende grammatikalische Verknüpfungen verbunden werden. Solche grammatikalischen Mittel sind z. B. Rekurrenz (d. h. die Wiederaufnahme eines Elements im nachfolgenden Satz), Substitution (ein Textelement wird durch ein inhaltlich verwandtes Textelement ersetzt), durch Proformen (wobei, darauf, dieser, jener etc.),

Konjunktionen (und, weil …). Formale Kohäsionsmittel sind z. B. Layout, Absatzgestaltung etc.

- **Kohärenz:** Die Elemente eines Textes müssen einen Sinnzusammenhang ergeben. Damit ein solcher hergestellt werden kann, muss die Rezipientin ihr Weltwissen miteinbeziehen. Kohärenz ergibt sich nicht nur aus den eingesetzten Kommunikationsmitteln, sondern ist immer auch wissensgeleitet. Nehmen wir als Beispiel eine Bildunterschrift aus einer Tageszeitung anlässlich der Eröffnung der Olympischen Spiele in Athen 2004: „Viele Sportler sind bereits in Athen eingetroffen, darunter auch 28 Iraker, die nach Niederlagen nicht mehr verprügelt werden." Um den Text zu verstehen, also, warum und von wem Iraker verprügelt wurden, müssen wir unser Weltwissen aktivieren. Früher herrschte im Irak der Diktator Saddam Hussein, der ein Schreckensregime anführte und offensichtlich neben anderen Gräueltaten auch nicht siegreiche Sportler verprügeln ließ. Seit dem Sturz durch die US-Amerikaner ist dies nicht mehr der Fall. Erst durch dieses – im Text nicht verbalisierte – Wissen wird der Text zu einem kohärenten Ganzen.
- **Intentionalität:** Mit der Textproduktion ist die Absicht verbunden, einen kohäsiven und kohärenten Text zu gestalten, um so ein bestimmtes Kommunikationsziel zu erreichen. Wie wir bereits mehrfach betont haben, ist dabei die Frage: „Für wen ist der Text gedacht?" von entscheidender Bedeutung. Ein eng mit der Intention der Textproduzentin zusammenhängendes Kriterium ist daher jenes der
- **Akzeptabilität:** Die Rezipientin hat eine bestimmte Erwartung an den Text, mit der sie ihn liest. Intentionalität und Akzeptabilität verweisen auf die kommunikative Orientierung von Texten, die Teil einer kommunikativen Handlung sind. Um den Unterschied zwischen einer an sprachlichen Strukturen und einer an kommunikativen Funktionen orientierten Textbetrachtung zu verdeutlichen, sehen wir uns folgenden Satz näher an: „Könnten Sie bitte diesen Text bis morgen übersetzen?" Rein grammatikalisch ist dies eine Entscheidungsfrage, die mit ja/nein zu beantworten ist. Kommunikativ ist dies jedoch eine Bitte, den Text zu übersetzen, d. h., dieser Kommunikationsakt hat das Ziel, eine Handlung in Gang zu setzen. Diese pragmatische Sicht auf Sprache, in der untersucht wird, wie durch Äußerungen Handlungen initiiert werden, nennt man Sprechakttheorie. Sprechakte wären z. B. Aufforderung, Bitte, Befehl usw. Welche Art von Sprechakt ausgewählt wird, hängt neben der Intention der Senderin und der Akzeptanz durch die Rezipientin wesentlich ab von der

- **Situationalität**: Jeder Text ist, wie wir in Kapitel 2 festgestellt haben, immer situativ verankert – sowohl örtlich als auch zeitlich. So ist zum Beispiel ein Satz wie „ich bin fertig" nur in der konkreten Situation verstehbar. Situationen werden in Texten häufig durch sogenannte deiktische Elemente zum Ausdruck gebracht, wie z. B. hier, heute, dieser, jener etc. Diese auch Zeigewörter genannten Elemente sind nur aus der jeweiligen Situation heraus verstehbar. Gleichzeitig gibt es auch eine Vorwissensdeixis, d. h., man muss auf Wissen zurückgreifen, das nicht im Text verbalisiert ist. Ein Satz wie etwa „ich bin in den Supermarkt gegangen" kann ohne Wissen darum, wer mit „ich" gemeint ist, z. B. nicht ins Französische, Italienische oder Russische übersetzt werden, da dort das Partizip ja nach Geschlecht unterschiedlich gestaltet wird.
- **Informativität**: Dieses Kriterium bezieht sich auf den Neuigkeitswert eines Textes, der sich aus dem Spannungsfeld bekannt-unbekannt, erwartbar-unerwartbar usw. ergibt. Ein Text, dessen Informativität zu gering ist, der also zu viele redundante Elemente enthält, wird sehr rasch als uninteressant und langweilig empfunden; ein Text, der zu viele Informationen enthält, kann hingegen unter Umständen als zu schwierig, zu anstrengend empfunden werden. Das Verhältnis zwischen bekannter und unbekannter Information muss im Hinblick auf das Weltwissen der Rezipientinnen bestimmt werden. Hier ergibt sich auch die Schwierigkeit bei der Übersetzung. Wir haben gesehen, dass der Wissenshintergrund von Ausgangs- und Zieltextadressatinnen häufig unterschiedlich ist, die Translatorin muss daher unter Umständen den Informativitätsgrad im Translat neu gewichten, indem sie z. B. Erklärungen hinzufügt, Auslassungen vornimmt etc. Welche Strategien sie dabei einsetzt, hängt natürlich vom Translatskopos ab.
- **Intertextualität:** Damit ist die Tatsache gemeint, dass Texte keine isolierten Gebilde sind, sondern immer in einem größeren Zusammenhang stehen, in dem auf andere Texte Bezug genommen wird. Sowohl bei der Produktion als auch der Rezeption von Texten aktivieren wir dieses Wissen um diese Beziehung zwischen Texten. Dabei sind zwei Arten von Intertextualität identifizierbar. Zum einen kann in einem Text explizit auf einen anderen Text Bezug genommen werden, z. B. die Rezension eines Buches oder die Zusammenfassung eines Geschäftsberichtes. Zum anderen bezieht sich der Begriff auf Ähnlichkeiten und Übereinstimmungen zwischen Texten. Bedienungsanleitungen von DVD-Playern ähneln sich sowohl in ihrer Struktur als auch ihrer Funktion und ihren Inhalten. Wenn nun eine Translatorin eine solche Bedienungsanleitung übersetzen muss, so wird sie ihre Kenntnisse darüber aufrufen, wie diese in der Zielkultur strukturiert ist, mit

welchen Worten, welchen Sätzen sie formuliert wird, welche kommunikative Funktion sie erfüllen soll. Diese intertextuelle Beziehung spielt für die Feststellung von Textsorten eine entscheidende Rolle.

- **Kulturalität:** Dieses achte Kriterium wird zwar von Beaugrande/Dressler (1981) nicht als konstitutives Merkmal angeführt, für translatorische Belange ist es jedoch ein zentraler Faktor von Texten, wie wir in Kapitel 2 gesehen haben.

Ob ein Text als texthaft wahrgenommen wird, hängt nicht von seiner Länge ab, sondern davon, ob er als kommunikatives Ereignis erkannt wird. Wesentliche Voraussetzung dafür sind die hier genannten Textualitätskriterien. Der aus einem Wort bestehende Ausruf „Feuer!" kann ebenso ein Text sein wie das Verkehrsschild, das anzeigt, dass eine Straße eine Einbahn ist. Texte bestehen dabei niemals nur aus Sprache, sondern bilden ein Gewebe, in dem verbale und/oder nonverbale Kommunikationsmedien mit außertextuellen Faktoren verbunden sind.

> Texte sind situative und kulturell geprägte Kommunikationsakte. Als solche weisen sie sowohl außersprachliche als auch innersprachliche Merkmale auf. Diese sind eng miteinander verwoben, nur die Berücksichtigung aller Textualitätskriterien garantiert auch, dass die intendierte kommunikative Funktion erfüllt werden kann. Sätze als grammatikalische Einheiten sind somit keine Grundlage für professionelles translatorisches Handeln; nur Äußerungen, d. h., nur Texte in ihrer situativen, kulturellen und pragmatischen Verankerung sind übersetzbar und dolmetschbar.

6.2 Modalität und Medialität von Texten

Wie bereits angedeutet, umfassen Texte nicht nur sprachliche, sondern auch nonverbale Elemente. Die semiotischen Mittel, mit denen wir kommunizieren und Diskurse realisieren, werden Modi genannt (vgl. Kress/van Leeuwen 2001: 21). Neben dem – sei es schriftlichen oder mündlichen – sprachlichen Modus gibt es noch zahlreiche andere Modi, mit denen Texte gestaltet werden können, z. B. Bilder, Farben, Musik, Geräusche etc. Streng genommen kommunizieren wir immer mit verschiedenen Modi. Bei Texten wie Kinderbüchern, Comics, Musicals, Filmen, bebilderten Gebrauchsanweisungen, Werbetexten, Websites, Videogames oder Tourismusbroschüren ist die Multimodalität leicht ersichtlich. Doch auch ein vordergründig rein sprachlicher Text weist multimodale Aspekte auf. Ein schriftlicher Text ist durch seine typographische Gestaltung und das Layout multimodal; ein mündlicher Text besitzt durch die Intonation, Sprechgeschwindigkeit, aber auch Mimik und Gestik multimodale Dimensionen.

Wenn wir nun Texte als Kommunikationsakte verstehen, so sind auch sämtliche Modi, die zur Kommunikation herangezogen werden, für die Translation relevant. Sowohl in Form, Funktion als auch Wahrnehmung folgen Modi jeweils unterschiedlichen Gesetzlichkeiten. So werden Bilder zum Beispiel holistisch wahrgenommen, Sprache sukzessiv in Form von Wörtern und Sätzen. Auch die Bedeutungskonstruktion erfolgt mit unterschiedlichen Mitteln und auf unterschiedliche Weise. Bildern fehlt ein präzises Sprechaktrepertoire, wodurch im Vergleich zur Sprache ihre Illokution, der intendierte Sinn, ungenau bleibt. Ähnliches gilt auch für Musik: Während Sprache eine präzise Semantik hat, ist Musik weitaus vager, dennoch kann sie – mit ihren Mitteln – auch Bedeutung vermitteln, dies geschieht vor allem auf konnotativer und assoziativer Ebene. Gerade diese Unbestimmtheit in der Semantik eröffnet ein weites Deutungsfeld für nonverbale Modi, das wiederum kulturspezifisch stark variieren kann.

Für das Verstehen und Produzieren von multimodalen Texten sind auch die Interaktionsmöglichkeiten zwischen den Modalitäten von großer Bedeutung. Grundsätzlich können dabei folgende Beziehungen unterschieden werden: Die illustrierende Funktion, bei der die Modi im Wesentlichen die gleiche Information transportieren und sich somit in ihrer Aussage stützen. Die kommentierende oder erweiternde Funktion, in der sich die Modi gegenseitig in ihrer Aussage ergänzen, dieser etwas hinzufügen oder sie konkretisieren. Und die kontradiktorische Funktion, in der sich die Aussagen zwischen den Modi widersprechen.

Texte werden jedoch nicht nur in verschiedenen Modi, sondern immer auch in medialen Zusammenhängen realisiert. Unter Medium kann man dabei sowohl die jeweilige Darbietungsform eines Textes (z. B. Spielfilm, Theater, Comic) als auch seine materiellen Vermittlungskanäle (Schrift, Rundfunk, Fernsehen, elektronische Medien etc.) verstehen.

Modus und Medium sind immer miteinander verbunden, der Einsatz von Modi wird sowohl inhaltlich als auch formal vom jeweiligen Medium mitbedingt. Modi können auch in verschiedenen Medien realisiert werden. Sprache z. B. kann sowohl im Medium der Schrift als auch dem der Rede realisiert werden. Durch die mediale Realisierung entsteht auch eine jeweils unterschiedliche modale Spezifik, daher ist es bei der Translation auch wesentlich, beide Aspekte in ihrer Vernetzung zu berücksichtigen.

Genau genommen gibt es keine monomodalen Texte. Texte als Kommunikationseinheiten bedienen sich immer verschiedener Modi und werden immer in bestimmten medialen Zusammenhängen realisiert. Sowohl Modus als auch Medium prägen den Text in Form und Inhalt und sind daher wesentliche Bezugsgrößen für das translatorische Handeln.

6.3 Texttypen

Angesichts der Vielzahl von Texten, mit denen es Translatorinnen in der Praxis zu tun haben, ist es wichtig, Texte näher zu klassifizieren. Es gibt dabei viele verschiedene Möglichkeiten, für unsere Zwecke sind jene relevant, die sich mit der translatorischen Praxis beschäftigen.

Bisher haben wir festgestellt, dass Texte immer in einer bestimmten Situation, einer bestimmten Kultur verankert sind und wir mit Texten kommunizieren. Das Kommunikationsziel, und damit die Funktion des Textes, ist dabei der entscheidende Faktor für die Gestaltung eines Textes in Form und Inhalt. Es liegt daher nahe, Texte nach ihren Funktionen zu klassifizieren. Einen solchen Versuch hat Katharina Reiß unternommen (vgl. u. a. 1995). Ausgangspunkt ist dabei die Feststellung, dass es Texte gibt, in denen es vor allem um den Redegegenstand, die Sache geht (z. B. ein Sachbuch über Heilpflanzen, ein Zeitungsbericht über einen Gesetzesentwurf), bei anderen Texten steht die Senderin, ihre Art und Weise, einen Text zu gestalten, im Mittelpunkt (z. B. bei einem Gedicht, einem Roman) und schließlich gibt es auch Texte, in denen die Empfängerin und ihre Reaktion auf einen Text die wesentliche Bezugsgröße ist (z. B. ein Werbetext). Diese Tatsache hat Karl Bühler (1934) in Form des sogenannten Organon-Modells, das bereits in Kapitel 3.2.1 vorgestellt wurde, ausgedrückt. Er identifizierte drei Grundfunktionen der Sprache, nämlich Darstellung, Ausdruck und Appell, die in jedem Sprachzeichen vorhanden und somit auch in jedem Text präsent sind. Dieses Modell hat Katharina Reiß für ihre übersetzungsrelevante Texttypologie herangezogen und insgesamt drei Texttypen unterschieden, den **informativen**, **expressiven** und **appellativen** Typ. Jeder Texttyp verlangt dabei eine bestimmte Übersetzungsmethode. Diese Dreiertypologie wurde von Christiane Nord noch um einen vierten Typ erweitert, den **phatischen** Texttyp, wobei die phatische Funktion auf Roman Jakobson (1960) zurückgeht.

> Texte können aufgrund ihrer kommunikativen Funktionen unterschieden werden. Es gibt kaum Texte, die nur eine einzige Funktion aufweisen. Grundsätzlich sind alle Funktionen in einem Text vorhanden,

allerdings kann man in der Regel immer auch eine Hauptfunktion für einen Text oder einen Textabschnitt feststellen. Die kommunikative Funktion des Zieltextes bestimmt dabei auch die Übersetzungsmethode.

6.3.1 Der informative Texttyp

Es gibt eine Vielzahl von Texten, die primär Informationen vermitteln. Die Informationsvermittlung kann dabei je nach Text auf höchst unterschiedliche Art erfolgen. Es hängt dabei primär vom Verwendungszweck ab, welche informativen Werte im Vordergrund stehen. Wichtig ist es, immer zu beachten, dass die Informationen innerhalb eines Textes sprachlich unterschiedlich gestaltet sein können, d. h., es können berichtende, beschreibende, anleitende, erläuternde, deklarative Funktionen vorkommen. Wenn wir als Beispiel ein Gerichtsurteil betrachten, so können wir feststellen, dass es neben der deklarativen Hauptfunktion auch berichtende und erläuternde Funktionen aufweist. Der sogenannte ‚Spruch', der mit der Wendung „Im Namen der Republik" beginnt und die gerichtliche Entscheidung verkündet, hat eindeutig deklarative Funktion, während der Abschnitt, in dem es um den Sachverhalt geht, beschreibende Funktion aufweist. Der letzte Abschnitt eines Gerichtsurteils ist hingegen vor allem erläuternd, da hier die Gründe für die gerichtliche Entscheidung dargelegt werden. Zu den zentralen informativen Subtypen gehören:

- *Berichtende Funktion:* z. B. Medienberichte, in denen etwa Informationen zum Tagesgeschehen gegeben werden; Berichte oder Protokolle, in denen der Verlauf eines Ereignisses dargestellt wird; Aktenvermerke; Sachverhaltsdarstellungen usw.
- *Beschreibende Funktion:* Beschreibungen, in denen die Eigenschaften, Wirkungsweisen, Verwendungsmöglichkeiten eines Produkts dargestellt werden, wie z. B. die Zusammensetzung und Nebenwirkungen eines Medikaments, die Bestandteile und Funktionsweisen eines technischen Gerätes, Beschreibung von Geschmack und Konsistenz eines Nahrungsmittels usw.
- *Erläuternde Funktion:* Lehrbücher, in denen bestimmte Techniken, Praktiken und Methoden erklärt werden; Lexikoneinträge, die z. B. historische, gesellschaftliche, fachliche Aspekte erläutern usw.
- *Anleitende Funktion:* Anleitungen, in denen die Handhabung eines Gegenstandes dargestellt wird, z. B. die Inbetriebnahme eines Computers, das Zusammenbauen eines Möbelstücks oder die Einnahme eines Medikaments.

- *Deklarative Funktion:* Neben den bereits oben erwähnten Gerichtsurteilen sind dies auch Vertragstexte, in denen der Vollzug einer Kaufaktion deklariert wird; Satzungen, in denen die Grundordnung einer Vereinigung festgelegt wird.

Soll der Zieltext eine primär informative Funktion haben, so orientiert sich die Translatorin vor allem daran, *was* gesagt wird, während zum Beispiel stilistische Aspekte von sekundärer Bedeutung sind. Das heißt, es geht um eine zielgruppenadäquate Vermittlung der Inhalte, diese müssen mit dem Translatskopos übereinstimmen.

Nehmen wir ein von Katharina Reiß (1995: 89) verwendetes Beispiel zur Illustration, nämlich einen (inhaltlich durchaus problematischen) Ausspruch des französischen Königs François I.

> Souvent femme varie, bien fol est qui s'y fie.

In einem historischen Sachbuch, in dem berichtende und beschreibende Funktionen vorherrschen, wäre eine adäquate Übersetzung:

> Frauen sind wankelmütig, ein Narr ist, wer ihnen traut.

Die sprachlich-künstlerische Gestaltung, die im Französischen durch den Reim zum Ausdruck kommt, kann im vorliegenden Fall in der Übersetzung zugunsten einer korrekten inhaltlichen Wiedergabe vernachlässigt werden.

6.3.2 Der expressive Texttyp

Hier geht es primär um den Ausdruck, nicht um die sachbezogene Darstellung. Expressivität umfasst dabei Gefühlsäußerungen, subjektive Einstellungen und Wertvorstellungen, Wünsche u. Ä. Ähnlich wie bei informativen Texten weist auch die expressive Funktion somit eine Reihe von Untergruppen auf:

- *Narrative Funktion:* z. B. Romane, in denen eine Autorin aus subjektiv-persönlicher Sicht einen Vorgang, ein Geschehen etc. schildert
- *Poetische Funktion:* z. B. Gedichte, in denen mit künstlerisch-sprachlichen Gestaltungsmitteln gearbeitet wird
- *Optative Funktion:* z. B. Wünsche, die allerdings nicht an die Textempfängerin gerichtet sind (in diesem Fall läge eine appellative Funktion vor)
- *Dubitative Funktion:* z. B. wenn Zweifel zum Ausdruck gebracht werden
- *Emotive Funktion:* z. B. Flüche, Ausrufe, Jubelrufe etc.

Soll der Zieltext vor allem eine expressive Funktion erfüllen, so orientiert sich die Translatorin primär daran, *wie* etwas gesagt wird, also mit welchem sprachlichen Gestaltungsmittel eine Botschaft übermittelt wird.

Würde unser obiger Ausspruch als Teil des Dramas *Maria Tudor* von Victor Hugo übersetzt, so wäre die poetische Funktion entscheidend für die Wahl der Übersetzungslösung. Eine mögliche Variante wäre in diesem Fall:

> Ein Weib ändert sich jeden Tag; ein Narr ist, wer ihr trauen mag.

Im Gegensatz zum ersten Übersetzungsvorschlag wurde hier die sprachliche Reimform beibehalten sowie auf die metrische Form geachtet. Dafür wurden einige inhaltliche Abweichungen in Kauf genommen („souvent" bedeutet nicht „jeden Tag", sondern „oft"; „s'y fie" wurde mit „trauen mag" auch nicht inhaltlich korrekt übersetzt). Die Übersetzung orientierte sich in diesem Fall an der Korrespondenz der sprachlich-stilistischen Gestaltungsmittel.

6.3.3 Der appellative Texttyp

Hier geht es um jene Texte, die eine bestimmte Wirkung auf die Adressatinnen haben, sie im weitesten Sinne zu einer Reaktion veranlassen sollen. Die Funktion kann dabei – je nach Text – verschieden realisiert werden.

- *Persuasive Funktion:* z. B. Werbetexte, mit denen die Konsumentin dazu gebracht werden soll, ein bestimmtes Produkt zu kaufen; politische Propagandatexte, die Bürgerinnen dazu bewegen wollen, eine bestimmte Partei zu wählen; Tourismusprospekte, mit denen Reisende für eine Urlaubsdestination gewonnen werden sollen.
- *Petitive Funktion:* Diese Texte enthalten eine Forderung, auf die in der Regel eine konkrete Reaktion der Rezipientin erwartet wird, z. B. eine Petition der Umweltschützerinnen an das zuständige Ministerium; ein Einladungsschreiben zu einer Veranstaltung; parlamentarische Anfragen usw.
- *Direktive Funktion:* z. B. Verordnungen, die die Umsetzung von Bestimmungen regeln; Schilder, die das Verhalten im Straßenverkehr regeln; sowie ganz grundsätzlich Verbote, Befehle, Anordnungen und Gebote.
- *Empfehlende Funktion:* Texte, die den Adressatinnen ein bestimmtes Verhalten nahe legen, z. B. Coaching; Ratgeberbücher; Beratung in medizinischen, sozialen, rechtlichen usw. Settings.

Wenn der Zieltext eine primär appellative Ausrichtung haben soll, orientiert sich die Translatorin daran, *welche Reaktion* bei den Adressatinnen erzielt werden soll, und wählt dazu die adäquaten sprachlichen Mittel aus. Der Ausspruch von François I wurde als Anspielung in einem Werbetext für französischen Wein eingesetzt. Der Slogan lautete wie folgt:

> Souvent femme varie. Les vins du Postillon ne varient jamais.

Eine Übersetzung, die ebenfalls als Werbeslogan funktionieren soll, muss die appellative Funktion in den Vordergrund stellen. Dabei ergibt sich die Schwierigkeit, dass das Zitat von François I im deutschen Sprachraum nicht als Zitat bekannt ist. Die Translatorin muss daher, um die Appellwirkung zu realisieren, das kulturelle Hintergrundwissen ihres Adressatinnenkreises berücksichtigen. Eine mögliche Übersetzung wäre dabei:

> Frauenherzen sind trügerisch. Postillonweine betrügen dich nie.

Statt der im französischen Kulturraum verankerten historischen Anspielung wurde hier eine Anspielung auf ein weithin bekanntes Zitat aus der deutschen Übersetzung von Verdis Oper *Rigoletto* gewählt („Ach wie so trügerisch, sind Frauenherzen …“), das inhaltlich ähnlich, wenn auch nicht identisch ist, stilistisch sich in mehrfacher Hinsicht vom französischen Original unterscheidet, jedoch eine adäquate Umsetzung des Appells darstellt.

6.3.4 Der phatische Texttyp

Neben den drei genannten Texttypen gibt es noch eine weitere, häufig vorkommende Funktion, die sich auf die Art und Weise bezieht, wie der Kontakt zwischen Senderin und Empfängerin gestaltet ist. Wie formell oder vertraut ich mit jemandem umgehe, wie ich ein Gespräch beginne oder beende, spielt bei jeder Kommunikation eine Rolle und ist darüber hinaus auch kulturell geprägt. Zur phatischen Funktion der Texte zählen:

- *Kontakteröffnung:* z. B. Begrüßung der Teilnehmerinnen an einem internationalen Kongress
- *Kontakterhalt:* z. B. die Gliederung eines wissenschaftlichen Aufsatzes durch Zwischenüberschriften zur besseren Orientierung der Adressatinnen
- *Kontaktbeendigung:* z. B. Grußformel am Ende eines Briefes
- *Ausgestaltung des sozialen Rollenverhältnisses:* z. B. Werbeprospekt von IKEA, in dem die Kundinnen geduzt werden

Hier muss die Translatorin entscheiden, wie und in welcher Form der Kontakt zwischen den Kommunikationsteilnehmerinnen definiert wird.

Bei Dolmetscheinsätzen beispielsweise gehört die Gestaltung der phatischen Funktion im Translat zur ständigen Aufgabe. Begrüßungen oder Pausenfüller dienen als Hinweise zur Orientierung und Kontinuität einer Veranstaltung und gehören vermeintlich zur ‚einfachen' Aufgabe in der Kommunikationsmittlung. Aber auch dieser Bereich der menschlichen Kommunikation unterliegt stark kulturbedingten gesellschaftlichen Konventionen und ist auch im Translat zu berücksichtigen. So könnten wir z. B. davon ausgehen, dass zur Aufrechterhaltung von Kommunikation im deutschsprachigen Raum eher Feststellungen von trivialen Sachverhalten wie „Schönes Wetter heute" dienen; in slawischsprachigen Ländern kommen zu solchen Anmerkungen zum Wetter auch Erkundigungen persönlicher Natur dazu, z. B. nach dem Familienstand, gesellschaftlichen Status oder Einkommen.

Die Beachtung der phatischen Funktion der Sprache ist insbesondere in solchen Dolmetschsituationen heikel, wo die Kommunikationssituation durch das Kommunikationsthema und die Asymmetrie der Kommunikationspartnerinnen beschwert ist. Nehmen wir als Beispiel eine Gerichtsverhandlung, in der ein Mann aus Burundi wegen Körperverletzung an seiner Frau angeklagt ist.

> Die Frau ist als Zeugin geladen. Der Mann aus Burundi spricht in der Verhandlung Deutsch, für die Frau ist ein Dolmetscher für die Sprache Rundi anwesend. Zur Einvernahme der Frau kommt es in der Folge doch nicht, weil die Zeugin von ihrem Recht Gebrauch macht, im Verfahren gegen ihren Ehemann keine Aussage zu tätigen. (Nach österreichischem Recht gibt es keine Pflicht, in einem Strafverfahren gegen nahe Angehörige auszusagen. Die Richterin fragt daher Zeugen, die mit dem Beschuldigten verwandt sind, zunächst immer, ob sie überhaupt aussagen wollen oder nicht.) Nach ihrer Bekundung, nicht aussagen zu wollen, kann die Frau des Beschuldigten die Verhandlung verlassen und verabschiedet sich mit einer in ihrer Muttersprache üblichen Floskel, die in etwa folgendermaßen lautet: „Ich muss nach Hause, sonst schlägt mich mein Mann." Eine Fehlinterpretation dieser Abschiedsfloskel durch den Dolmetscher könnte in einer derartigen Kommunikationssituation, nämlich in einem Strafverfahren, unerwünschte Folgen haben; das Gericht könnte den missverstandenen Gruß in seiner Beweiswürdigung zum Nachteil des Beschuldigten auslegen. Die Dolmetschung erfordert daher auch in phatischen Bereichen ein differenziertes kulturorientiertes Vorgehen.

6.3.5 Woran erkenne ich kommunikative Funktionen?

Nachdem wir die verschiedenen Funktionen beschrieben haben, stellt sich die Frage, woran man die Funktionen eines Textes, eines Textabschnittes oder eines Satzes erkennt. Grundsätzlich ist bereits unser Textsortenwissen (vgl. dazu Kapitel 6.4) ein erster Hinweis auf mögliche Funktionen. So wissen wir, dass eine Bedienungsanleitung vor allem informative Funktionen, eine Waschmittelwerbung appellative Funktionen und ein Gedicht expressive

Funktionen erfüllt. Für eine genaue Funktionsbestimmung müssen wir jedoch die sprachlichen Merkmale als Funktionsindikatoren betrachten. Dies ist nicht zuletzt deshalb wesentlich, weil in jeder Kultur spezifische Mittel zur Realisierung einer bestimmten kommunikativen Funktion eingesetzt werden.

Als Beispiel wollen wir den Ausschnitt einer medizinischen Gebrauchsinformation näher analysieren. Grundsätzlich gehört ein Beipackzettel zu den informativen Texten, er soll die Patientin über das Medikament informieren und zum richtigen Gebrauch anleiten. Darüber hinaus finden sich jedoch auch Abschnitte mit expressiven, appellativen und phatischen Funktionen. Welche Funktion jeweils dominant ist, kann nur durch die genaue Analyse des Textes festgestellt werden.

Beispiel: Ausschnitte aus einer Gebrauchsinformation

Cional® Kreussler-Tropfen

Zusammensetzung:
100g enthalten: 9,09 g Aluminiumformiat und den wässrigen Auszug aus Kamillenblüten, Salbeiblättern, Arnikablüten.

Eigenschaften und Wirksamkeit:
CIONAL bewährt sich bestens bei entzündlichen Erkrankungen der Mundschleimhäute, des Rachens und der Mundhöhle als reizloses Heilmittel von rascher und lang anhaltender Wirkung.
Durch CIONAL wird die Schleimhaut zusammengezogen, Bakterien und Pilzen wird der Nährboden entzogen, gestörte Durchblutungsverhältnisse in der Schleimhaut werden normalisiert.
Die Schmerzlinderung bei der Cional-Anwendung wird durch Abschwellung des Gewebes, durch Abstoßung der Beläge sowie durch Verminderung der Reizempfindlichkeit der Nervenendigungen in der Schleimhaut bewirkt.

Art der Anwendung:
CIONAL kann je nach Art der Erkrankung verdünnt zum Gurgeln oder Spülen oder unverdünnt zum Spülen oder Betupfen angewendet werden. Für einen guten Therapieerfolg sollte möglichst langanhaltend gegurgelt oder gespült werden.

Anwendungsgebiete:
Entzündliche Erkrankungen in Mund und Rachen. Mandelentzündungen, Rachenentzündungen, Zahnfleischentzündungen, Mundschleimhautentzündungen, Zungenentzündungen, Zahnbetterkrankung (Parodontopathien) und insbesondere Zahnfleischbluten.

Dosierung:
Falls nicht anders verordnet, Dosierung genau einhalten!
Bei Mandel- und Rachenentzündungen geben Erwachsene ca. 10 Tropfen CIONAL in ein halbes Glas warmes Wasser und gurgeln oder spülen ca. 30 Sekunden lang.
Bei Zahnfleischbluten, Zahnfleischentzündungen geben Erwachsene ca. 30 Tropfen CIONAL in ein halbes Glas Wasser.
Zur Vorbeugung wird bei der täglichen Mund- und Rachenpflege mit 10 Tropfen CIONAL auf 1 Glas warmes Wasser gegurgelt.

Wechselwirkungen:
CIONAL darf nicht gleichzeitig mit eiweißhaltigen Getränken eingenommen werden.

Gewöhnungseffekte:
Keine bekannt.

Besondere Warnhinweise zur sicheren Anwendung:
Gelegentliches Trübwerden durch Temperaturschwankungen beeinträchtigt nicht die Wirksamkeit des Präparats.
Bei Fortbestand der Beschwerden sollte ehestens ein Arzt aufgesucht werden.
Für Kinder unerreichbar aufbewahren. Verfallsdatum beachten.
Bei Unklarheiten fachliche Beratung einholen.

Sehen wir uns die Funktionsverteilung nun für jeden der einzelnen Abschnitte an:

- **Zusammensetzung:** Hier haben wir einen rein beschreibenden Teil, die Funktion wird dabei durch das Zustandsverb im Präsens „enthalten" realisiert.
- **Eigenschaften und Wirksamkeit:** Die Überschrift dieses Abschnittes weist an sich ebenfalls auf eine beschreibende Funktion hin. Allerdings ist der erste Satz durch den Einsatz von wertenden Adjektiven („bestens", „rascher und lang anhaltender") stark expressiv, da hier die Bewertung des Medikaments im Vordergrund steht. Im Rest dieses Abschnittes ist durch die Passivkonstruktionen und das Präsens als Tempus („wird zusammengezogen", „wird entzogen", „werden normalisiert" usw.) hingegen wieder die informativ-beschreibende Funktion dominant.
- **Art der Anwendung:** Der erste Satz dieses Segments ist eindeutig informativ. Die Anwendung des Medikaments wird durch Modalverb und Passivkonstruktion („kann angewendet werden") beschrieben. Im nächsten Satz steht die appellativ-empfehlende Funktion im Vordergrund, die in diesem Fall durch das Modalverb „sollte" realisiert wird.

- **Anwendungsgebiete:** Die Tatsache, dass es sich um eine reine Aufzählung handelt, weist auf die informativ-berichtende Funktion dieses Abschnittes hin.
- **Dosierung:** Hier würde man vor allem die anleitende Funktion erwarten. Der Abschnitt beginnt jedoch mit einem Appell. Die direktive Funktion erkennt man dabei textsortenspezifisch an der Infinitivkonstruktion („genau einhalten") und dem Satzzeichen („!"). Erst die darauf folgenden Sätze informieren über die Dosierung und Einnahme in Form einer Anleitung, die – ebenfalls typisch für diese Textsorte – in Form von Aussagesätzen formuliert wird.
- **Wechselwirkungen:** Die Funktion dieses Satzes ist appellativ. Das Verbot wird dabei – wie häufig in dieser Textsorte – in Form eines Aussagesatzes in Kombination mit dem Modalverb („darf nicht") formuliert.
- **Gewöhnungseffekte:** Auch hier liegt ein – in diesem Fall elliptischer – Aussagesatz vor. Im Gegensatz zu den Aussagesätzen im Abschnitt „Dosierung" verweist er in diesem Kontext jedoch auf eine informativ-berichtende Funktion.
- **Besondere Warnhinweise zur sicheren Anwendung:** Die Überschrift lässt eine appellative Passage vermuten. Der erste Satz ist jedoch rein informativ und enthält keine Handlungsanweisung. Die berichtende Funktion wird dabei durch das Verb im Indikativ Präsens („beeinträchtigt") sprachlich umgesetzt. Die danach folgenden Empfehlungen als appellative Funktion werden durch ein Modalverb („sollte") sowie durch Infinitivkonstruktionen umgesetzt.

Insgesamt weist der Text natürlich auch phatische Elemente auf: Durch Absatzgestaltung und Fettdruck wird eine übersichtliche Textstruktur geschaffen, die dem Kontakterhalt dient.

Obwohl wir es im vorliegenden Fall mit einem primär informativen Text zu tun haben, konnten wir auch eine Reihe anderer Funktionen und ihre Erkennungsmerkmale identifizieren. Dies macht deutlich, dass fast jeder Text mehrere Funktionen aufweist. Im vorliegenden Beispieltext war dabei klar eine jeweils dominante Funktion feststellbar. Es gibt jedoch auch Texte, in denen dies nicht der Fall ist bzw. in denen die eigentliche Funktion verschleiert werden soll. So arbeiten viele Werbetexte sehr stark mit expressiven und informativen Elementen, die die eigentliche appellative Identität transportieren sollen. Der Grund hierfür ist, dass ein direkter Appell (im Sinne von: „Kauf mich") viel zu plump wirkt und daher nicht zum gewünschten Verkaufserfolg führen würde. Wichtig ist auch, dass ein und dasselbe sprachliche Mittel je nach Kontext und Situation unterschiedliche kommunikative Funktionen erfüllen kann, sodass es immer auch nötig ist, ausgehend vom Textganzen die einzelnen Elemente im Hinblick auf ihre funktionale Beschaffenheit zu untersuchen.

Die Mittel zur Realisierung einer bestimmten kommunikativen Funktion reichen von sprachlichen Elementen wie Grammatik und Lexik über Aspekte des Layouts, wie z. B. Absatzgestaltung bis hin zu typographischen Elementen, wie Fettdruck und Unterstreichungen. Welches Mittel eingesetzt wird bzw. welche kommunikative Funktion damit ausgedrückt wird, ist kulturspezifisch und abhängig von der Kommunikationssituation und der Textsorte.

6.3.6 Text, Funktion und Translation

Anhand einer Analyse wollen wir das bisher Gesagte weiter veranschaulichen. Es handelt sich um die französische und deutsche Fassung eines Textes über das Hotel *Atalaya* aus dem Hotelführer ‚Relais du Silence/Silencehotel International'.

Französisch: Llo est le village le plus typique de la Cerdagne, moitié francaise, moitié espagnole et l'Atalaya, une demeure de charme qui n'oublie pas ses racines, c'est „El Cant de la Terra", celui-là même qui se danse, l'Atalaya „per encantar".

Deutsch: Im Kerngebiet der Cerdagne, halb Frankriech (sic!) und halb Spanien, ist Llo ein typisches Hirtendopf (sic!), von Schloß- und Turmruinen beschützt. Das „Atalaya" ist eine poetische Bleibe, diskret und romantish (sic!), die den Charme der gemütlichen Zimmer mit erlesener Küche verbindet „l'Atalaya per encantar".

Das Buch mit seinen Hotelbeschreibungen richtet sich an Tourist:innen, die abseits der großen Hotels eine ruhige und individuelle Unterkunftsmöglichkeit suchen. Aufnahme ins Buch finden nur jene Hotels, die diese Kriterien erfüllen. Im französischen Text wird zunächst der Ort, Llo, als ein typisches Dorf der Cerdagne dargestellt, einer Region Frankreichs, die sowohl durch französische als auch spanisch-katalanische Einflüsse ihre Charakteristik erhält, was nicht zuletzt auch im spanischen Namen des Hotels, Atalaya, sowie in den katalanischen Einschüben („El Cant de la Terra", „per encantar") seinen Ausdruck findet.

Die primäre Funktion des Textes ist informativ, es geht um eine kurze Beschreibung des Hotels: seine Lage und jene Eigenschaften, die es zu einem besonderen Ort machen. Gleichzeitig erhält der Text natürlich durch die subjektive Schilderung der Vorzüge dieses Ortes („le plus typique", „une demeure de charme", „per encantar") eine expressive Funktion. Worin das Typische und der Charme bestehen, wird nicht näher definiert, die Worte „typique" und „de charme" reichen aus, um von der französischsprachigen Leserin durch ihr Wissen über die Cerdagne und die Erwartungen an in Frankreich weit verbreitete ‚hôtels de charme' zu einem kohärenten Bild ergänzt zu werden. Durch die Anspielung auf eine Komposition des französischen Musikers Déodad de Séverac, „El Cant de la Terra", weist der Text schließlich auch einen appellativen, intertextuellen Bezug auf. Die katalanische Bezeichnung, die aufgrund der sprachlichen Ähnlichkeit für französische Sprecherinnen als „Le Chant de la Terre" leicht verständlich ist, wird implizit auch in Beziehung gesetzt zu einem spanischen Tanz, der Sardana („celui-là même qui se danse"), als Ausdruck für die Ursprünglichkeit und die Bikulturalität der Region, die sich eben auch im Hotel widerspiegelt.

In der deutschen Übersetzung wird die informative Funktion im Vergleich zum französischen Text mit anderer Akzentsetzung realisiert (auf die zahlreichen Tippfehler wird hier nicht näher eingegangen). Während im Französischen das Typische der Region, das sich aus der Verbindung von französischer und spanischer Kultur ergibt, als bekannt für die französischen Leserinnen vorausgesetzt und ohne nähere Erklärung betont wird, wird im Deutschen zunächst die geographische Lage der Cerdagne, die zwischen Frankreich und Spanien aufgeteilt ist, beschrieben und damit Rücksicht auf den unterschiedlichen Wissenshintergrund deutschsprachiger Adressatinnen genommen. Danach wird das Typische des Ortes im Deutschen expliziter dargestellt als im Französischen („Hirtendopf" (sic!), „Schloß- und Turmruinen"), um so den Adressatinnen eine konkretere Vorstellung zu geben. Anders als im französischen Text wird in der Übersetzung das Hotel nicht so sehr in seiner Verwurzelung in die französisch-katalanische Kultur geschildert, sondern durch Adjektive wie „poetisch", „diskret" und „romantisch", „gemütlich" charakterisiert. Auch wird die – für Französinnen bei einem solchen Ort als selbstverständlich vorausgesetzte – Qualität der Küche hervorgehoben. Im Zieltext werden typische Vorstellungen deutscher Touristinnen von französischem ‚savoir vivre' geschildert. Die expressive Funktion, die subjektive Schilderung der Vorzüge des Hotels, orientiert sich somit auch hier an den Erwartungen der Zielrezipientinnen. Der appellative Bezug des Ausgangstextes mit seiner Anspielung auf ein französisch-katalanisches Musikstück hingegen kann im Deutschen nicht hergestellt werden. Durch die Akzentverschiebung sowohl im Bereich Information als auch Expressivität des Textes und durch die Auslassung des Verweises auf die „El Cant de la Terra" ist die Übernahme der katalanischen Passage „l'Atalaya per encantar" noch dazu mit dem französischen Artikel für die Leserin nicht einzuordnen. Hier werden sowohl die Textualitätskriterien der Informativität (es handelt sich um ein unbekanntes und unerwartetes Textelement, das von der deutschsprachigen Leserin in seiner Funktion nicht situiert werden kann und nur bei guten Französisch- oder Spanisch- bzw. Katalanischkenntnissen verständlich ist) als auch der Kohärenz (es kann kein Sinnzusammenhang zwischen dieser Passage und dem Rest des Textes hergestellt werden) verletzt.

Abgesehen von der appellativen, intertextuellen Funktion, die nicht adäquat im Zieltext umgesetzt wurde, wurden in der Übersetzung die gleichen Funktionen realisiert, wobei im Hinblick auf die Adressatinnen und unter Berücksichtigung ihres Wissenshintergrundes andere Schwerpunkte gesetzt wurden.

6.4 Textsorten und Textsortenkonventionen

Nachdem wir Texte im Hinblick auf ihre funktionalen Gemeinsamkeiten in verschiedene Gruppen eingeteilt haben, wollen wir Texte noch weiter nach translationsrelevanten Merkmalen differenzieren.

6.4.1 Textsorte – was ist das?

Im Rahmen der Textdefinition haben wir das Kriterium der Intertextualität diskutiert. Darunter verstehen wir unter anderem die Beziehung, die zwischen Texten besteht. Diese Beziehung kommt in ähnlichen Strukturen, Inhalten und Funktionen zum Ausdruck. Die Gemeinsamkeiten zwischen Texten erleichtern uns die Kommunikation, da wir durch bestimmte strukturelle, inhaltliche und funktionale Merkmale erkennen, worum es geht, und nicht erst den gesamten Text rezipieren müssen. Dies ist bereits an der Textsortenbezeichnung ablesbar. Die Textsorten Bericht, Gelöbnis, Kommentar, Auftrag weisen zum Beispiel auf eine bestimmte kommunikative Funktion hin, die mit diesen Textsorten verbunden ist. Berichte und Gelöbnisse sind informative Texte (berichtend und deklarativ), Kommentare gehören zum expressiven Texttyp (subjektive Schilderung) und Aufträge zum appellativen Texttyp (direktiv).

Durch die Textsortenbezeichnung können auch Hinweise auf den Textinhalt gegeben werden. Wetterbericht, Treuegelöbnis, politischer Kommentar, Kaufauftrag weisen im ersten Bestandteil der Bezeichnung auf einen bestimmten thematischen Bereich hin, der in dem Text behandelt wird.

Des Weiteren können mit bestimmten Textsorten auch Erwartungen an die Kommunikationssituation verbunden sein: Fernsehbericht, Brief, Zeitungsartikel, Telefongespräch weisen auf die situativen Merkmale Raum und Zeit bzw. Kommunikationsmedium hin. Telefongespräche sind zeitlich unmittelbar, räumlich getrennt über das technische Medium Telefon, Briefe sind sowohl zeitlich als auch räumlich getrennt usw.

Und schließlich liefern auch bestimmte Sprach- und Gestaltungsmuster Hinweise auf die jeweilige Textsorte. So können wir anhand folgender Sprachfragmente die richtige Zuordnung zur jeweiligen Textsorte treffen:

- Die Aussichten für morgen … (Wetterbericht)
- Die gehackten Zwiebeln anschwitzen … (Kochrezept)
- Vor Kindern sicher aufbewahren … (Beipackzettel)
- Und wenn sie nicht gestorben sind … (Märchen)
- Im Namen des Volkes … (Urteil)
- § 12, Abs. 2 … (Gesetz)
- Artikel 5 … (Vertrag)

Wir können diese Textfragmente aufgrund unseres Textwissens richtig zuordnen. Dieses Textwissen besitzt der Laie in der Regel nur in seiner Muttersprache, Translatorinnen müssen es in ihren jeweiligen Arbeitssprachen besitzen, da diese Sprach- und Gestaltungsmuster kulturspezifisch sein können. Nicht alle Textsorten weisen solche konventionellen Muster auf. Vor allem Gebrauchstexte, wie sie z. B. hier angeführt wurden, können sehr stark in Gestaltung und Sprache normiert sein, während literarische Texte im weitesten Sinne weniger ausgeprägte sprachliche Konventionen aufweisen. Wir halten fest:

> Textsorten sind kommunikative Handlungen, die gemeinsame situative, funktionale, sprachlich-strukturelle und inhaltliche Merkmale besitzen. Die konventionell geltenden Muster einer Textsorte sind kulturspezifisch. Textsorten liefern der Translatorin wichtige Orientierungspunkte bei der AT-Rezeption und der ZT-Produktion im Hinblick auf die Kommunikationssituation, die kommunikative Funktion sowie die thematische und grammatikalische Gestaltung.

Je genauer eine Textsorte bestimmt werden kann, desto genauer können auch die für sie typischen Merkmale bestimmt werden. Katharina Reiß unterscheidet daher zwischen Textsortenklassen, Textsorten und Textsortenvarianten. Eine Textsortenklasse wäre z. B. das Protokoll. Protokolle haben alle eine informative Funktion, allerdings können sie für unterschiedliche Situationen und zu unterschiedlichen Themen verfasst werden. So gibt es Gerichtsprotokolle, Gesprächsprotokolle, Unfallprotokolle etc. Je nach Bereich und Situation sind auch die verwendeten Sprach- und Gestaltungsmuster unterschiedlich. Wenn wir etwa die Textsortenklasse Brief betrachten, so gelten etwa für die verschiedenen Textsorten, die diese Klasse umfasst, z. B. Geschäftsbrief, Begleitbrief zu einem Bewerbungsschreiben, Amtsbrief, Brief an die Eltern, unterschiedliche Anredekonventionen und auch Interpunktionskonventionen. In einem offiziellen Schreiben wäre ein „Lieber Generaldirektor," in der Regel völlig inadäquat; sowohl von der Anrede als auch der Interpunktion her würde man etwas anderes erwarten (z. B. „Sehr geehrter Herr Generaldirektor!"). In einem privaten Schreiben hingegen sind sowohl die Anrede als auch das Komma nach der Anrede durchaus üblich.

> Translatorinnen benötigen differenziertes Textwissen. Je genauer der typische Aufbau, die sprachlichen und gestalterischen Charakteristika, die Funktionen und die Verwendungssituationen von Textsorten in den Arbeitssprachen und Arbeitskulturen bekannt sind, desto einfacher ist es, einen Zieltext herzustellen, der dem Kommunikationsziel und den Erwartungen der Adressatinnen entspricht.

6.4.2 Textsortenkonventionen

Textsorten werden durch bestimmte Ähnlichkeiten auf situativer, funktionaler, inhaltlicher und sprachlich-struktureller Ebene als solche erkannt. Die Merkmale auf der sprachlich-strukturellen Ebene werden als Textsortenkonventionen bezeichnet und tragen wesentlich zur Identifizierung eines Textes bei. Konventionelle Textmuster regeln innerhalb einer Kultur die Gestaltung von Texten. Sie sind dabei allerdings keine feststehenden Regeln, sondern können sich im Lauf der Zeit auch verändern. Textsortenkonventionen können auf allen Ebenen auftreten. Wir unterscheiden dabei zwischen der Makroebene und der Mikroebene.

Textsortenkonventionen auf der Makroebene beziehen sich auf:

- **Textaufbau:** betrifft die inhaltliche Strukturierung eines Textes. Der Aufbau von Texten kann konventionell geregelt sein. So umfassen z. B. völkerrechtliche Übereinkünfte vier Teile, nämlich den Titel (der den Vertragsgegenstand und die beteiligten Parteien nennt), die Präambel, den Inhaltsteil und die Schlussbestimmungen. Dieser Aufbau ist international gleich. Andere Textsorten weisen hingegen kulturspezifische Unterschiede auf. Der Aufbau von medizinischen Beipackzetteln z. B. umfasst vor allem die Punkte Herstellerin, Zusammensetzung, Eigenschaften und Wirkung, Anwendungsgebiete, Art der Anwendung und Dosierung, Gegenanzeigen, Nebenwirkungen, Wechselwirkungen, Warnhinweise, Packungsgrößen.

Diese Strukturierung gilt zwar auch für z. B. englische, französische, spanische Beipackzettel, allerdings zum Teil mit anderer Reihenfolge. So werden Herstellerin bzw. Zulassungsinhaberin eines Medikaments in Österreich meist am Anfang genannt, bei französischen Beipackzetteln hingegen erst am Schluss. Der Punkt Packungsgrößen wiederum wird bei der deutschsprachigen Textsorte häufig am Ende genannt, in Frankreich hingegen zumeist am Beginn nach dem Punkt Zusammensetzung.

- **Texteinteilung:** betrifft die formale Strukturierung eines Textes. Theaterstücke werden z. B. in Akte und Szenen unterteilt, Gesetze nach Paragraphen, Verträge nach Artikel usw.
- **Textform:** betrifft die formale Gestaltung von Texten, wie etwa Layout, Satzspiegel, Schriftart. Bei der formalen Gestaltung von Briefen unterscheidet sich etwa die Positionierung der Unterschrift zwischen Deutschland und Frankreich. In deutschen Briefen wird die Unterschrift in der Regel links unter den Brief gesetzt, in französischen Briefen hingegen rechts. In amerikanischen technischen Dokumentationen werden zur Hervorhebung häufig Großbuchstaben verwendet, in deutschsprachigen Texten hingegen häufiger Unterstreichungen und Fettdruck.

Textsortenkonventionen auf der Mikroebene umfassen:

- **Lexik:** betrifft die textsortengebundene Wortwahl. In Todesanzeigen werden im Deutschen häufig euphemistische Ausdrücke verwendet, wie z. B. „von uns gegangen“, „verschieden“, im Englischen hingegen wird in der Regel kein Verb, das sich auf den Sterbevorgang bezieht, verwendet.
- **Grammatik:** umfasst die grammatikalisch-syntaktische Gestaltung von Texten. In völkerrechtlichen Übereinkünften werden im Deutschen vermehrt Präpositionalphrasen mit Verbalsubstantiv verwendet („in Anerkennung“, „in Kenntnis“, „unter Hinweis auf die Bestimmung X“), im Englischen und auch Französischen hingegen sind eher Partizipialkonstruktionen typisch (z. B. „acknowledging“, „reconnaissant“).
- **Stil:** betrifft die Art und Weise des schriftlichen bzw. mündlichen Ausdrucks. Wissenschaftliche Referate sind im Deutschen meist sehr sachlich gehalten, im Englischen ist der Stil vergleichsweise aufgelockerter-humorvoller, im Französischen wiederum sind vielfach literarische Stilmittel, wie z. B. Metaphern, zu finden.
- **Phraseologie:** bezieht sich auf sprachliche Wendungen, wie etwa im Märchen „es war einmal“ (dt.), „once upon a time“ (engl.), „il était une fois“ (frz.), „érase una vez“ (sp.), „c'era una volta“ (ital.), „bila jednom“ (b/k/s); die typische Wendung in Beipackzetteln „Arzneimittel sorgfältig aufbewahren. Vor Kindern sichern.“ wird im Französischen häufig mit

der Phrase „Ceci est un medicament" eingeleitet, wobei die Anweisungen auch grammatikalisch nicht wie im Deutschen mit Infinitivkonstruktion, sondern häufig auch in Form von Imperativen („Ne le laissez pas à portée de mains des enfants.") wiedergegeben werden.

- **Interpunktion:** umfasst die Zeichensetzung in Texten. Nach der Briefanrede z. B. werden im Deutschen, je nach Kommunikationssituation, Ausrufezeichen oder Komma gesetzt, im Englischen, Italienischen und Französischen wird immer ein Komma gesetzt, im Spanischen ein Doppelpunkt.

Textsortenkonventionen sind die kulturspezifisch charakteristischen Sprach- und Gestaltungsmuster in Texten. Vor allem Gebrauchstexte können sehr stark konventionalisiert sein. Textsortenkonventionen erleichtern die Kommunikation, da durch bestimmte Textmuster ein Text und seine Funktion rasch erkennbar werden. Gleichzeitig sind mit bestimmten Textsorten auch bestimmte Erwartungen verbunden, was ihre inhaltliche und formale Gestaltung sowie ihre kommunikative Funktion betrifft.

6.5 Zusammenfassung

Texte sind die Grundlage der Kommunikation. Translatorinnen kommunizieren durch Texte mit den Adressatinnen. Damit die Kommunikation erfolgreich verläuft, müssen Texte die Kriterien erfüllen, die sie zu einem kommunikativen Ereignis machen (Kohäsion, Kohärenz, Intentionalität, Akzeptabilität, Situationalität, Informativität, Intertextualität, Kulturalität). Tun sie dies nicht, so sind sie defekt und beeinträchtigen die kommunikative Handlung. Die Funktion von Texten in der transkulturellen Kommunikation ist das wesentliche Kriterium für translatorische Entscheidungen. Die Feststellung der dominanten Funktion (informativ, expressiv, appellativ) liefert eine erste Richtlinie dafür, welche Textelemente für die Zieltextproduktion wesentlich sind. Texttypen können dabei noch weiter differenziert werden in verschiedene Textsorten. Diese zeichnen sich durch konventionelle Muster aus, die kulturspezifisch sind und deren Kenntnis entscheidend ist für eine den Erwartungen der Zielrezipientinnen angemessene Gestaltung des Translats.

Quellen und weiterführende Literatur

Beaugrande Robert de & Dressler, Wolfgang. 1981. *Einführung in die Textlinguistik.* Tübingen: Niemeyer.

Bühler, Karl. 1934/1982. *Sprachtheorie. Die Darstellungsfunktion der Sprache.* Stuttgart: Fischer.

Jakobson, Roman. 1960. „Linguistics and Poetics". In: Sebeok, Thomas A. (Hrsg.). *Style in Language*. Cambridge, Mass: MIT Press, 350–377.

Kress Gunther & van Leeuwen, Theo. 2001. *Multimodal Discourse. The modes and media of contemporary communication*. London: Hodder Arnold.

Nord, Christiane. 1988. *Textanalyse und Übersetzen. Theoretische Grundlagen, Methode und didaktische Anwendung einer übersetzungsrelevanten Textanalyse*. Heidelberg: Groos.

Nord, Christiane. 2002. *Fertigkeit Übersetzen. Ein Selbstlernkurs zum Übersetzenlernen und Übersetzenlehren*. Alicante: Editorial Club Universitario.

Reiss, Katharina. 1995. *Grundfragen der Übersetzungswissenschaft. Wiener Vorlesungen von Katharina Reiß*. Hrsg. von Mary Snell-Hornby & Mira Kadrić. Wien: WUV-Verlag.

Reiss, Katharina & Vermeer, Hans. 1984. *Grundlegung einer allgemeinen Translationstheorie*. Tübingen: Niemeyer.

Stolze, Radegundis. 1999. *Die Fachtextübersetzung. Eine Einführung*. Tübingen: Narr.

7 Translationsauftrag und Translationstypen

Können Sie bitte rasch einen kurzen Satz ins Englische übersetzen? Nichts Fachliches, ganz einfach, wenn ich Zeit hätte, würde ich es selbst machen. Ich bräuchte das ganz dringend noch heute.“ So ähnlich beginnen häufig Anfragen an Translatorinnen. Der kurze Satz stellt sich als ein auf Wortspielen basierender Slogan für ein Unternehmen für Skiliftwerbung heraus, der weder rasch noch einfach zu übersetzen ist.

Professionelles translatorisches Handeln geschieht, wie wir in Kapitel 5 gesehen haben, für fremden Bedarf, das heißt im Auftrag. Die Interaktion mit Auftraggeberinnen und die Spezifikation des Zieltextes stehen am Beginn translatorischen Handelns. Die Festlegung der Bedingungen, unter denen die Translation erfolgt, und der Erwartungen der Auftraggeberin an den Zieltext sind wesentliche Voraussetzungen dafür, dass das Translat zielgruppengerecht und funktionsadäquat gestaltet werden kann. In diesem Kapitel werden wir uns mit jenen Informationen beschäftigen, die Translatorinnen benötigen, um translatorisch handeln zu können. Eine entscheidende Frage, die durch den Auftrag beantwortet werden kann, ist dabei, welcher Translationstyp für die Zieltextproduktion zu wählen ist.

7.1 Komponenten des Translationsauftrages

Der Translationsauftrag ist eine wesentliche Bedingung für eine optimale Gestaltung des Zieltextes. Durch ihn werden einerseits die ökonomisch-praktischen Rahmenbedingungen festgelegt, unter denen die Translatorin ihre Arbeit erfüllt; andererseits liefert er auch entscheidende Informationen über verstehenssteuernde Faktoren wie Kommunikationsziel und Adressatinnengruppe. Translationsaufträge in der Praxis beinhalten in der Regel nicht alle Informationen, die für die Translaterstellung nötig sind; häufig müssen sie entweder interpretiert oder aber in Kommunikation mit der Auftraggeberin eingeholt werden. Umso wichtiger ist es daher für die Translatorin zu wissen, welche Komponenten ein Übersetzungsauftrag oder ein Dolmetschauftrag beinhalten muss. Diese Punkte waren für Übersetzungen im Übrigen in der Ö-NORM D 1200 festgeschrieben, die mittlerweile von der ISO-Norm 17100 abgelöst wurde.

7.1.1 Ökonomisch-praktische Rahmenbedingungen

Um eine sowohl für die Klientin als auch die Translatorin zufriedenstellende Arbeitssituation zu schaffen, müssen im Übersetzungs- bzw. Dolmetschauftrag auch die das translatorische Handeln bestimmenden Rahmenbedingungen definiert werden. Diese betreffen in erster Linie Lieferfristen, die Form der Textübermittlung, Textlänge, etwaiges Quellenmaterial, Vertraulichkeit und Copyright sowie Honorar und Zahlungsmodalitäten, die nicht nur mündlich, sondern in schriftlicher Form vereinbart werden sollten.

- *Thema des Textes/des Vortrags:* Der Gegenstand eines Textes oder einer Konferenz entscheidet auch darüber, ob die Translatorin den Auftrag annimmt oder nicht. Ein hochspezifisches Thema, über das die Translatorin kein Sachwissen besitzt, wird sie – sofern nicht ausreichend Einarbeitungszeit gegeben ist – ablehnen. Das Thema stellt somit einen ersten Orientierungspunkt dar, wie viel Zeit für die Recherche voraussichtlich benötigt wird und ob die entsprechenden Hilfsmittel wie Wörterbücher, Paralleltexte etc. bereits vorhanden sind oder erst beschafft werden müssen.
- *Lieferfristen/Zeitpunkt der Dolmetschung:* Es ist wesentlich, genau zu vereinbaren, wann das Ausgangstextmaterial bei der Translatorin eintrifft und wann das Translat bei der Auftraggeberin abzuliefern ist. Dabei kann nicht nur das Datum, sondern auch die Uhrzeit wesentlich sein. Es macht einen großen Unterschied, ob ein Text am 01.10. um 9.00 Uhr früh oder 17.00 nachmittags einlangen soll. Bei größeren Textmengen kann es sinnvoll sein, das Translat in Teilen zu verschiedenen Terminen abzuliefern, um der Auftraggeberin so die Möglichkeit zu geben, z. B. Qualitätskontrollen vornehmen zu lassen, das Layout zu erstellen usw. Ebenso muss die Dolmetscherin genau über den Zeitpunkt des Beginns einer Veranstaltung Bescheid wissen, um rechtzeitig für etwaige Vorbesprechungen anwesend zu sein.
- *Form der Textübermittlung:* Im Translationsauftrag sollte genau festgelegt werden, in welcher Form der Text an die Translatorin geschickt wird (z. B. als Papierausdruck oder CD per Post, per Fax, als E-Mail-Attachment) und in welcher Form das Translat retourniert werden soll. Hierbei ist es ebenfalls wichtig, etwaige Wünsche bezüglich der Software zu klären und auch, ob ein bestimmtes Layout gewünscht wird, wie mit Tabellen, Diagrammen, Skizzen usw. zu verfahren ist. Beim Dolmetschen müssen der Dolmetschmodus und eventuell nötige technische Hilfsmittel wie eine Dolmetschkabine festgehalten werden. Ebenso muss beim Simultandolmetschen die Kabinenbesetzung festgelegt werden, da man grundsätzlich nicht alleine in der Kabine dolmetscht.

- *Textlänge/Dolmetschdauer:* Die Textlänge wird bei Gebrauchstexten meistens in Form von Normzeilen berechnet (eine Normzeile hat 55–60 Zeichen), bei literarischen Texten pro Seite (eine Normseite hat 30 Zeilen à 55–60 Zeichen). Die Textlänge ist neben der Fachlichkeit des Textes bzw. dem Rechercheaufwand einer der Faktoren, um den voraussichtlichen Arbeitsaufwand einzuschätzen und damit auch einen realistischen Liefertermin festzulegen. Beim Dolmetschen beträgt ein Ganztag meist max. 8 Stunden. In manchen Fällen werden auch Halbtage (max. 4 Stunden) oder Kurzeinsätze (max. 1 Stunde) verrechnet. Für alles, was darüber hinausgeht, werden normalerweise Überstunden veranschlagt.
- *Quellenmaterial:* Manche Unternehmen verfügen über hauseigene Terminologie oder über ähnliche (evtl. bereits übersetzte) Texte zum gleichen Thema, die für die Übersetzung als Paralleltexte bzw. Recherchematerial dienen können. Oft denken Auftraggeberinnen nicht von sich aus daran, dieses Material zur Verfügung zu stellen – es kann jedoch wesentlich für die Qualität des Endprodukts sein. Bei Dolmetschaufträgen benötigen die Translatorinnen hingegen Vorbereitungsmaterial wie PowerPoint-Folien von Vorträgen oder Dokumente, über die verhandelt werden soll. Diese sind ebenso unerlässlich für eine professionelle Leistung. Wird Material zur Verfügung gestellt, so muss auch vereinbart werden, ob dieses nach Erfüllung des Auftrags retourniert werden oder gegebenenfalls für zukünftige Aufträge im Besitz der Translatorin bleiben soll.
- *Vertraulichkeit und Copyright:* In der Regel liegt das Copyright eines Translats bei der Auftraggeberin. Es kann sich jedoch – gerade auch beim Dolmetschen – um Texte handeln, die von der Translatorin selbstverständlich vertraulich behandelt werden. Ist dies der Fall, sollte das im Translationsauftrag auch angeführt werden. Wird eine Dolmetschung live gestreamt oder aufgezeichnet, so wird dies zusätzlich zum normalen Honorar verrechnet.
- *Honorar und Zahlungsmodalitäten:* Grundsätzlich kann das Honorar für Übersetzungen auf der Basis der Zählung von Wörtern, Zeilen, Seiten oder nach Zeitaufwand festgelegt werden. In der Regel werden Preise von Gebrauchstextübersetzungen nach Normzeilen berechnet, von literarischen Texten nach Normseiten. Die Preiskalkulation kann sowohl auf der Basis des Ausgangstextes als auch – was meistens geschieht – des Zieltextes erfolgen. Einbezogen werden müssen dabei auch Dringlichkeit, Rechercheaufwand, Wochenendarbeit etc. sowie auch etwaige Zusatzleistungen wie das Lesen von Druckfahnen, Layoutgestaltung etc. Beim Dolmetschen sind es wie erwähnt meist Ganz- oder Halbtage, die verrechnet werden. Findet

eine Veranstaltung nicht am Berufswohnsitz der Dolmetscherin statt, fallen zudem auch Reise- und Nächtigungskosten oder pauschale Tagessätze an. Manche Berufsverbände – wie der deutsche BDÜ oder Universitas Austria – erheben die üblichen Honorare ihrer Mitglieder als eine Art Überblick, der im sogenannten Honorarspiegel veröffentlicht wird und vor allem Einsteigerinnen Orientierung bieten kann. Das Honorar für Gerichtsdolmetschen und beeidete Übersetzungen wird meist gesetzlich geregelt, in Österreich beispielsweise im Gebührenanspruchsgesetz.

- *Berufliche Haftung:* Translatorinnen sind für ihre Arbeit verantwortlich und haften damit auch im Fall von fehlerhaften Translationsentscheidungen oder von durch ihr Translat verursachte Schäden. Zur Absicherung der Translatorin besteht die Möglichkeit einer Haftpflichtversicherung, um so – wie im Fall der Übersetzerin eines französischsprachigen Reiseführers (vgl. Kapitel 5.2.1) – existenzbedrohende Schadenersatzforderungen abzuwenden.

7.1.2 Zieltextbezogene Auftragsinformationen

Die zieltextbezogenen Informationen betreffen jene Aspekte des Textmaterials oder des Dolmetschsettings, die direkten Einfluss auf die Wahl der Translationsstrategien und Translationsmethoden haben. Diese können mit den sogenannten W-Fragen zusammengefasst werden, die uns bereits in Kapitel 3 als die sogenannte Lasswell-Formel begegnet sind. In der Translation wurden von Christiane Nord (1988) noch eine Reihe weiterer Fragen hinzugefügt, um der spezifischen Kommunikationssituation translatorischen Handelns Rechnung zu tragen. Insgesamt haben wir es mit sieben Fragen zu tun: wozu, für wen, von wem, über welches Medium, wo, wann, mit welcher Funktion?

- **Wozu** bezieht sich auf die Intention der Auftraggeberin oder Konferenzveranstalterin bzw. der Textproduzentin oder Vortragenden. Welche kommunikative Absicht wird mit einem Text oder einer Rede verfolgt? Mit einem Autoprospekt verfolgt eine Senderin die Intention, Kundinnen zum Kauf anzuregen. In Frankreich wird diese Absicht z. B. verstärkt über Design, Ästhetik und Fahrgefühl transportiert. Autos, die im Französischen weiblich sind (une Renault, une Peugeot), werden dabei häufig in Form und Aussehen mit Frauen verglichen. Die Übersetzerin muss sich hier die Frage stellen, ob die Intention der Senderin in der – z. B. deutschen – Zielkultur mit den gleichen Inhalten vermittelt werden kann oder ob andere, im Fall von Autowerbung eher technische, die Sicherheit betreffende Merkmale des Autos in den Vordergrund gestellt werden sollen, was eher den Erwartungen deutschsprachiger Autofahrerinnen entspricht. Eine Dolmetscherin muss sich bei einer Veranstaltung zum Thema Impfen fragen, ob es sich dabei um einen Informationsabend der Krankenkasse, eine Art Werbeveranstaltung einer Pharmafirma oder ein Treffen von Impfgegnerinnen handelt.

- **Für wen** ein Text gedacht ist, entscheidet daher maßgeblich darüber, wie ein Ausgangstext in der Translation behandelt wird. Wie wir später noch ausführlich begründen werden (vgl. Kapitel 8), hat ein Text an sich keine Bedeutung, sondern erhält diese erst durch die Leserin oder Hörerin. Eine bestimmte Intention, mit der ein Text von einer Senderin produziert wird, bedeutet noch nicht, dass sie auch als solche von der Empfängerin verstanden wird. Der Vergleich der Formschönheit eines Autos mit den Kurven einer Frau in einem französischen Autoprospekt kann unter Umständen im deutschen Sprachraum als sexistisch verstanden werden. Die Intention der Senderin, zum Kauf anzuregen, wird in der Zielkultur in einem solchen Fall nicht realisiert; die Funktion, die der Text bekommt, ist eine ganz andere, nämlich jene, ein frauenfeindliches Image des Herstellers zu vermitteln, was zu einer ablehnenden Haltung einem Produkt gegenüber führen kann, das Frauen auf Kurven und Formen reduziert. Die Produzentin des französischen Ausgangstextes hatte die Erwartungen ihrer französischen Adressatinnengruppe und die Vertextungskonventionen ihrer Kultur vor Augen. Ähnlich muss auch die Translatorin für ihre Arbeit die kulturspezifischen Erwartungen und Wissensvoraussetzungen der Adressatinnen des Zieltextes in den Blick nehmen. Um dies tun zu können, benötigt sie einen Übersetzungsauftrag, in dem die Rezipientinnen spezifiziert werden. Vor einem Dolmetschauftrag sollte geklärt werden, ob es sich um einen Fachkongress für eine einschlägige Wissenschaftscommunity oder eine für alle offen zugängliche Veranstaltung handelt.
- **Von wem** ein Text verfasst wird, bezieht sich auf die Senderin eines Textes. Diese muss nicht unbedingt mit der Textproduzentin identisch sein. Politikerinnenreden werden häufig nicht von den Politikerinnen selbst verfasst, sondern von anderen Personen; als Senderin tritt jedoch die Politikerin auf, die die Rede hält. Die Frage, wer als Senderin des Zieltextes auftritt, kann für Rezipientinnen durchaus eine wesentliche Information darstellen. Wird zum Beispiel die Rede eines in Italien bekannten Lokalpolitikers zur Frage der Immigration in Europa für eine österreichische Tageszeitung übersetzt, so ist die Information über seine politische Parteizugehörigkeit für die österreichische Leserin eine wichtige Zusatzinformation, durch die seine Aussagen auch entsprechend eingeordnet werden können. Ebenso wird eine Dolmetscherin desselben Lokalpolitikers bei einer Veranstaltung dessen

Aussagen nur richtig interpretieren können, wenn sie weiß, welchen Hintergrund er hat und welche politische Agenda seine Partei verfolgt.

- **Über welches Medium** der Zieltext vermittelt werden soll, hat ebenfalls Einfluss auf die übersetzungsstrategischen Entscheidungen. Der Begriff Medium bezieht sich dabei einerseits auf die Kommunikationsart, d. h. mündlich/schriftlich, akustisch/visuell, andererseits auch auf das Trägermedium, d. h. Buch, Prospekt, Brief etc. Das Medium beeinflusst sowohl die Textgestaltung (die Übersetzung eines Textes für einen mündlichen Vortrag sieht anders aus als die Übersetzung eines Redemanuskripts für einen schriftlichen Artikel in einer Fachzeitschrift) als auch die Textlänge (eine mehrsprachige Broschüre, in der für jede Sprache genau eine Seite à 25 Zeilen vorgesehen ist, darf in der Übersetzung diese nicht übersteigen).
- **Wo** und **wann** ein Text rezipiert wird, hat ebenfalls Einfluss auf Form und Inhalt eines Textes. Dies betrifft vor allem die deiktischen Elemente, durch die das Textualitätsmerkmal der Situationalität realisiert wird (vgl. Kapitel 6.1). Zeigewörter wie „hier“, „dort“, „dieser“, „jener“, „gestern“, „heute“ usw. verankern den Text in einer bestimmten Kommunikationssituation. Diese ändert sich in vielen Fällen in der Translation, da die Zieltexte für einen anderen Ort und zu einem anderen Zeitpunkt als die Ausgangstexte verfasst werden.
- **Welche Funktion** einem Text zugewiesen wird, wird durch die Adressatin, die den Text rezipiert, bestimmt. Bestimmte Signale im Text, wie sie in Textsortenkonventionen angeführt wurden, können dabei allerdings für die Rezipientin als Orientierung dienen. Auch die kommunikative Funktion eines Textes spiegelt sich in der sprachlichen Gestaltung wider. Ein informativer Text wird sich durch einen sachbetonten Stil auszeichnen, während subjektiv gefärbte Schilderungen eines Sachverhaltes auf einen expressiven Text hinweisen usw.

Während die ökonomisch-praktischen Aspekte für jeden Translationsfall explizit mit der Auftraggeberin vereinbart werden müssen, können die zieltextbezogenen Auftragskomponenten häufig bereits aus dem zu transferierenden Text erschlossen werden. Aus dem Auftrag: „Übersetzen Sie die englischsprachige Gebrauchsanweisung für den Geschirrspüler der Firma X ins Deutsche“ kann die professionelle Übersetzerin in der Regel die zieltextbezogenen Daten eruieren, sodass diese nicht explizit mit der Auftraggeberin besprochen werden müssen. Es gibt jedoch auch Fälle, in denen für das Translat eine anders definierte Zielgruppe, ein anderes Medium etc. vereinbart wird. Hier obliegt es der Translatorin, in Kooperation mit der Auftraggeberin die zieltextbezogenen Koordinaten auszuhandeln.

> Die hier dargestellten Komponenten des Translationsauftrags sind wesentliche Voraussetzungen für die funktionale, zielgruppenadäquate Gestaltung des Translats. Erst die Festlegung der auftragsbezogenen Daten ermöglicht ein professionelles Arbeiten und garantiert sowohl für die Auftraggeberin als auch die Translatorin zufriedenstellende Arbeitsergebnisse. Die Analyse des Translationsauftrags muss daher immer am Beginn translatorischen Handelns stehen.

7.2 Translationstypen und Translationsformen

Translatorisches Handeln geht somit von einem Auftrag aus, der die Grundlage für den Umgang mit dem Ausgangstextmaterial bildet. Da professionelle Translatorinnen nicht einfach übersetzen, was im Ausgangstext steht, sondern die Funktion des Translats in der Zielkultur als Maßstab nehmen, brauchen sie ein Repertoire an verschiedenen Übersetzungsstrategien. Um diese systematisch darzustellen, greifen wir auf ein Modell von Christiane Nord (1988) zurück, die zwischen zwei grundlegenden Translationstypen unterscheidet, der dokumentarischen und der instrumentellen Translation. Beide Typen können in Reinform vorkommen, häufiger sind jedoch Mischformen, in denen beide Typen vertreten sind.

7.2.1 Die dokumentarische Übersetzung

Die dokumentarische Übersetzung behandelt den Ausgangstext als Dokument, über das in der Zielkultur berichtet wird. Vereinfacht gesagt handelt es sich hierbei um einen Zieltext, der als Übersetzung erkennbar bleibt. Hier geht es nicht darum, den Text in Form und Inhalt an die Konventionen der Zielkultur anzupassen, vielmehr bildet das Translat Form und Inhalt des Ausgangstextes möglichst unverändert ab, je nachdem, welches Interesse die Adressatinnen des Zieltextes haben. Dies kann z. B. im Wortlaut, in der grammatikalischen Struktur, im Inhalt oder im Stil liegen. Danach richtet sich auch die Übersetzungsform. Diese umfasst vier Kategorien, die – je nach Zweck der Übersetzung – gemeinsam oder getrennt auftreten können.

- *Wort-für-Wort-Übersetzung:* Hier werden die Strukturen des Ausgangstextes wie Wortfolge, Wortart usw. unverändert in der Zielsprache übernommen. Diese Form der Übersetzung kommt in professionellen Translationskontexten kaum vor, in früheren Zeiten wurde sie z. B. bei Bibelübersetzungen angewendet, da man davon ausging, dass auch die Wortfolge des Originals gottgegeben und damit heilig ist und auch in der Übersetzung bewahrt werden muss. Heute wird sie zur Erforschung von Sprachen z. T. in der Linguistik verwendet.

- *Wörtliche Übersetzung:* Hier werden zwar die grammatikalischen Regeln der Zielsprache beachtet, es wird jedoch darauf geachtet, dass die Wörter im Ausgangstext alle durch entsprechende Wörter im Zieltext wiedergegeben werden. Diese Übersetzungsform dient dazu, den genauen Wortlaut des Ausgangstextes wiederzugeben.
- *Philologische Übersetzung:* Hier werden Inhalte des Ausgangstextes mit den grammatikalischen und stilistischen Mitteln der Zielsprache abgebildet unter größtmöglicher Berücksichtigung der Satzstrukturen des Originals. Diese Form der Übersetzung findet sich häufig im schulischen Latein- und Griechischunterricht.
- *Exotisierende Übersetzung:* Hier werden nicht nur die formalen und inhaltlichen, sondern auch die situativen Merkmale des Textes im Zieltext abgebildet. Diese Form ist heutzutage in der Literaturübersetzung häufig anzutreffen, in der die inhaltlichen und formalen Charakteristika der Autorin ebenso wie der situative Rahmen, in dem z. B. die Geschichte eines Romans spielt, beibehalten werden. Aber auch bei Urkunden (wie z. B. Dokumenten, Zeugnissen) kann diese Übersetzungsform zum Einsatz kommen.

Als Beispiel wählen wir einen Auszug aus einer bosnischen Personenurkunde und ihrer deutschen Übersetzung:

Bosnischer Originaltext:

U IME
FEDERACIJE BOSNE I HERCEGOVINE !

Općinski sud u Bosani u vijeću sastavljenom od sudija Daniele Čondrić kao predsjednice vijeća te Milana Cvijanovića i Sanele Begović kao članova vijeća, u pravnoj stvari tužiteljice Aide Meier, rodene Sarvan, kćerke Hasana i Nure Sarvan, koju zastupa dr Marko Kovać, adv. u Bihaću, protiv tuženog Franza Meiera, sina Fritza i Gertrude Meier, sa stanom u Beču, Wienerstraße 1, radi razvoda braka, nakon dana 06.05.2002. godine provedene glavne i nejavne rasprave, a u odsutnosti tuženog, donio je temeljom odredaba iz čl. 317, stav 4. ZPP-a sljedeću

P R E S U D U

RAZVODI SE brak zaključen 05.08.1997 u Matičnom uredu Beč-Hernals izmedju parničnih stranaka tužiteljice Aide Meier, kćerke Hasana i Nure Sarvan, i tuženog Franza Meiera, sin Fritza i Gertrude Meier [...]

Dokumentarische deutsche Übersetzung:

I M N A M E N
DER FÖDERATION VON BOSNIEN-HERZEGOWINA !

Das Gemeindegericht Bosana hat im Senat, gebildet aus der Richterin Daniela Čondrić als Vorsitzende des Senats sowie den Richtern Milan Cvijanović und Sanela Begović als Mitgliedern des Senats, in der Rechtssache der Klägerin Aida Meier, geborene Sarvan, Tochter von Hasan und Nura Sarvan, vertreten durch Dr. Marko Kovaè, Anwalt in Bosana, wider den Beklagten Franz Meier, Sohn von Fritz und Gertrude Meier, wohnhaft in Wien, Wienerstraße 1, wegen Ehescheidung, nach der am 06.05.2002 unter Ausschluss der Öffentlichkeit und in Abwesenheit des Beklagten durchgeführten Verhandlung auf Grund der Bestimmungen des Art. 317 Abs. 4 des Zivilprozessgesetzes das folgende

U R T E I L

gefällt:

GESCHIEDEN wird die am 05.08.1997 im Standesamt Wien-Hernals geschlossene Ehe zwischen den Streitparteien, der Klägerin Aida Meier, geb. Sarvan, Tochter von Hasan und Nura Sarvan, und dem Beklagten Franz Meier, Sohn von Fritz und Gertrude Meier [...]

Die vorliegende dokumentarische Übersetzung eines bosnischen Scheidungsurteils entspricht dem Originaltext in Inhalt, Form und Schriftbild. Bei der Übersetzung wurden sowohl die fremde Rechtsordnung als auch die Eigenschaften der Fremdsprache berücksichtigt, was zu einer Verfremdung der Zielsprache führte: Weder würde in Österreich eine Scheidung rechtlich so ablaufen (in Österreich entscheidet eine Einzelrichterin und nicht ein Senat über die Scheidung) noch entspricht die Übersetzung der österreichischen Konvention der Textsorte ‚Urteil'. Beim Urteilspruch „GESCHIEDEN wird die am 05.08.1997 im Standesamt Wien-Hernals geschlossene Ehe zwischen den Streitparteien […]" wird der informatorische Gehalt in Analogie zum Original auch in der Übersetzung so gewichtet, dass die Information, auf die die Aufmerksamkeit der Adressatinnen nachdrücklich gelenkt werden soll, am

Beginn des Satzes steht. Der grammatikalisch untypisch aufgebaute Satz ist im Deutschen nicht störend – solange die Übersetzung im Kontext gesehen wird. Denn eine solche Übersetzung fungiert nicht eigenständig, sondern als Verständnishilfe im Zusammenhang mit dem Original. Die Urkunde, die bei Vorlage in Österreich aus dem Original und der angehefteten Übersetzung besteht, dient als Information über eine Rechtshandlung im Ausland, die in Österreich Gültigkeit besitzt. Das bedeutet, dass mit dieser Urkunde ein Recht in Österreich begründet werden kann, z. B. wird die Urkunde beim Standesamt in Österreich zwecks neuerlicher Verehelichung vorgelegt.

7.2.2 Die instrumentelle Übersetzung

Wie der Name bereits sagt, fungiert hier der Zieltext als Instrument für eine kommunikative Handlung in der Zielsituation. Vereinfacht gesagt handelt es sich hier um eine Übersetzung, der nicht anzusehen ist, dass es eine solche ist, da sie an die Situation, die Vertextungskonventionen der Zielkultur und die Wissensvoraussetzungen der Zielrezipientinnen angepasst wird. Ein Vertrag zwischen einer deutschen und englischen Firma z. B., der in beiden Ländern Gültigkeit besitzen soll, kann nicht als Dokument übersetzt werden, das darstellt, wie in Deutschland ein Vertrag aussieht, sondern muss in beiden Kulturen einsetzbar sein. Der Schlusssatz, wie er in deutschen Verträgen steht: „Dieser Vertrag unterliegt deutschem Recht", muss daher in der englischen Übersetzung auf andere Übersetzungsformen zurückgreifen als in der dokumentarischen Übersetzung. Die adäquate englische Übersetzung müsste lauten: „This contract and any dispute, controversy or similar disagreement arising therefrom shall be governed by and, as the case may be, construed and interpreted in accordance with the laws of the German Republic."

Die oben genannten Übersetzungsformen reichen somit nicht aus und müssen bei der instrumentellen Übersetzung erweitert werden, damit ein Zieltext erstellt werden kann, welcher der Situation, für die er gebraucht wird, angemessen ist. Je nach Translatskopos können neben den bereits genannten auch folgende Formen zum Einsatz kommen:

- *Paraphrasierende Übersetzung:* Hier geht es darum, einen im Ausgangstext dargestellten Sachverhalt zu umschreiben bzw. mit einer Erklärung zu versehen, um ihn so dem Wissensstand, dem kulturellen Hintergrund und der Situation der Rezipientin angemessen zu vermitteln. Wie ausführlich und welcher Art diese Ergänzung ist, hängt immer von der Funktion des Zieltextes ab.
- *Adaptierende* Übersetzung: Hier wird ein kulturspezifischer Sachverhalt im Ausgangstext an die Zielkultur angepasst, indem er durch einen Sachverhalt der Zielkultur ersetzt wird.

- *Auslassung:* Es kann vorkommen, dass bestimmte Informationen für Zieltextrezipientinnen nicht relevant sind; in diesen Fällen besteht die Möglichkeit, diese Informationen nicht in den Zieltext zu übernehmen.

Zur besseren Veranschaulichung wird im Folgenden eine Übersetzung analysiert, die sich *nicht* an die instrumentellen Maßstäbe für eine kommunikative Übersetzung hält. Es handelt sich hierbei um die vergleichende Darstellung der Aufzucht von Wachteln. Die Funktion einer Produktbeschreibung im Allgemeinen ist einerseits informativ (sie beschreibt die Unterschiede zwischen den Aufzuchtmethoden), andererseits natürlich auch appellativ (sie soll zum Kauf des Qualitätsproduktes anregen).

Französischer Originaltext:

Notre production	Comparatif
Mode d'élevage	Mode d'élevage
– au sol sur une litière de paille	**– en batterie sur grillage**
– croissance plus lente	– croissance rapide
– coût d'élevage plus élevé	– risque de blessure au bréchet
	– pas de développement des muscles
	– coût d'élevage moins élevé
– finition alimentaire avec du blé, de l'orge, des pois, du soja mélangée et broyé sur le site	**– aliment du commerce, produits de substitution (farine de viande, de poisson etc.)**
Abattage: (6 à 7 semaines)	Abattage: (4 à 5 semaines)
Les cailles sont étouffées, d'où un léger goût de venaison	
– plumage à sec (trempage dans la cire)	**– plumage à l'eau (passage en échaudoir)**
– pas d'exsudat	**– saignage obligatoire**
– pores de la peau non dilates	**– dilatation de la peau**
– meilleure qualité	**– D.L.C. et qualité moindre**
– D.L.C. plus longue	
– finition à la main	**– mécanisation presque totale**

Instrumentelle deutsche Übersetzung:

Wie werden die Wachteln gehalten und gefüttert?
Unsere Tiere werden in Bodenhaltung auf Stroh aufgezogen. Ihr Futter besteht aus einem Gemisch von Weizen, Gerste, Erbsen und Sojaschrot, das vor Ort gemahlen wird.

> **Wie kommt Ihre Wachtel auf den Tisch?**
> Nach einer artgerechten Aufzuchtdauer von 6–7 Wochen erfolgt die schonende Schlachtung der Tiere, die händisch verkaufsfertig gemacht werden.
>
> **Welche Vorteile ergeben sich daraus für die Konsumenten?**
> Durch die längere Aufzuchtdauer, die natürliche Fütterung sowie die nicht-industrielle Schlachtung der Tiere kann die beste Fleischqualität garantiert werden, der zarte Wildbretgeschmack wird erhalten, und die Wachteln bleiben länger frisch.

Der französische Text arbeitet mit einer Gegenüberstellung der verschiedenen Züchtungs- und Schlachtungsmethoden. Dabei werden stichwortartige Schilderungen der Massentierhaltung und der Schlachtung präsentiert. Hier manifestieren sich kulturspezifische Unterschiede in der Erwartungshaltung der Rezipientinnen. Konsumentinnen im deutschsprachigen Raum sind viel stärker als in Frankreich für ökologische und artgerechte Tierhaltung sensibilisiert. Praktiken der Aufzucht, wie etwa das Stopfen von Enten und Gänsen, um die als Delikatesse bekannte Stopfleber (foie gras) zu erhalten, werden weitaus kritischer und häufig als Tierquälerei gesehen. In Frankreich wird der Diskurs hingegen sehr stark vom Geschmack des Produktes geprägt. Die detaillierte Darstellung der Schlachtung, auch der artgerechten („ersticken"), wirkt auf deutschsprachige Leserinnen wohl eher abstoßend und regt nicht zum Kauf an. Die Funktion des Textes ist es, durch eine positive Information über das eigene Produkt Konsumentinnen zum Kauf zu animieren bzw. ihnen ein gutes Gefühl zu geben, ein artgerecht gehaltenes und schonend geschlachtetes Geflügel gekauft zu haben. In der Übersetzung wurde daher der Ausgangstext als Instrument zur Erreichung dieses Ziels betrachtet. Die negative und detaillierte Auflistung der Massentierhaltung und der mechanischen Schlachtung wurde gänzlich gestrichen, stattdessen konzentriert sich der Zieltext auf die positiven Aspekte des zu verkaufenden Produkts. Diese werden nicht stichwortartig aufgelistet – sondern übersichtlich in drei Abschnitte gegliedert, die mit in Frageform gestalteten Überschriften eingeleitet werden. Die Sachinformation wird dabei möglichst ‚positiv' formuliert („artgerecht", „schonend", „natürliche Fütterung" etc.), um so die gewünschte Funktion der Übersetzung zu erreichen.

7.2.3 Dolmetschtypen

Analog dazu kann man auch zwei Möglichkeiten des Dolmetschens unterscheiden: das abbildende und das anpassende Dolmetschen.

Wie bei der dokumentarischen Übersetzung geht es beim **abbildenden Dolmetschen** darum, formal und inhaltlich möglichst nahe am Ausgangstext zu bleiben und die Struktur, Wortfolge, Wortart und/oder den Stil der ausgangssprachlichen Wortmeldung so genau wie möglich zu übertragen. Das kann vor allem im rechtlichen Bereich oft angezeigt sein: Soll beispielsweise eine Zeugin eine von der Beschuldigten getätigte Aussage wiedergeben, in der von der mutmaßlichen Straftat gesprochen wurde, so ist der genaue Wortlaut der Aussage wesentlich, da es die Beschuldigten be- oder entlasten könnte. Ein weiteres Setting, in dem abbildendes Dolmetschen nötig ist, sind Aussprachen oder Redaktionssitzungen über Rechtstexte. Wenn beispielsweise im Rat der EU die Mitgliedstaaten den Text einer neuen Verkehrsrichtlinie ausverhandeln, so kann es durchaus vorkommen, dass im ersten Textvorschlag von „Verkehrsmitteln" die Rede ist, eine Delegation jedoch verlangt, dieses Wort durch „Verkehrsträger" zu ersetzen. Jede noch so feine Nuance bei der Wortwahl kann hier entscheidend sein und muss daher wiedergegeben – abgebildet – werden.

Bei der **anpassenden Dolmetschung** soll wie bei der instrumentellen Übersetzung eine kommunikative Handlung adäquat in der Zielsituation wiedergegeben werden. Eine Aussage oder Wortmeldung soll also so gedolmetscht werden, dass sie im zielsprachlichen Kontext als angemessen wahrgenommen wird, wofür die Situation, die geltenden Konventionen und das Wissen der Zielrezipientinnen berücksichtigt werden müssen. Dafür kann es nötig sein, Anpassungen in der Zielsprache vorzunehmen. So kann die Dolmetscherin beispielsweise kulturelle Elemente in der ausgangssprachlichen Aussage in der Zielsprache erklären oder explizieren, wenn sie davon ausgeht, dass die Rezipientinnen diese ansonsten nicht verstehen würden. Beispielsweise könnte eine österreichische Rednerin erwähnen, dass sich anerkannte Flüchtlinge in Österreich beim AMS melden müssen, ohne das Akronym weiter zu erläutern. Um sicherzustellen, dass die Rezipientinnen, die keine Österreichkennerinnen sind, verstehen, was gemeint ist, müsste die Dolmetscherin erklären, dass es sich bei dem Akronym AMS um den staatlichen Arbeitsvermittlungsdienst handelt. Solche **Explikationen** kann die Dolmetscherin im Konsekutivmodus leicht und unauffällig in die Dolmetschung einbauen, beim Simultandolmetschen hängt es vom Redetempo und der Dichte des Ausgangstexts ab, ob eine derartige Erklärung zeitlich machbar ist. Es liegt an der Dolmetscherin, abzuwägen, ob die Explikation so dringend nötig ist, dass dafür eventuell andere Details aus der Ausgangsrede gekürzt wiedergegeben werden. Grundsätzlich kann die Dolmetscherin den Bedarf überhaupt erst erkennen und dann richtig abschätzen, wenn sie über die nötige transkulturelle Kompetenz verfügt, die es ihr ermöglicht, solche Entscheidungen in Sekundenschnelle zu treffen.

Ein weiteres Beispiel für eine anpassende Dolmetschung ist die **Modifikation**, bei der ein offensichtlicher Fehler im Ausgangstext geklärt oder abgemildert wird oder der Rednerin geholfen wird, ihr Gesicht zu wahren. Die Absicht der Originalrednerin soll dabei nicht grundlegend abgeändert werden. Ein Beispiel dafür wäre die Abschwächung der Aussage von Margaret Thatcher durch ihren außenpolitischen Berater, die wir in Kapitel 4 besprochen haben. Auch er hat hier das Gesicht der Rednerin gewahrt und dafür gesorgt, dass das Gespräch nicht abgebrochen wird. Ein solches Vorgehen einer Dolmetscherin ist aber auch ein klarer Eingriff in die Kommunikation und kann einen Verstoß gegen die Norm der Unparteilichkeit der Translatorin darstellen. So erfuhr Thatchers Gesprächspartner beispielsweise nicht, dass sie ihn eigentlich beleidigt hatte. Auch in einer Situation mit mehreren Zuhörerinnen wäre ein solcher Eingriff problematisch.

> **Beispiel**: Eine französische Historikerin spricht bei einem Vortrag in Wien über die Entdeckung Amerikas und nennt dabei das Jahr 1429. Die Dolmetscherin geht davon aus, dass es sich dabei um einen Versprecher handelt und korrigiert in ihrer Dolmetschung auf die richtige Jahreszahl 1492. Einige Zuhörerinnen sind sprachkundig und hören das französische Original, einige hören die Dolmetschung ins Deutsche. Nun fragt eine Zuhörerin, die den Ausgangstext gehört hat, nach, ob die Historikerin tatsächlich der Meinung sei, dass die Entdeckung der Neuen Welt schon früher stattgefunden habe. Alle Zuhörerinnen der Dolmetschung sind ratlos und fragen sich, was diese Frage bedeuten soll, da sie ja das richtige Jahr 1492 gedolmetscht bekamen.

In Zeiten, in denen vielsprachige Veranstaltungen häufig webgestreamt oder aufgezeichnet werden, sind tiefgreifende Modifikationen immer heikler geworden, da sie nicht unbedingt mehr unbemerkt bleiben und die Glaubwürdigkeit und Vertrauenswürdigkeit der Dolmetscherin dadurch in Frage gestellt werden könnte. In intimeren Settings wie beispielsweise bei Treffen von Staatsoberhäuptern – also beim Dolmetschen in der Diplomatie – sind solche Eingriffe eher möglich und werden oft auch von Dolmetscherinnen erwartet.

7.3 Revision

Wie in Kapitel 1.1.1 bereits angesprochen werden translatorische Leistungen oft genau dann erst sichtbar, wenn etwas schiefläuft, also ein Fehler passiert. Umso mehr sollten also professionelle Translatorinnen versuchen, dies zu vermeiden. Aber was ist überhaupt ein „Übersetzungsfehler“? Während man früher von einem Fehler sprach, wenn die Äquivalenz zwischen Ausgangs- und Zieltext nicht gegeben war, so ist die Definition im Funktionalismus das Nichterfüllen der Zieltext-Funktion und/oder der Erwartungen des zielsprachlichen Publikums. Was als Fehler bezeichnet wird, ist also wieder abhängig von den zu einem bestimmten Zeitpunkt geltenden Translationsnormen, der Translationskultur.

Auch das Verhältnis zwischen Fehleranzahl und -schwere sowie Akzeptabilität und Verwendbarkeit eines Texts ist nicht immer gleich. In bestimmten Situationen werden Fehler fast erwartet und können sogar für Heiterkeit sorgen.

So wird beispielsweise schon erwartet, dass eine maschinelle Übersetzung nicht perfekt sein wird. Sie kann jedoch trotzdem ihren Zweck erfüllen, wenn der Zweck der Übersetzung nur darin besteht, herauszufinden, was ungefähr in einem fremdsprachigen Text steht. Auch im touristischen Bereich ist man daran gewöhnt, dass Translationen nicht immer perfekt sind. Für manche gehört es fast zum Urlaubsfeeling dazu, eine Speisekarte in nicht ganz perfektem Deutsch zu lesen.

In anderen Settings hingegen ist auch der kleinste Fehler völlig inakzeptabel. In Rechtstexten oder Verträgen kann auch nur ein vergessenes Komma schwerwiegende rechtliche Folgen nach sich ziehen.

Man muss also grundsätzlich unterscheiden, ob es sich bei einem Translat um eine Rohübersetzung als Informationsquelle oder eine druckreife Übersetzung handelt.

Unter normalen Umständen sollte aber die Revision einen fixen Teil der Qualitätssicherung im Translationprozess darstellen und wird als solche auch in der ISO-Norm 17100 (2013) als verpflichtend festgeschrieben. Diese unterscheidet zwischen vier Arten von Überprüfung (S. 15):

- „Kontrolle", also Überprüfung durch die Übersetzerin selbst, was am wenigsten Zeit- und Kostenaufwand erfordert, aber die nötige Distanz vermissen lässt.
- „Redigieren", die verpflichtende zweisprachige Überprüfung durch eine zweite qualifizierte Übersetzerin. Dies passiert oft im Übersetzungsteam oder im Austausch zwischen freiberuflichen Übersetzerinnen. In Unternehmen, staatlichen Einrichtungen oder internationalen Institutionen mit Übersetzungsabteilungen erfolgt meist eine Revision durch eine in der Hierarchie höherstehende Kollegin.
- „Fachliche Prüfung", die optionale einsprachige Überprüfung von Fachleuten auf Eignung für den vereinbarten Zweck, also ein Fachlektorat durch Expertinnen aus dem potentiellen Rezipientinnenkreis.
- „Korrekturlesen", die fallweise Überprüfung und Korrektur einer bereits redigierten (= den Revisionsprozess durchlaufen habenden) Übersetzung.

Zu überprüfen ist demnach nicht nur, ob der Zieltext sprachlich einwandfrei ist und der Ausgangstext mit dem Zieltext inhaltlich übereinstimmt, sondern auch, ob der Zweck der Übersetzung erreicht wurde und die Erwartungen der Adressatinnen des Zieltexts erfüllt wurden.

Idealerweise gibt es die Möglichkeit eines Austausches zwischen der Verfasserin des Ausgangstextes, der Übersetzerin und den Revisorinnen/Lektorinnen. Viele Korrekturprobleme können durch Erklärungen der Übersetzerin, warum sie einen möglicherweise auf den ersten Blick unüblichen Übersetzungsvorschlag getätigt hat, ausgeräumt werden.

Immer mehr Bedeutung bekommt die professionelle Überarbeitung von Texten auch aufgrund des steigenden Einsatzes von maschineller oder computergestützter Übersetzung. Wie erwähnt, müssen die so entstandenen Texte meist nachbearbeitet werden, was als **Posteditieren** bezeichnet wird. In Kapitel 10 soll noch näher auf diese Tätigkeit eingegangen werden.

7.4 Zusammenfassung

Die Tatsache, dass Translation nicht vom Textmaterial allein abhängt, sondern von der Kommunikationssituation, in der der schriftliche Text steht oder der mündliche Text geäußert wird, bedeutet, dass die Verwendungszusammenhänge des Translats genau spezifiziert werden müssen. Die dabei relevanten ökonomisch-praktischen und zieltextspezifischen Parameter müssen der Translatorin bekannt sein, damit sie ein kommunikativ adäquates Translat produzieren kann. Die Auftragsspezifikation steht daher ganz am Beginn translatorischen Handelns. Erst nach Klärung der auftragsbezogenen Daten – sei es durch Analyse oder Rückfragen bei der Auftraggeberin – kann die Translatorin die übersetzungsstrategischen Entscheidungen planen. Dabei stehen ihr grundsätzlich zwei Translationstypen zur Verfügung: beim Übersetzen die dokumentarische und die instrumentelle Translation und beim Dolmetschen das abbildende oder das anpassende Dolmetschen. Welcher Typ und welche Translationsformen (von der Wort-für-Wort-Translation bis hin zur Auslassung) gewählt werden, hängt von dem im Auftrag festgelegten Translatskopos und den geltenden Normen und Konventionen in dem jeweiligen Setting ab. Dem Übersetzungsprozess folgt üblicherweise auch ein Revisionsprozess, der wiederum in engem Zusammenhang mit dem Translationsauftrag und geltenden Translationsnormen stehen muss.

Quellen und weiterführende Literatur

ISO NORM 17000. 2013. *Übersetzungsdienstleistungen Anforderungen an Übersetzungsdienstleistungen.*

Kadrić, Mira & Zanocco, Giulia. 2018. *Dolmetschen in Politik und Diplomatie*. Wien: facultas.

Mossop, Brian. 2007. *Revising and Editing for Translators*. Manchester: St. Jerome.

Nord, Christiane. 1988. *Textanalyse und Übersetzen. Theoretische Grundlagen, Methode und didaktische Anwendung einer übersetzungsrelevanten Textanalyse.* Heidelberg: Groos.

Nord, Christiane. 2002. *Fertigkeit Übersetzen. Ein Selbstlernkurs zum Übersetzenlernen und Übersetzenlehren.* Alicante: Editorial Club Universitario.

ÖNORM D 1200. 2000. *Dienstleistungen – Übersetzen und Dolmetschen: Übersetzungsleistungen. Anforderungen an die Dienstleistung und an die Bereitstellung der Dienstleistung.*

Schitegg, Wolfgang. 2002. „Die beruflichen Haftungsrisiken von Übersetzern und Dolmetschern und Absicherungsvarianten." In: *Mitteilungsblatt der Universitas* 5/2, 11–13.

8 Translation als Analyse- und Entscheidungsprozess

Translatorische Arbeit vollzieht sich im Dienste der Verständigung. Es geht vor allem darum, die Verständigung zwischen den Ausgangstextproduzentinnen und den Zieltextrezipientinnen zu ermöglichen. *Verstehen* kann dabei als Prozess charakterisiert werden, an dem mehrere Personen beteiligt sind. Erfolgreiches translatorisches Handeln setzt daher voraus, dass der Standpunkt und die Situation der jeweiligen Kommunikations-partnerinnen berücksichtigt werden.

In diesem Kapitel werden wir uns näher mit dem Verstehensprozess auseinandersetzen und uns mit der zentralen Rolle der Translatorin im Translationsprozess beschäftigen. Denn Translatorinnen müssen selbst zunächst den Text verstehen, den sie übersetzen oder dolmetschen sollen, bevor sie ihn für andere verständlich machen können. Wir werden uns daher zunächst mit folgenden Fragen auseinandersetzen:

- Was heißt überhaupt *Verstehen* und der damit zusammenhängende Begriff der *Verständlichkeit*?
- Wann hat man einen Text *genug verstanden*, um ihn übersetzen oder dolmetschen zu können?
- Wie stellt man fest, *ob* man genug verstanden hat?
- Was tut man, wenn man *nicht genug* verstanden hat?
- Wie kann man nun einen Text *translationsrelevant* analysieren?

Die Antworten auf diese Fragen sind wichtig, weil sie einen übersichtlichen Handlungsrahmen abstecken, in dem wir *zielgerecht* unseren eigenen Verstehensprozess lenken und kontrollieren können. Sie sind aber auch deswegen wichtig, weil sie die Basis für eine Reihe von translatorisch relevanten Entscheidungen liefern wie z. B. sprachliche und textgestalterische Entscheidungen sowie Entscheidungen bzgl. der Rechercheerfordernisse, des Zeitmanagements und des Arbeitsaufwands. Um sinnvolle Entscheidungen treffen zu können, braucht man *relevante* Information. Wir werden daher auch den Zusammenhang zwischen dem Verstehensprozess der Translatorin, also der *translationsrelevanten* Textanalyse, und ihren allgemeinen und spezifischen Entscheidungen diskutieren und daraus einige Schlussfolgerungen für die praktische Translationstätigkeit ziehen.

Der Translationsprozess verlangt ständig Entscheidungen: sprachliche, textuelle, ethische etc. Sinnvolle, zielgerechte und *bewusste* Entscheidungen können nur auf der Basis *relevanter* Information getroffen werden. Die *translationsrelevante* Textanalyse liefert essentielle Informationen für diesen translatorischen Entscheidungsprozess.

8.1 Verstehen und Verständlichkeit

Translatorinnen haben mit Texten zu tun, sie stellen Texte mit einem bestimmten Kommunikationsziel für eine bestimmte Zielgruppe her. Wir haben bisher gesehen, dass Texte nicht an sich, sondern nur *für jemanden* Bedeutung haben. Bevor Übersetzerinnen und Dolmetscherinnen schriftliche und mündliche Texte produzieren, müssen sie diese selbst verstehen. Dies tun sie dabei nicht nur aus ihrer persönlichen Perspektive, sondern immer mit Blick auf die Adressatinnengruppe. Bestimmte Merkmale im Text können das Verstehen dabei steuern, wie z. B. Textsortenkonventionen, die bestimmte Erwartungen über Inhalt und Form eines Textes wecken. Nicht zuletzt tragen diese Erwartungen dazu bei, wie wir etwas verstehen. Der Verstehensprozess umfasst jedoch noch viel mehr; ebenso wie ein Text nicht nur auf seine wahrnehmbaren Zeichen reduziert werden kann, erfolgt Verstehen nicht allein auf der Grundlage eines sichtbaren bzw. hörbaren Textes, sondern immer in einer konkreten Situation und einer konkreten Kultur.

Wie wir einen Text verstehen, hängt also von vielen Faktoren ab, die über den Text hinausgehen. Erinnern wir uns an das Beispiel des Vortrags einer österreichischen Historikerin zum Thema Vergangenheitsbewältigung vor Studierenden der Universität Sarajevo (vgl. Kapitel 4.4.3). Die vier Seiten der Nachricht – der Sachinhalt, die Selbstoffenbarung, der Beziehungsaspekt und der Appell – können je nach soziokulturellem Hintergrund anders wahrgenommen werden. Die Dolmetscherin gab in der Folge auch nicht die Textoberfläche, d. h. das Gesagte, sondern das Gemeinte wieder; sie interpretierte, was die Rednerin sagen wollte, und formulierte es unter Berücksichtigung des Erfahrungs- und Wissenshintergrundes der Zuhörerinnen entsprechend. Einen Text verstehen bedeutet daher, hinter die Oberfläche zu blicken und den Sinn des Textes freizulegen, indem man ihn interpretiert.

Wir alle wissen, dass es bereits in einer Sprache zu Missverständnissen kommen kann. „Das habe ich nicht so gemeint." „Das wollte ich damit nicht gesagt haben." Solche Sätze haben alle von uns schon gehört bzw. selbst gesagt. Wir meinen, uns klar auszudrücken, und doch kommt das Gesagte anders bei der Adressatin an, als wir es gemeint haben. In der Translation werden die Verstehensvoraussetzungen nun noch komplexer, da zwei Sprachen, zwei Situationen und zwei oder auch mehrere Kulturen involviert sind.

Verstehen ist somit immer ein Prozess, an dem mehrere Personen beteiligt sind; Translatorinnen brauchen daher eine komplexe Verstehenskompetenz. Sie müssen verstehen, was die AT-Produzentin sagen wollte, sie müssen verstehen, was die Bestellerin bzw. die Auftraggeberin mit dem Translat erreichen will, und sie müssen verstehen, worin das Interesse der ZT-Adressatinnen besteht. Um diese komplexen Verstehensvoraussetzungen zu erfüllen, braucht die Translatorin genaue Kenntnisse über den Standpunkt und die Situation der Beteiligten.

Um Kommunikation erfolgreich zu gestalten, müssen die pragmatischen Kriterien berücksichtigt werden, wie sie in Kapitel 3 beschrieben wurden. Das verständliche Formulieren orientiert sich dabei an rhetorischen und stilistischen Aspekten, die allerdings immer in Abhängigkeit von der Adressatinnengruppe definiert werden müssen.

Was heißt nun konkret Verstehen und Verständlichkeit? **Verstehen** heißt zunächst, dass der Text in gegebener Situation für die Rezipientin Sinn ergibt und richtig entschlüsselt wird. Das Verstehen kann z. B. in der mündlichen Kommunikation durch unmittelbare Reaktion auf das Gesagte als ‚geglückt' bestätigt werden. Es ist die Bestätigung, dass die Nachricht richtig verstanden wurde. Es kann aber auch signalisiert werden, dass die Nachricht nicht angekommen ist. In einer Kommunikation, in der angenommen werden kann, dass Kommunikationspartnerinnen über das gleiche Wissen verfügen, können auch unausgesprochene Gedanken funktionsgerecht nachvollzogen werden. Die genaue Benennung muss nicht immer erfolgen, man ‚versteht' einander. So wird in einer langjährigen Beziehung der Hinweis, dass es 19 Uhr 30 ist, bewirken, dass die Partnerin den Fernsehapparat einschaltet – ein ausdrücklicher Hinweis, dass gerade die tägliche Nachrichtensendung beginnt, erübrigt sich.

Der Text muss innerhalb des vorhandenen Wissens verständlich sein und Sinn ergeben. Der Austausch von Informationen enthält demzufolge auch eine ausreichende Information über die Umwelt. Der Einfluss der Umwelt auf den Menschen setzt sich aber auch aus vielen Signalen zusammen, deren Bedeutung nicht immer eindeutig ist, sondern vom Individuum bestmöglich entschlüsselt werden muss. Wenn wir zu dieser selbstverständlichen Feststellung noch die Tatsache hinzufügen, dass die Reaktionen der Menschen ihrerseits die Umwelt beeinflussen, so wird klar, dass selbst auf sehr einfachen Stufen der Kommunikation dauernde und vielfältige Wechselwirkungen stattfinden, die bewusst oder unbewusst geschehen und so bestimmte Realitäten schaffen. Je nachdem, wie diese Realitäten empfunden werden, können sie in der

Kommunikation zum Verstehen oder Nichtverstehen führen. In diesem Sinne können auch ganz einfache Texte unverständlich oder missverständlich sein. Wenn wir auf das obige Beispiel mit der Fernsehnachrichtensendung zurückkommen, kann derselbe Satz – „Es ist schon 19 Uhr 30" – von einer anwesenden Besucherin in verschiedenster Weise aufgefasst werden; ein Gast könnte die Bemerkung als Aufforderung zum Gehen, als Hinweis auf die Essenszeit, als reine Zeitangabe oder Überbrückung einer Gesprächspause verstehen. Einem ‚verständnislosen' Text kann man keine klare Bedeutung zuschreiben, weil die ausgedrückten Konzepte mit dem Vorwissen der Kommunikationspartnerin nicht übereinstimmen. Denn bei jedem Wissen – sei es noch so banal – wird ein gewisses Maß an Vorwissen vorausgesetzt.

Wir sehen, dass bereits einfache Texte in der Alltagskommunikation komplex sein können. Bei Fach- und Amtstexten ist Schwerverständlichkeit die Regel und wird auch allgemein beklagt: Schul- und Studienbücher, Gesetzestexte, politische Kommentare usw. Die fehlende **Verständlichkeit** in Texten führt im Normalfall dazu, dass das Interesse am Text verloren geht. Wie viel ‚Verständlichkeit' muss nun ein Text besitzen, damit der Stellenwert der Äußerungen für alle Kommunikationspartnerinnen nicht signifikant voneinander abweicht? Kann man kommunikative Leistungen wie Verständlichkeit überhaupt messen? Für die Beantwortung dieser Fragen können Erkenntnisse aus der Kommunikationspsychologie herangezogen werden. Die folgende Einteilung wurde für Texte im Allgemeinen entworfen und besitzt somit sowohl für schriftliche als auch für mündliche Texte Gültigkeit. Die Einteilung orientiert sich am Standardwerk von Langer, Schulz v. Thun und Tausch (1981: 15ff.). Diese Forschergruppe hat die Verständlichkeit von einzelnen Texten nach vier Parametern gemessen: **Einfachheit** (Gegenteil: Kompliziertheit), **Gliederung-Ordnung** (Gegenteil: Unübersichtlichkeit, Zusammenhanglosigkeit), **Kürze-Prägnanz** (Gegenteil: Weitschweifigkeit) und **zusätzliche Stimulanz** (Gegenteil: keine zusätzliche Stimulanz). Obwohl diese Kriterien bisweilen auch kritisiert werden, sind sie als erste Orientierungshilfe für translatorisches Arbeiten durchaus nützlich.

Einfachheit ist der erste ‚Verständlichmacher' und betrifft die Art der Formulierung. Es geht dabei um Wortwahl, Satzbau und die Konkretheit der Information. Einfachheit wird stets relativ zur Zielgruppe und Situation verstanden. Mit **Gliederung-Ordnung** ist der Aufbau des Gesamttextes gemeint: Der Text ist übersichtlich, folgt einem Gedankengang, der dem Thema und der Situation angemessen ist. Der Text unterscheidet gut das Wesentliche vom Unwesentlichen und der rote Faden bleibt immer sichtbar. **Kürze-Prägnanz** bedeutet, dass sich der Text auf das Wesentliche konzentriert und keine Weitschweifigkeit erlaubt, die dazu führt, dass nicht weiter gelesen bzw. zugehört wird. **Zusätzliche Stimulanz** ist kommunikationspsychologisch auf der Beziehungsebene angesiedelt. Lebensnahe Beispiele und Stilmittel wie rhetorische Fragen, ungewöhnliche Formulierungen oder Bilder sprechen die Leserinnen oder Zuhörerinnen gefühlsmäßig an.

Im Folgenden sehen wir uns einen Originaltext, der durch die genannten vier Dimensionen auf (Un-)Verständlichkeit gemessen wurde, und seine optimierte Version an. Es handelt sich dabei um einen Informationstext zu Grundlagen der Sexualität (Schulz v. Thun 1974: 128).

> A. Originaltext
>
> Die neueren sozialwissenschaftlichen Theorien der Sexualität wenden sich zunächst gegen die in der älteren Soziologie vielfach vertretene Ansicht, die Sexualität des Menschen stelle ein biologisch in seinem Ablauf so gesichertes Instinktverhalten dar, daß eine Soziallehre der Geschlechtlichkeit in ihr einen präsozial weitgehend festgelegten Verhaltenskomplex einfach aufzunehmen habe oder gar von ihm soziale Beziehungen und Formen in ihrer Struktur deduzieren könne. Die moderne Anthropologie und die auf ihr aufbauenden Kulturlehren, wie sie in einigen Werken (z. B. Margaret Mead) vorliegen, sehen in der Sexualität wie in anderen biologisch bedingten Antrieben des Menschen eher weitgehend unspezialisierte Grundbedürfnisse, die gerade wegen ihrer biologischen Ungesichertheit und Plastizität der Formung und Führung durch soziale Normierung und durch Stabilisierung zu konkreten Dauerinteressen in einem kulturellen Überbau von Institutionen bedürfen, damit die Erfüllung schon des biologischen Zwecks, so im Falle der Sexualität etwa die Fortpflanzung, sichergestellt ist.
>
> B. Optimierter Text
>
> *1. Ansicht der älteren Soziologie: Umwelt spielt keine Rolle*
> Die Sexualität des Menschen ist durch Instinkte festgelegt. Der Soziologe findet ein Natur-Verhalten vor. Das muß er einfach hinnehmen. Er kann sich ausrechnen, wie auf Grund dieser biologischen Gegebenheiten dann die sozialen Beziehungen zwischen Menschen (z. B. Ehe) aussehen werden.
>
> *2. Ansicht der modernen Anthropologie: Umwelt spielt entscheidende Rolle*
> Die Sexualität ist ein biologisches Grundbedürfnis. Es kann aber wie alle naturgegebenen Triebe auf tausend verschiedene Weisen befriedigt werden. Weil die Art der Befriedigung überhaupt nicht festgelegt ist, muß der Sexualtrieb durch gesellschaftliche Regeln geformt und gelenkt werden. Die Gesellschaft muß sagen: So und so ist es richtig und anständig. Und die Gesellschaft muß Einrichtungen schaffen (z. B. Ehe), in denen der Trieb dauerhaft gesichert ist. Dadurch ist dann auch die Fortpflanzung gesichert, und damit der biologische Zweck der Sexualität erfüllt.

Die Bewertung der Informationsvermittlung im optimierten Text können wir bereits nach dem ersten Lesen vornehmen: einfache Sätze, gegliedert, kurz und prägnant – ein in allen Punkten nachvollziehbarer und verständlicher Text. Die Bewertung der Verständlichkeitsgrade von Original- und optimierten Texten hat die Forschergruppe um Schulz v. Thun in ihren Experimenten in Verbindung mit bestimmten gedächtnispsychologischen Effekten durchgeführt. Vergleichbare Verbesserungen von Verständnis und Behalten konnten für verschiedene Textsorten bei Schülerinnen, Studierenden und Erwachsenen unterschiedlicher Bildungsgrade gesichert werden.

In der translatorischen Praxis haben wir es mit Texten zu tun, die vergleichbare Merkmale der (Un-)Verständlichkeit aufweisen. Eine zusätzliche Schwerverständlichkeit manifestiert sich in der Vermittlung der kulturell bedingten Phänomene der zwischenmenschlichen Kommunikation, Ausdrucksweisen, Konventionen. Translatorinnen haben es mit Texten zu tun, die in mehrfacher Weise schwer verständlich sind. Daher erscheint in der Translation die Beachtung der Kriterien der Verständlichkeit durchaus wichtig: Translatorische Arbeit vollzieht sich im Dienste der **Verständigung**.

Verständlichkeit ist auch eines der wichtigsten Kommunikationsmerkmale, die die Beziehungsebene der Nachricht anspricht. Der Kommunikationsstil kann bei Empfängerinnen inneren Widerstand auslösen: Ein komplizierter und unverständlicher Fachtext z. B. kann von Empfängerinnen als Imponiergehabe der Senderin gedeutet werden. Und wir wissen, dass das Gelingen von Kommunikation maßgeblich vom Eindruck, den die Kommunizierenden bei ihren Kommunikationspartnerinnen hinterlassen, beeinflusst wird. Wir beziehen uns wieder auf die bereits angestellten Überlegungen zu den Kommunikationsebenen: Grundsätzlich gilt, dass die Beziehungsebene in der Kommunikation dominanter erscheint als die Inhaltsebene. Naturgemäß wird demnach in jeder Kommunikation – ob schriftlich oder mündlich – versucht, auf das Gegenüber Einfluss zu nehmen, ‚guten Eindruck' zu machen. Der Eindruck manifestiert sich wiederum im verbalen und nonverbalen Ausdruck, also in einer Reihe von Verhaltensäußerungen, die zum integralen Bestandteil einer jeden Kommunikation gehören, individuell zwar größtenteils gewollt und bewusst gesetzt werden, aber auch von unbewusst gesetzten Verhaltensäußerungen begleitet werden.

Die Kriterien der Verständlichkeit beziehen sich sowohl auf schriftliche als auch mündliche Texte. Zusammenfassend könnte man die Bereiche des kommunikativen Ausdrucks, die für die Beurteilung kommunikativer Leistungen eine wichtige Rolle spielen, wie folgt darstellen:

Thematische Wahrnehmung (schriftlich und mündlich):

- sachliche Verständlichkeit (Sachlichkeit des Themas)
- pragmatische Verständlichkeit (der ‚richtige' Ton)

Visuelle Wahrnehmung:

- Haltung und Auftreten
- Blickkontakt
- Mimik
- Gestik
- Raumverhalten

Auditive Wahrnehmung:

- Stimmklang
- Aussprache
- Betonung

Kommunikative Aktivitäten, im Allgemeinen und in der Translation, sind individuell und variabel. Das Ergebnis translatorischer Kommunikation sollte aber stets eine Konstante aufweisen: Die kommunizierenden Personen müssen einander **umfassend verstehen** und **umfassend verstanden** werden.

> Um Texte umfassend zu verstehen, sind diese verständlich zu gestalten und in den jeweiligen Kontext zu setzen. Dies geschieht im Hintergrund eines kulturell und gesellschaftlich eingespielten Vorverständnisses, das in der vermittelten Kommunikation nicht selbstverständlich ist, sondern von der Translatorin situationsabhängig definiert wird. Die text- und situationsspezifischen sowie kulturellen Faktoren spielen dabei eine wesentliche Rolle. Sie beeinflussen den Zieltext wesentlich und können auch zu beträchtlichen Abweichungen vom Ausgangstext führen.

8.2 Verstehen als Analyseprozess

Was meinen wir, wenn wir sagen: Die Translatorin ist die zentrale Kommunikationspartnerin im translatorischen Kommunikationsprozess? Eine offensichtliche Antwort wäre: Ohne Translatorin gäbe es keine Translation. Die Frage sollte vielleicht lauten: *Wie* nimmt die Translatorin am translatorischen Kommunikationsprozess teil? Und wie unterscheidet sich ihre Teilnahme von der der anderen Kommunikationspartnerinnen, vor allem der Ausgangstextproduzentin und der Zieltextrezipientinnen?

Damit ein Translat zustande kommt, muss die Translatorin nicht nur den Ausgangstext verstehen, sondern auch einen Zieltext produzieren. Mit anderen Worten, sie muss gleichzeitig als Textrezipientin und als Textproduzentin fungieren. Das bedeutet, dass der Textrezeptionsprozess und der Textproduktionsprozess eng miteinander verknüpft sein müssen. Immerhin geht es bei der Translation darum, aus dem Bedeutungspotenzial des Ausgangstextes durch den Zieltext einen relevanten Sinn zu vermitteln.

Das heißt, im Akt der Translation haben wir es immer mit *zwei Texten* zu tun: dem bereits vorliegenden Ausgangstext und dem noch nicht vorhandenen ‚virtuellen' Zieltext, der sich aber allmählich konkretisiert. Allein diese Tatsache weist darauf hin, dass Translatorinnen einen anderen Rezeptions- und Produktionszugang haben müssen als Menschen, die nur ‚unilateral' mit Texten umgehen.

Einer der wesentlichen Unterschiede ist, dass der Ausgangstext eben als *Ausgangs*text verstanden wird, als Text, von dem man *ausgeht*. Mit anderen Worten, er wird nicht primär als eigenständiger Text verstanden, sondern in seiner Relation zu dem Zieltext, für den er ein ‚Informationsangebot' liefert. Wie in den Kapiteln 6 und 7 besprochen, besteht eine wichtige Aufgabe der Translatorin darin, aus diesem Informationsangebot das Relevante für die Zieltextfunktion auszuwählen und mit den Mitteln der Zielsprache auszudrücken. Einige der Kriterien, die angewandt werden, um das Relevante festzustellen, wurden bereits in Kapitel 7 diskutiert.

> *Translationsrelevante* Textanalyse bedeutet: den Ausgangstext in seiner Relation zum Zieltext zu verstehen.

Wenn wir aber das Verstehen des Ausgangstextes als von seiner Relation zum Zieltext abhängig sehen, müssen wir uns auch fragen: Worin besteht genau die Relation zwischen Ausgangs- und Zieltext? Diese Relation gibt es nicht an sich, sie ist kein ewiger Zustand, sondern wird *im Prozess der Translation* hergestellt. Genauer gesagt, sie findet ‚im Kopf' (im Bewusstsein) der Translatorin statt.

> Die Relation zwischen Ausgangstext und Zieltext ist ein Prozess, der im Bewusstsein der Translatorin stattfindet.

Wir haben in den vorherigen Kapiteln mehrfach festgestellt, dass Texte anhand der Erfahrung oder des Weltwissens der Textrezipientinnen verstanden werden. Wir haben auch gesehen, dass diese Erfahrung kulturspezifisch interpretiert wird und das sogenannte ‚Weltwissen' auch kulturell geprägt ist.

Texte, die auf eine Rezipientin ‚treffen', die keinen Zugang zum darin dargestellten Wissen hat, werden schlichtweg nicht verstanden. Dieses Wissen, das uns ermöglicht, einen Text zu verstehen, d. h. aus dem Informationsangebot einen bestimmten Sinn zu stiften, wird in der Translationswissenschaft mit dem Wort **Präsuppositionen** bezeichnet (nach Nord 1991). Der Terminus Präsupposition (aus dem Lateinischen *prae* = ‚vorher' und *suppositio* = ‚Voraussetzung, Annahme') wird auch in der Sprachwissenschaft und der Philosophie verwendet und bedeutet allgemein: die einem Satz, einer Aussage zugrunde liegende, als gegeben angenommene, unausgesprochene Voraussetzung.

Wir haben in Kapitel 2 gesehen, dass die kulturelle Interpretation des menschlichen Bezugs zur Welt für die jeweilige Kulturgemeinschaft so selbstverständlich ist, dass sie als normal gilt, als das, was ‚jeder Mensch weiß'. Das eigene kulturgeprägte Wissen ist deswegen kein Thema, weil es die grundlegende Voraussetzung für jede Kommunikation innerhalb der eigenen Kulturgemeinschaft ist. Es ist daher auch die unausgesprochene Voraussetzung für jede sprachliche Kommunikation, wie am folgenden Beispiel illustriert werden kann. Es stammt aus einem Übersetzungsauftrag für einen Bildband über Österreich und sollte unter dem jeweiligen Bild im Buch erscheinen. Leider konnten die Bilder zum Zeitpunkt der Auftragserteilung nicht mitgeliefert werden. Die Übersetzerin konnte sich dennoch aufgrund ihres kulturspezifischen Wissens ziemlich genau vorstellen, was abgebildet wurde.

> *Bauernhaus mit Blumenschmuck/Tirol*: Es wird hier ‚im Kopf' der Übersetzerin (und wohl aller, die österreichisch enkulturiert wurden) das prototypische österreichische Bauernhaus aktiviert: alter, traditioneller Bau aus dunklem Holz, mit kleinen Fenstern. Das Wort *Bauernhaus* an sich ‚bedeutet' nur: ein Haus von Bauern, und ein Bauernhaus in Österreich könnte natürlich auch eine moderne Betonkonstruktion sein. Doch mangels näherer Angaben, die das Bauernhaus genauer beschreiben, werden die prototypischen Assoziationen nicht aufgehoben oder negiert. Diese werden durch die Information, dass sich das Bauernhaus in Tirol befindet, einem Bundesland, das auch als ‚bilderbuchartig' und ‚traditionell' rezipiert wird, sogar verstärkt. So erscheint das kulturell prototypische Bild eines *typischen* österreichischen/Tiroler Bauernhauses in unserem Kopf. Wir *verstehen* das Wort *Bauernhaus*, auf ‚österreichisch'.
> Auch das Verstehen der Präposition *mit* setzt kulturspezifisches Wissen voraus: In einer Phrase wie z. B. *Bauernhaus mit Kühen* würden wir das Wort *mit* ganz anders interpretieren. In diesem Fall würden wir annehmen, dass die Kühe vor oder neben dem Haus stehen oder liegen. Bei *Bauernhaus mit Blumenschmuck* allerdings verstehen wir etwas ganz anderes, und zwar deswegen, weil wir auch wissen, was mit *Blumenschmuck* gemeint ist. Das bereits aktivierte Bild eines typischen Bauernhauses legt sofort nahe, dass der Blumen*schmuck* in Blumenkästchen an den Fenstern bzw. dem Balkon

angebracht ist und dass vielleicht auch ein paar Blumentöpfe mit bunten Blumen vor der Tür stehen. Wir haben auf jeden Fall ein ziemlich genaues Bild des Bauernhauses und des Blumenschmucks, inklusive der Position und Farben der Blumen (wahrscheinlich rote Pelargonien) vor Augen. Diese Bilder, unsere unhinterfragte, selbstverständliche und automatische *Interpretation* des Satzes, hängen nicht von den Wörtern selbst ab, sondern von unserem Wissen, was mit den Wörtern *gemeint* ist, worauf sie sich in unserem Kulturkreis beziehen. (Dies haben wir in Kapitel 2 als *Referenz* bezeichnet.)

Wie Sie sehen, ist es ziemlich aufwändig, die Präsuppositionen hinter nur einem kurzen Satz zu identifizieren und sprachlich zu formulieren. Wir haben mehrere Sätze gebraucht, um die Präsuppositionen hinter drei Wörtern zu artikulieren. Präsuppositionen sind aber immer am Werk, wenn wir einen Text verstehen.

Bei der Translation geht es darum, ein bestimmtes kulturell geprägtes und sprachlich formuliertes Wissen so auszudrücken, dass Menschen mit einem anderen Weltwissen trotzdem Zugang dazu finden. Es geht also darum, eine Schnittstelle zwischen zwei kulturell geprägten Arten von Wissen zu finden, damit eine in die andere ‚umgewandelt' werden kann. Dies ist die Aufgabe der Translatorin und geschieht im Prozess der Translation. Aber wie?

Grundsätzlich erfolgt die Schaffung einer Wissensschnittstelle durch die Aktivierung und Explizitmachung derjenigen Präsuppositionen des Ausgangstextes, die für den Translationsskopos relevant sind. Beim oben zitierten Translationsauftrag handelt es sich um einen Bildband über Österreich. Die Bildtexte im Ausgangstext dienen hauptsächlich dazu, die Botschaft der Bilder zu wiederholen. Beim *Bauernhaus mit Blumenschmuck* sagt der deutsche Text nichts Neues über das Bild aus: Das Typische wird sofort am Bild erkannt und auch durch den Bildtext *implizit* verstärkt. Die Übersetzung in eine andere Sprache hingegen ändert die Funktion des Bildtextes. Die Zieltextrezipientinnen kennen das prototypische Tiroler Bauernhaus nicht und brauchen daher einen *expliziten* Zusammenhang zwischen Bild und Bildtext, wie z. B. für die englische Übersetzung, *Typical wooden farmhouse in the Tyrol*. Die Blumen, die für die Ausgangstextrezipientinnen zu den Merkmalen eines prototypischen Tiroler Bauernhauses gehören, müssen in diesem Fall nicht explizit erwähnt werden, weil sie am Bild zu sehen sind und ihre Erwähnung die Aufmerksamkeit der Leserinnen auf einen anderen Fokus als den intendierten lenken würde. Eine ‚wörtliche' Übersetzung, wie etwa *Farmhouse decorated with flowers*, würde den Eindruck vermitteln, dass die Blumen etwas Außergewöhnliches seien, dass das Haus für einen bestimmten Anlass ‚geschmückt' worden und dass dies die Aussage des Bildes sei. Es gilt, die Präsuppositionen, die das Verstehen des Ausgangstextes ermöglichen, mit den Präsuppositionen der Zieltextrezipientinnen zu vergleichen, vorhandene Diskrepanzen zu identifizieren und je nach Zieltextfunktion diejenigen Wissenselemente in der Zielsprache auszudrücken, die die ausgangstextlichen Präsuppositionen darstellen.

> *Translationsrelevante* Textanalyse bedeutet auch: die kulturellen Präsuppositionen des Ausgangstextes zu erkennen und mit dem kulturgeprägten Weltwissen der intendierten Zieltextrezipientinnen zu vergleichen.

Die erste der eingangs gestellten Fragen können wir bereits beantworten: Man hat genug verstanden, um einen Text zu übersetzen, wenn man die ausgangskulturellen Präsuppositionen identifizieren kann und diese mit dem Wissen der Zieltextrezipientinnen bezüglich des im Ausgangstext thematisierten Sachverhalts vergleichen kann; die Ergebnisse dieses Vergleichs können anhand der Erfordernisse des Skopos bewertet werden.

8.3 Verstehen als Entscheidungsprozess

Wie stellt man denn fest, ob man die ‚richtigen' Präsuppositionen identifiziert hat? Wie bei fast allen Aspekten des translatorischen Handelns gibt es keine fixen Regeln dafür, was ‚richtig' ist und was nicht. Das Richtige bzw. Adäquate hängt *immer* von der einzelnen Translationssituation ab: vom Skopos, von der Intention der Ausgangstextproduzentin, vom Profil der Zieltextrezipientinnen etc. *Translationsrelevantes* Verstehen ist in diesem Sinne nicht vorhersehbar und auch nicht voraussagbar. Im Klartext: Es gibt keine Regeln, die man auswendig lernen kann und die für jeden Text gültig sind. Jede Translatorin muss in jeder neuen Translationssituation selber feststellen, ob sie *für den spezifischen Fall* genug verstanden hat. Das ist einer der Gründe, warum Translation ein so komplexer Vorgang ist. Es ist auch der Grund, warum Translation so spannend ist: Jeder Text ist neu und einmalig und jede Translationssituation erfordert eine neue und einmalige Anwendung der translatorischen Expertise. (Und *das* ist übrigens auch der Grund, warum Computer nicht übersetzen können: Sie können immer nur von bekannten Problemen ausgehen, deren Lösung auch schon bekannt und eingegeben worden ist.) Was aber Translation auch *lernbar* und *steuerbar* macht, ist die Tatsache, dass es sehr wohl Anhaltspunkte gibt, die man anwenden kann, um den Verstehensprozess und den Verstehensgrad zu kontrollieren und zu systematisieren.

Wir haben bereits mehrmals festgestellt, dass das Verstehen einer sprachlichen Mitteilung davon abhängt, ob man Erfahrung mit dem thematisierten

Sachverhalt (Realitätsausschnitt) hat und diese Erfahrung in Zusammenhang mit der Interpretation und Benennung einer bestimmten Kultur- und Sprachgemeinschaft erlebt hat. Um nun einen Text oder eine Textstelle *translationsrelevant* zu verstehen, müssen wir den jeweiligen Realitätsausschnitt *auch* aus der Perspektive der Zielsprache bzw. Zieltextrezipientinnen ‚erfahren'. Das heißt, wir müssen den Sachverhalt gleichzeitig sowohl aus der ausgangskulturellen Perspektive als auch aus der zielkulturellen Perspektive erleben, interpretieren und benennen können. Denn nur so können wir die Präsuppositionen vergleichen und die entsprechenden sprachlichen und textuellen Entscheidungen treffen.

Wie bereits in Kapitel 2 kurz dargestellt, erfolgt diese doppelgleisige Referenzbestimmung grundsätzlich durch die Methode der *kritischen Auseinandersetzung* mit beiden Erfahrungen des Realitätsausschnitts, und zwar über den Weg der *Analyse* und der *Selektion*. Jede Sprache thematisiert bestimmte Aspekte der ‚selben' Realität als relevant. Die zwei Interpretationen werden einem *Vergleich* unterzogen, indem analysiert wird, welche Aspekte dieser Realität thematisiert werden und welche nicht. Es geht also darum, was z. B. der Ausgangstext über den jeweiligen Sachverhalt ‚sagt' (d. h. für relevant hält), was die Zielsprache nicht sagt und auch, was der Ausgangstext *nicht* sagt, das die Zielsprache sagt und *vice versa*.

Ob z. B. ein fließendes Gewässer als *Strom, Fluss, Bach* oder *river, stream, torrent, brook, brooklet, fleuve, rivière, struja, rijeka, potok, река, ручей etc.* bezeichnet wird, hängt nicht von seinem tatsächlichen, real gegebenen ‚objektiven' Seinszustand, sondern davon ab, welche Merkmale des Phänomens das Deutsche bzw. das Englische, Französische, Bosnische oder Russische als relevant erachtet: Größe, Länge, Breite, Schnelligkeit, Beschaffenheit der umliegenden Landschaft, ob das Gewässer ins Meer mündet usw. Es sind die kulturell oder diskursiv relevanten Merkmale des ‚tatsächlichen' Objektes, d. h. die kulturspezifische Interpretation der objektiven Realität, die bestimmen, wie auf den Sachverhalt Bezug genommen wird. Die banale Beobachtung naiver Fremdsprachenlernender „Sie sehen das anders" ist für die Praxis der Translation von grundlegender Bedeutung.

Im Zuge dieses Analyseprozesses muss die Translatorin sich *bewusst* von den Interpretationskonventionen der jeweiligen Sprachen distanzieren können, damit die jeweiligen Präsuppositionen hervortreten. Dies geschieht dadurch, dass sie tatsächlich jede Interpretation aus der Perspektive der anderen Kultur ‚sieht'. Wie am etwas pointierten Beispiel des ‚europäischen way of life' in Kapitel 2 dargestellt, werden durch einen Perspektivenwechsel Merkmale und Aspekte evident, die vorher verborgen blieben. Wie weiters in Kapitel 2 besprochen, überlagert die Sprache (und daher die kulturelle Interpretation) unseren unmittelbaren Bezug zur Welt. Das Natürliche wird zum Kulturellen und Sprachlichen, und zwar in dem Maße, als das Kulturelle und sprachlich Formulierte uns als ‚natürlich' erscheint und unsere Wahrnehmung in einem solchen Ausmaß prägen, dass sie als ‚selbstverständlich' gelten und so ‚naturalisiert' werden. Um sich distanzieren zu können, muss die Translatorin die jeweiligen Interpretationen und Benennungen ‚ent-naturalisieren' und den Sachverhalt wirklich ‚mit fremden Augen' d. h. den Augen der anderen Kultur oder Sprache sehen. Man könnte sagen, sie muss die unterschiedlichen Perspektiven des Sachverhalts im wahrsten Sinne *verfremden*. Diese **Verfremdung** findet eben durch den bewussten, analytischen und kritischen Vergleich zweier Realitätsinterpretationen miteinander statt.

Ohne Verfremdung ist es der Translatorin nicht möglich, sich kritisch mit den Interpretations- und Benennungskonventionen der beiden Kulturen und Sprachen auseinanderzusetzen und zu entscheiden, auf welche Weise auf den Sachverhalt in der Zielsprache Bezug genommen werden soll. Diese Phase des Verstehensprozesses impliziert bereits Entscheidungen darüber, was für den Zieltext als relevant gelten könnte oder sollte.

Wir können anhand des folgenden Beispiels einen einfachen Verfremdungsprozess durchführen. Es handelt sich wieder um einen Satz aus dem oben zitierten Übersetzungsauftrag für einen Bildband über Österreich, der ins Englische (als ‚globale Sprache') übersetzt werden soll (vgl. Kapitel 10). Die Zieltextrezipientinnen sind wieder Menschen, die wenig Wissen über Österreich besitzen und aus Ländern kommen, die eine ganz andere Landschaft als Österreich aufweisen.

▮ Kühe auf der Alm/Tirol

Analyse 1: Wie ‚sieht's' (was weiß/weiß nicht) die Zielgruppe

- Was ist *Alm*? Wie sieht sie aus?
- Was ist *Tirol*? Wie sieht es aus?
- Was ist das Verhältnis zwischen *Alm* und *Tirol*?
- Unter Umständen: welche Art von Kuh (wenn die Zieltextrezipientinnen aus Kulturen kommen, z. B. Indien, in denen Kühe differenzierter wahrgenommen werden als in Österreich)?

Die Antworten auf diese Frage sind für österreichisch enkulturierte Menschen entweder selbstverständlich (das weiß doch jeder) oder irrelevant (Kühe sind eben Kühe). Ein Blick durch ‚fremde Augen' macht aber klar, dass unserem Verstehen dieses Textes sehr kulturspezifische Präsuppositionen zugrunde liegen.

Analyse 2: Wie ‚sieht's' (was weiß/weiß nicht) die Ausgangskultur?

- *Alm* ist eine Weide im Mittel- und Hochgebirge, die in den Sommermonaten vorwiegend als Kuhweide benützt wird. Die Sennerin wohnt auf der Alm in einer Almhütte. Diese Behausung ist meist sehr einfach; es wird dort auch oft Brot, Milch und Butter verkauft. Die Assoziationen sind meist positiv: traditionell, pittoresk, frische Luft, blauer Himmel etc.
- *Tirol* ist ein Bundesland, ein beliebtes Urlaubsziel, gebirgig, schön, da noch weitgehend unberührt.
- Es ist ‚offensichtlich', dass es viele Almen in Tirol gibt; der Schrägstrich bedeutet offensichtlich ‚in'.
- Man fragt sich nicht, wie die Kühe aussehen, bzw. man stellt sich typische ‚österreichische' Kühe vor, die für die ausgangskulturellen Rezipientinnen die Norm darstellen und daher nicht thematisierungswürdig sind.

Durch das Auflisten der Merkmale der jeweiligen Begriffe wird klar, auf der Basis welcher Präsuppositionen der Text für österreichisch enkulturierte Leserinnen verständlich ist.

Analyse 3: Was ist für den Skopos relevant?

- Österreich als attraktiv darzustellen
- Das Typische der österreichischen Landschaft zu zeigen
- Kohärenz zwischen Bild und Text herzustellen
- Dabei aber das Bild als Fokus der Aufmerksamkeit zu belassen
- Das impliziert, dass der Text nicht negativ *auffallen* sollte, z. B. durch die Aktivierung von Wissensdefiziten oder unbeantworteten Fragen bei der Zielgruppe.

Damit ein adäquates Translat zustande kommt, muss die Translatorin anhand der Divergenzen in den ausgangskulturellen und zielkulturellen Präsuppositionen entscheiden, welche Begriffsmerkmale dazu dienen, dem Skopos gerecht zu werden. Es muss eine *Selektion* der Merkmale stattfinden. In diesem Fall wären z. B. die Merkmale Weide, Hochgebirge, schöne Landschaft für die Zielgruppe relevant. Eine Beschreibung der Kühe hingegen würde von der Intention des Bildes ablenken, ebenso wie ausführliche Angaben zum Land Tirol. Bei der Auswahl und sprachlichen Formulierung der Begriffsmerkmale wäre in diesem spezifischen Fall auch die Textlänge zu beachten: Da diese sehr begrenzt ist, muss die Translatorin eine sehr stringente Auswahl treffen.

Der Prozess der Verfremdung erfordert von der Translatorin, dass sie in der Lage ist, die Merkmale der jeweiligen Begriffe zu identifizieren. Falls sie das nicht kann, kann weder Verfremdung noch die Selektion der für den Zieltext relevanten Realitätsbezüge stattfinden. Die Verfremdung deckt auch auf, was die Translatorin über die ausgangskulturellen Begriffe weiß, ob sie *genug* weiß für den Translationszweck und wo eventuelle Wissensdefizite *in Bezug auf den konkreten Translationsauftrag* vorhanden sind. Der Prozess der Verfremdung steckt einen Analyserahmen ab, in dem das Maß an Verstehen, Entscheiden und Recherchieren, um Wissensdefizite zu füllen, relativ und adäquat zum Zweck definiert werden kann.

Die Antwort auf die Frage „Woher weiß man, ob man die ‚richtigen' Präsuppositionen erkannt hat?" lautet: wenn man in der Lage ist, das dem Verstehen des Ausgangstextes zugrunde liegende Wissen mit dem der Zielgruppe zu vergleichen und in Relation zum Skopos zu bewerten.

8.4 Problemerkennung

Während die Erkennung von Präsuppositionen eine wesentliche Komponente der translationsrelevanten Textanalyse darstellt, besteht das Verstehen im Kontext der Translation auch in der Erkennung anderer Aspekte der Textualität, die in der monolingualen Textrezeption von geringer bis gar keiner Bedeutung sind. Es handelt sich dabei wieder um das Verstehen des Ausgangstextes als Text, der als Ausgang für die Produktion eines neuen Textes dient. Mit anderen Worten, es geht wieder um ein Verstehen im Hinblick auf den noch virtuellen Zieltext und um den Vergleich der im Ausgangstext sprachlich realisierten und im Zieltext sprachlich realisierbaren Information. Das folgende Textbeispiel (wieder aus dem Bildband über Österreich) erscheint auf den ersten Blick im monolingualen Kontext völlig verständlich und problemlos. Erst wenn es darum geht, die Bildtexte in eine andere Sprache zu übertragen – und zwar so, dass sie auch zum jeweiligen Bild passen (das beim spezifischen Auftrag der Translatorin nicht zur Verfügung stand) –, werden Probleme sichtbar:

> Berggipfel/Salzburg
> Laterne bei der Hofburg
> Kirche, Penzelberg/Tirol
> Gletscher im Gegenlicht

Probleme:

- Ist das Wort *Berggipfel* in der Einzahl oder Mehrzahl?
- Wie sieht die *Laterne* denn wirklich aus? In anderen Sprachen gibt es je nach Material, ob die Laterne an der Wand fixiert ist oder alleine steht, wie groß oder wie klein sie ist, eine andere Bezeichnung dafür.

- Wo genau ist *bei* der Hofburg? Andere Sprachen brauchen unter Umständen genauere Präpositionen, um diese im Deutschen sehr unpräzise Ortsangabe auszudrücken.
- Was ist *Penzelberg* – ein Ort, ein Berg? Falls ein Berg, wie hoch? Denn andere Sprachen unterscheiden lexikalisch, ob eine Erhebung mittelhoch oder sehr hoch ist.
- Wie viele *Gletscher* gibt es? Einen, oder mehrere?
- Wird *Gegenlicht* hier wirklich als Fachterminus aus der Photographie verwendet, oder soll das Wort nur eine romantische Stimmung hervorrufen?

Dies sind nur einige wenige Probleme, die gelöst werden müssen, bevor man behaupten kann, den Text *translationsadäquat* verstanden zu haben. Wie wir bereits gesehen haben, sind Probleme nicht *im* Text an sich vorhanden, sondern *ergeben sich* aus dem Verhältnis zum intendierten Zieltext. Probleme zu *erkennen* impliziert natürlich auch, dass man sich auch deren Lösungsmöglichkeiten bewusst ist: Für Laien sind alle Texte bekanntlich ‚leicht zu übersetzen', eben weil sie nicht wissen, welche begrifflichen Diskrepanzen es zwischen den jeweiligen Sprachen geben kann. Sie haben kein *Problembewusstsein*: Problembewusstsein ist eben eines der wesentlichen Merkmale von Expertinnenwissen.

Die Antwort auf die Frage „Wie stellt man fest, ob man genug verstanden hat?" können wir jetzt auch durch einen letzten Schritt ergänzen. Wir haben bereits gesagt, dass man nur übersetzen oder dolmetschen kann, was man selber versteht. Verstehen, wie wir auch gesehen haben, bedeutet: den Sachverhalt aus einer bestimmten, für den Kommunikationszweck relevanten Perspektive zu erleben. Und wenn man diesen Sachverhalt ‚richtig' erlebt, d. h. wirklich be-greifen kann, hat man auch die Begriffe und die damit zusammenhängenden Wörter zur Verfügung. Das Paraphrasieren, d. h. die Textbotschaft mit anderen Worten auszudrücken (z. B. in der Ausgangssprache) – immer im Hinblick auf den Translationszweck – ist die letzte Kontrolle dafür, ob der Text adäquat verstanden worden ist. Translation bedeutet immerhin auch ‚nur', etwas mit anderen Worten zu sagen – allerdings in einer anderen Sprache. Wenn das Paraphrasieren nicht klappt, dann deswegen, weil man buchstäblich nicht weiß, was man sagen will oder soll. In diesem Fall müssen die bereits besprochenen Analyseschritte wiederholt werden, um weitere Zusammenhänge zu identifizieren und dadurch den Sinn enger zu definieren.

Checkliste für das translationsrelevante Verstehen:

Präsuppositionen erkennen
Analyse und Vergleich durch Verfremdung
Probleme identifizieren
Vergleichen mit Zieltextvorgaben Paraphrasieren

8.5 Recherche und Dokumentation

Wir kommen jetzt zu einem weiteren Aspekt der eingangs gestellten Frage: Was tun, wenn man eigene Wissensdefizite in Bezug auf Ausgangs- und Zieltext feststellt? Diese werden evident, wenn der Verfremdungsprozess aufzeigt, dass die jeweiligen Begriffsmerkmale nicht analysiert werden können oder wenn im Zuge des Paraphrasierens festgestellt wird, dass man nicht genau erklären kann, worum es geht. Die **Identifikation** von **Wissensdefiziten** ist ein **essentieller** und **unverzichtbarer Teil** des **Translationsprozesses**. Da, wie bereits betont, jeder Text und jede Translationssituation neu und einmalig ist, ist davon auszugehen, dass die Translatorin jedes Mal zur Bewältigung der Translationsaufgabe neues Wissen in irgendeiner Form benötigen wird. Niemand kann von vornherein alles wissen, was für jeden Translationsauftrag nötig wird. Dies ist allein deswegen nicht möglich, weil vieles nicht vorhersehbar ist: die Konstellation von Text, Intention der Ausgangstextproduzentin, Profil der Zielgruppe, Translationsfunktion, soziopolitischer Kontext, in dem die Translation stattfindet; und nicht zuletzt das subjektive Wissen und Befinden der Translatorin. Es ist auch deswegen nicht möglich, weil die Welt sich ständig ändert, neue technologische und gesellschaftliche Entwicklungen stattfinden und neue Kenntnisse und Erkenntnisse kommuniziert werden. Translation beschäftigt sich nie mit konstanten Gegebenheiten, sondern hat immer eine neue, nicht voraussagbare Dimension. Das ‚Auffüllen' von Wissensdefiziten gehört also zum translatorischen Alltag. Wie macht man das?

Grundsätzlich gilt: Man macht so viel wie nötig und so wenig wie möglich. Wie oben dargestellt, wird anhand der Textanalyse- und Verstehensschritte festgestellt, wie viel nötig ist:

> Den für ein ausreichendes Textverstehen nötigen Recherchierbedarf zu erkennen, ist ein wichtiger Teil professioneller Kompetenz. Voraussetzung dafür ist jedoch, dass Textverstehen und Recherchieren eng aufeinander bezogen werden. (Hönig 1998: 160)

Diese Schritte zeigen auch auf, *was* man noch wissen muss. Quellen für die Aneignung dieses Wissens sind z. B. Wörterbücher, Texte zur selben Thematik in der Ausgangs- und Zielsprache (sogenannte *Paralleltexte*), das Internet, bereits zu dem Thema angefertigte Übersetzungen der Kundin, Terminologiedatenbanken der Auftraggeberin und auch ‚humane Quellen', wie z. B. Expertinnen auf dem jeweiligen Fachgebiet. Bei allen Informationsquellen gilt es aber, Fragen so zu stellen, dass man *relevante* Information bekommt, d. h. **relevant für den Translationszweck**. Ein wichtiger Teil der translatorischen Rechercheexpertise besteht darin, *translationsrelevante* Fragen zu formulieren, sowohl an sich selbst, wenn es sich um das Konsultieren von Wörterbüchern oder Paralleltexten handelt, oder an andere Menschen, die nicht wissen können, welche Informationen *translationsrelevant* sind.

Translationsrelevante Information ist also Information, die dazu dient, die Wissensdefizite, die im Zuge des Translationsprozesses zu Tage treten, zu beseitigen. Dabei dürfen wir nicht vergessen, dass diese sogenannten Wissensdefizite keineswegs als Mangel bei der Translatorin zu bewerten sind; vielmehr handelt es sich um das Erkennen der oben (vgl. Abschnitt 8.2) angesprochenen Präsuppositionen. Wenn die Translatorin feststellt, dass gewisse Präsuppositionen im Ausgangstext aktiviert werden, die noch nicht Teil ihres eigenen Weltwissens sind, muss sie sich diese aneignen, um selbst den Text zu verstehen und auch um entscheiden zu können, ob bzw. in welchem Ausmaß diese Präsuppositionen den Rezipientinnen des Zieltextes bekannt sind. Nehmen wir als Beispiel folgenden Textteil aus einer Werbebroschüre für Österreich:

> Sturm. Im Herbst stehen in Österreich die Zeichen auf Sturm! Dabei geht es nicht um das Wetter, sondern auch um den fruchtig süßen, leicht gegärten Traubensaft. Mit ein wenig Kohlensäure ist der trübe Saft, der bis zu 1% Alkoholgehalt aufweist, das perfekte Getränk zu den deftigen Speisen der kühler werdenden Jahreszeit.

Die Broschüre soll Österreich für Touristinnen aus unterschiedlichen Ländern als interessant und reizvoll darstellen und dazu motivieren, in Österreich Urlaub zu machen.

Das Verstehen dieses Textes hängt maßgeblich davon ab, dass die Translatorin weiß, was *Sturm* ist. Wenn sie nicht über dieses Wissen verfügt, ergibt der Text wenig Sinn. Sie erkennt, dass ‚ihr etwas fehlt', weil sie den Text nicht mit anderen Worten wiedergeben kann – sie versteht ihn nicht genug. Sie erkennt auch, dass das Wort *Sturm* der zentrale Begriff des Textes ist; alles bezieht sich darauf. Was macht sie nun?

Sie kann das Wort in einem einsprachigen und/oder einem zweisprachigen Wörterbuch nachschlagen, es im Internet googlen, in unterschiedlichen Online-Datenbanken suchen etc. (mehr zu den unterschiedlichen Recherchemitteln weiter unten in Abschnitt 8.6).

Sowohl im einsprachigen als auch im zweisprachigen (Deutsch-Englisch-) Duden findet man nur Hinweise auf die Bedeutung „sehr heftiger Wind". Diese Information ist insofern nicht translationsrelevant, als sie der Translatorin nicht hilft, das Wort *in diesem Text* und für diesen *Translationszweck* zu verstehen. Also sucht sie weiter. In Wikipedia z. B. sind sowohl auf Deutsch als auch auf Englisch Definitionen zur Bedeutung von *Sturm* als Getränk angegeben. Die Translatorin erhält nun eine Erklärung, die hilft, den spezifischen Text zu verstehen und auch die Information dazu, wie man Sturm auf Englisch bezeichnen könnte. Was sie *nicht* bekommt, ist eine konkrete Vorstellung, um dieses neu erworbene Wissen in einen kulturellen Rahmen einzubetten und so alle Bezüge zu *Sturm* im Text („perfektes Getränk", „deftige Speisen", „kühle Jahreszeit") adäquat zu verstehen. Diese wären dann im Zuge der weiteren Recherche z. B. mittels Internet (Suche nach Paralleltexten) oder Expertinnenbefragung zu eruieren.

Auf jeden Fall ist darauf zu achten, dass man weiß, was man sucht. Wörterbücher enthalten bekanntlich *Wörter*: Sie enthalten keine Texte und nur in den seltensten Fällen Informationen zur kulturspezifischen Begrifflichkeit. Sie sind im wahrsten Sinne nur *Hilfsmittel*. Der Hinweis darauf, dass Wörterbücher keine Texte enthalten, sondern Wörter, ist sehr wichtig. Auch in sehr guten Wörterbüchern, also denjenigen, die Erläuterungen und Definitionen enthalten und Verwendungsbeispiele oder stilistische Hinweise anführen, ist der Suchbegriff stets *ein Wort*. Das bedeutet, dass nur eine sehr begrenzte Auswahl der unendlichen Fülle an möglichen Bedeutungen angegeben werden kann. Kein Wörterbuch – und auch keine Datenbank – kann alle möglichen Verwendungen eines Wortes in all den noch nicht entstandenen Texten abdecken.

Auch zweisprachige Wörterbücher oder Fachwörterbücher (diejenigen, die sich bereits auf spezifische Bedeutungen eines Ausdrucks in einem konkreten Fachgebiet konzentrieren) geben keine Translationslösungen, sondern im besten Fall einen Hinweis auf eine *mögliche* Übersetzung. Es ist vor allem der Vergleich der Begriffsmerkmale durch den Gebrauch von Definitionen und die Identifikation von Konnotationen etc. (auch durch Paralleltextlektüre zu eruieren) unter Berücksichtigung des Kommunikationszwecks, der als Entscheidungsbasis für eine bestimmte Translationslösung dient.

Auch das Recherchieren im Internet erfordert eine kritische, *translationsrelevante* Fragestellung. Nicht nur, weil sehr viele defekte Texte im Cyberspace kursieren, sondern auch, weil virtuelle Texte und Wörterbücher dieselben Beschränkungen aufweisen wie konventionelle: Sie können keine fertigen Translationslösungen bieten. Sowohl Datenbanken als auch Online-Wörterbücher, so hilfreich sie aufgrund des schnellen Zugriffs auch sein mögen, weisen die gleichen Beschränkungen auf wie konventionelle Printmedien: Ausschlaggebend für die Translatorin ist immer der jeweilige Ausgangstext und der Translationszweck; diese können in keiner Informationsquelle berücksichtigt werden. Es ist auf jeden Fall ein Vergleich zwischen Ausgangs- und Zielsprache im Hinblick auf das kulturspezifische Wissen und in Relation zu den Skoposvorgaben anzustellen.

8.6 Mögliche Hilfsmittel

Abgesehen von den konventionellen Printwörterbüchern stehen den Translatorinnen bekanntlich eine Reihe von Online-Hilfsmitteln zur Verfügung. Diese umfassen nicht nur die bereits erwähnten Suchmaschinen, Datenbanken und Online-Wörterbücher, sondern auch Konkordanzprogramme, die einen Überblick über mögliche Kontexte der gesuchten Wörter angeben. Dies ermöglicht ein sehr schnelles Erfassen der geläufigen Bedeutungen und Gebrauchskonventionen der jeweiligen Wörter und hilft daher auch, konnotative und stilistische Aspekte rasch zu identifizieren.

Ein weiteres sehr wichtiges Hilfsmittel, das vor allem der effizienten Dokumentation von Übersetzungen dient, sind sogenannte TranslationMemory-Programme. Diese ermöglichen den automatischen Vergleich von Texten und Textstellen sowie deren bereits getätigte Übersetzung. Es können dadurch Übersetzungslösungen automatisch angeboten werden, so dass die Übersetzerin sich ‚nur' auf die textuelle Anpassung im neuen Dokument konzentrieren muss. Auch hier gilt allerdings, dass auf den textspezifischen und skopos-bedingten Sinn geachtet werden muss.

Beispiele für Online-Hilfsmittel:

- http://dict.leo.org/

Eine gute Anlaufstelle für terminologische Recherche. Das LEO-Wörterbuch ist zwar sehr umfangreich, setzt aber ein gewisses Maß an translatorischem Know-how voraus: Da jede Angabe zum Wörterbuch beitragen kann (wie ja auch bei Wikipedia), ist es unerlässlich, relevante bzw. unzuverlässige Informationen identifizieren zu können.

Sehr hilfreich ist die ‚Diskussionsseite', wo die Userinnen über unklare Termini oder auch ganze Phrasen diskutieren können.

- https://www.linguee.de/

Ein Online-Wörterbuch, das die eingegebenen Wörter in zwei- oder mehrsprachigen Texten aus dem Internet sucht und diese dann als Ergebnis mit Kontext auswirft. Der Nachteil ist, dass *alle* im Internet vorhandenen Übersetzungen mitberücksichtigt werden und deren Qualität lediglich durch einen Algorithmus bewertet wird. Es gilt daher, die Quelle der Übersetzung genau zu prüfen. Während z. B. EU-Texte sehr hilfreich sein können, können Übersetzungen von Websites kleiner Betriebe oft fehlerbehaftet sein.

- http://iate.europa.eu (Interactive Terminology for Europe)

Die aktuelle Datenbank der Europäischen Union. Sie wurde vor Kurzem neu lanciert und bietet sehr viele Termini samt Übersetzungen in vielen Sprachen, wobei nun auch Definitionen, Verweise auf Texte, in denen die Termini zu finden sind, und Kontextverweise enthalten sind.

- https://corpora.uni-leipzig.de/de?corpusId=deu_newscrawl_2011

Das Wortschatzportal der Universität Leipzig bietet eine Suche in 392 korpusbasierten monolingualen Wörterbüchern in 252 Sprachen an. Dabei werden Beschreibungen, Synonyme, signifikante linke und rechte Nachbarn – also Wörter, die oft vor oder nach dem Wort stehen, sowie Kookkurrenzen angegeben, also Wörter, die oft in Verbindung mit dem Suchwort auftreten.

Fazit: Die oben zitierte Devise ‚so wenig wie möglich' ist aus Gründen der Effizienzsteigerung und des Zeitmanagements sehr ernst zu nehmen: Es kann zwar sehr interessant sein, sich in ein neues Fachgebiet zu vertiefen oder neue semantische Konstellationen in der Zielsprache zu entdecken, aber wenn diese Informationen nicht unmittelbar zur Bewältigung des anstehenden Translationsauftrags beitragen, stellen sie einen verzichtbaren Luxus dar, den man sich angesichts des fast immer vorhandenen Zeitdrucks selten leisten kann.

Das Recherchieren und auch die Dokumentation der Rechercheergebnisse dienen nicht nur dazu, die eigene Arbeit effizient und erfolgreich durchzuführen, sondern gehören auch in anderer Hinsicht zur translatorischen Professionalität. Die Translation erfolgt heute zunehmend im Team, sodass translatorische Entscheidungen auch für Kolleginnen und unter Umständen für Revisorinnen der fertigen Übersetzung nachvollziehbar sein müssen. Eine ausführliche Dokumentation der Rechercheergebnisse und der Gründe für die endgültige Translationslösung sind dabei unerlässlich. Zu diesem Zweck gibt es auch eine Reihe von Terminologieverwaltungsprogrammen (für eine Diskussion siehe z. B. Arntz 1998), bei denen natürlich auch wieder das GIGO-Prinzip (*garbage in, garbage out*) gilt: Sie sind alle nur so gut wie die Information, die man selber eingibt. Translatorinnen sind auch laut berufsspezifischer Normen dazu *verpflichtet*, adäquate Recherchen durchzuführen und diese ausreichend zu dokumentieren:

> Vor und während des Übersetzungsprozesses muss der Dienstleister feststellen, inwieweit die benötigte Terminologie bereits vorliegt oder noch erarbeitet werden muss ... Hierbei sind … folgende Arbeiten durchzuführen: ... gegebenenfalls weitere Recherchen
> ... gegebenenfalls Klärung inhaltlicher, fachlicher und terminologischer Fragen ... (ÖNORM D 1200: 6)
> Der Dienstleister muss über Einrichtungen zur sicheren und vertraulichen Handhabung, Aufbewahrung und Archivierung von Dokumenten und Daten verfügen. (ÖNORM D 1200: 7)

Die Dokumentation dient nicht zuletzt als Argumentationsbasis bei Problemen mit Auftraggeberinnen, die die Qualität von Translationsleistungen in Frage stellen, und damit zur Stärkung des eigenen professionellen Auftretens.

> Verstehen, Analyse und Rechercheaufwand sind keine konstanten Größen: Wie viel nötig wird, ist immer relativ zum spezifischen Translationsauftrag. Auch diese Entscheidung muss jedes Mal neu getroffen werden.

8.7 Schlussfolgerung: Translation als Entscheidungsprozess

Wie jedes menschliche Handeln erfordert auch das translatorische Handeln eine Reihe von Entscheidungen, denn ohne Entscheidungen kann kein Handeln stattfinden. Die Frage ist nur: Will man bewusst handeln, d. h. wissen, was man tut und warum? Oder handelt man ‚blind', ohne zu wissen, wie einem Entscheidungen ‚passieren', und ohne erklären zu können, warum man auf eine bestimmte Weise handelt? Als professionelle und verantwortungsbewusste Expertinnen haben Translatorinnen eigentlich keine Wahl: Nicht nur aus Gründen der professionellen Selbstachtung sollten sie immer wissen, was sie tun und warum, sondern auch, weil sie laut berufsspezifischer Normen dazu verpflichtet sind. Siehe z. B. ISO-Norm 17100:

> S. 10: Übersetzerische Kompetenz: ... Fähigkeit, Probleme beim Verstehen des sprachlichen Inhalts und bei der Produktion von sprachlichen Inhalten zu erkennen ...
> Sprachliche und textliche Kompetenz in der Ausgangs- und Zielsprache: Fähigkeit, die Ausgangssprache zu verstehen, ... allgemeine oder spezielle Kenntnisse auf dem Gebiet von Textsortenkonventionen.

Kulturelle Kompetenz: Die Kenntnis von Informationen über Verhaltensnormen, Wertesysteme und Locales (Sprachumgebungen), die sowohl für die ausgangssprachliche als auch für die zielsprachliche Kultur charakteristisch sind, sowie die Fähigkeit, dieses Wissen anzuwenden.

Die Berufspraxis erfordert von Translatorinnen die Fähigkeit, ihre translatorischen Entscheidungen zu erklären – gegenüber Auftraggeberinnen und auch anderen Kolleginnen. Sie erfordert auch die Fähigkeit zu *erkennen*, warum Entscheidungen getroffen werden, denn nur so kann Erfahrung gesammelt und die eigene Expertise weiterentwickelt werden. Wenn man nicht weiß, was man tut und warum, ist jede neue Translationssituation *völlig* neu, weil man erprobte Problemlösungsstrategien bei bereits durchgeführten Translationen weder bewusst eingesetzt hat noch für zukünftige Situationen bewusst anwenden kann. Dies bedeutet de facto, dass man Erfahrung nicht in Form einer statischen Datenbank entwickeln kann, die für alle neuen Probleme fertige Lösungen auf Abruf bereitstellt. Jede neue translatorische Entscheidung erfordert das Anpassen des bereits erworbenen Wissens. Bewusstes Entscheiden, gekoppelt mit der Fähigkeit zu erklären, warum Entscheidungen getroffen werden, sind Merkmale jeder Expertinnenhandlung. Die *translationsrelevante* Textanalyse liefert wesentliche Informationen, um situationsadäquate und nachvollziehbare Entscheidungen zu treffen, die daher auch für zukünftige Translationssituationen Relevanz besitzen.

Quellen und weiterführende Literatur

Arntz, Reiner. 1998. „Terminologie der Terminologie." In: Snell-Hornby, Mary & Hönig, Hans G. & Kußmaul, Paul & Schmitt, Peter A. (Hrsg.). *Handbuch Translation*. Tübingen: Stauffenburg, 77–82.

Göpferich, Susanne. 1998. „Paralleltexte." In: Snell-Hornby, Mary & Hönig, Hans G. & Kußmaul, Paul & Schmitt, Peter A. (Hrsg.). *Handbuch Translation*. Tübingen: Stauffenburg, 185–186.

Hönig, Hans G. 1998. „Textverstehen und Recherchieren." In: Snell-Hornby, Mary & Hönig, Hans G. & Kußmaul, Paul & Schmitt, Peter A. (Hrsg.) *Handbuch Translation*. Tübingen: Stauffenburg, 160–164.

Hönig, Hans G. & Kußmaul, Paul. 1982. *Strategie der Übersetzung*. Tübingen: Narr.

ISO 17100. 2013. *Übersetzungsdienstleistungen Anforderungen an Übersetzungsdienstleistungen.*

Langer, Inghard & Schulz v. Thun, Friedemann & Tausch, Reinhard. 1981. *Sich verständlich ausdrücken*. München: Reinhardt.

Levy, Jiri. 1981. „Übersetzung als Entscheidungsprozess." In: Wilss, Wolfram (Hrsg.). Übersetzungswissenschaft. Darmstadt: Wissenschaftl. Buchgesellschaft, 219–235.

Nord, Christiane. 1991. *Textanalyse und Übersetzen. Theoretische Grundlagen, Methode und didaktische Anwendung einer übersetzungsrelevanten Textanalyse*. Heidelberg: Gross.

Nord, Christiane. 1998. „Das Verhältnis des Zieltexts zum Ausgangstext." In: Snell-Hornby, Mary & Hönig, Hans G. & Kußmaul, Paul & Schmitt, Peter A. (Hrsg.). *Handbuch Translation*. Tübingen: Stauffenburg, 141–144.

ÖNORM D 1200. 2000. *Dienstleistungen – Übersetzen und Dolmetschen: Übersetzungsleistungen. Anforderungen an die Dienstleistung und an die Bereitstellung der Dienstleistung.*

Schreiber, Michael. 1998. „Übersetzungstypen und Übersetzungsverfahren." In: Snell-Hornby, Mary & Hönig, Hans G. & Kußmaul, Paul & Schmitt, Peter A. (Hrsg.). *Handbuch Translation.* Tübingen: Stauffenburg, 150–154.

Schulz v. Thun, Friedemann. 1974. „Verständlichkeit von Informationstexten: Messung, Verbesserung, Validierung." In: *Zeitschrift für Sozialpsychologie* 5, 124–132.

Snell-Hornby, Mary. 1998. „Wörterbücher." In: Snell-Hornby, Mary & Hönig, Hans G. & Kußmaul, Paul & Schmitt, Peter A. (Hrsg.). *Handbuch Translation.* Tübingen: Stauffenburg, 181–185.

Stolze, Radegundis. 1992. *Hermeneutisches Übersetzen. Linguistische Kategorien des Verstehens und Formulierens beim Übersetzen.* Tübingen: Narr.

Storrer, Angelika. 1999. „Kohärenz in Text und Hypertext." In: Lobin, Henning (Hrsg.). *Text im digitalen Medium: linguistische Aspekte von Textdesign, Texttechnologie und Hypertext Engineering.* Opladen et al.: Westdeutscher Verlag, 33–65.

9 Transkulturelle Fachkommunikation

Wir haben im vorigen Kapitel diskutiert, wie Texte im Allgemeinen im Hinblick auf Übersetzungsprobleme und deren Lösung analysiert werden können. In diesem Kapitel geht es um eine spezifischere Form der Textanalyse und Problemlösung, nämlich um die Erkennung von sogenannten Fachausdrücken und die spezifischen Probleme, die entstehen können, wenn diese in andere Sprachen übertragen werden sollen. Wir werden sehen, dass es sich dabei nicht nur um vereinzelte Ausdrücke handelt, sondern, wie auch bei der Alltagskommunikation, um die Einheit *Text*, der wiederum in einer bestimmten *kulturgeprägten, zweckorientierten* Situation eingebettet ist. Wir bevorzugen daher den Ausdruck **Fachkommunikation**, weil er all diese Aspekte umfasst. Der Bereich der Fachkommunikation ist aus einem ganz einfachen Grund wichtig für Translatorinnen: Der Großteil der Texte, die in der Welt übersetzt oder gedolmetscht werden, sind Fachtexte oder Mischformen davon.

Bevor wir uns aber mit dem translatorisch adäquaten Umgang mit Fachkommunikation befassen können, wollen wir ein paar grundlegende Fragen klären:

- Was meinen wir, wenn wir von einem *Fach* oder einem *Fachgebiet* sprechen?
- Was ist Fachkommunikation und warum gibt es sie?
- Was ist der Unterschied zwischen Fachkommunikation und Alltagskommunikation?

Danach werden wir uns mit folgenden Fragen beschäftigen:

- Was zeichnet *transkulturelle* Fachkommunikation aus?
- Welche translatorischen Probleme entstehen daraus?
- Welche Lösungsmöglichkeiten gibt es?

9.1 Was ist ein Fachgebiet?

Wir können ganz allgemein sagen, dass ein Fachgebiet ein bestimmtes Phänomen aus einem bestimmten Blickwinkel betrachtet. Die Perspektive, aus der das Phänomen betrachtet wird, hängt davon ab, welche Erwartungen daran gestellt werden und/oder wie man mit diesen Erwartungen umgehen will. Nehmen wir als Beispiel ein junges menschliches Wesen, das in der Alltagssprache mit dem Wort *Kind* bezeichnet wird. Je nachdem, welche Aspekte des Kindes wichtig erscheinen, wird es anders betrachtet. Eine Medizinerin

z. B. wird sich auf bestimmte physiologische Eigenschaften konzentrieren, auf mögliche Symptome der üblichen Kinderkrankheiten achten oder vor der Verabreichung von Medikamenten das genaue Alter und Gewicht des Kindes in Betracht ziehen. Eine Juristin dagegen wird sich eher damit beschäftigen, ob das Kind teilgeschäftsfähig ist, wer die Erziehungsberechtigten sind oder ob es schon ein ethisch-moralisches Bewusstsein haben kann, während jemand aus der Werbebranche sich hauptsächlich für das Aussehen des Kindes interessieren und sich fragen wird, ob der kindliche Blick den Umsatz steigern könnte. In jedem Fall bleibt zwar das ‚Phänomen Kind' das gleiche – es wird nur anders gesehen, weil diejenigen, die es sehen, andere Interessen in Bezug auf das Kind haben. Wir könnten auch sagen: Das Kind wird anders *interpretiert*. Das Kind existiert als objektives Ganzes: Die unterschiedlichen Aspekte des Kindes werden aber, je nach den Bedürfnissen der Personen, die es betrachten, hervorgehoben und zum Gegenstand ihres Interesses gemacht. Anders ausgedrückt: Das Kind ist ein Teil der Realität, auf den sich unterschiedliche Gruppen mit unterschiedlichen Bedürfnissen und Interessen auf unterschiedliche Weise beziehen.

Wir haben in Kapitel 2 gesehen, dass Kulturgemeinschaften ein kollektives Interesse daran haben, sich auf eine bestimmte Weise auf die Realität zu beziehen, und aus dieser objektiven Realität diejenigen Aspekte thematisieren, die für die Befriedigung ihrer Lebensbedürfnisse relevant sind. Sie interpretieren die Realität je nach ihrem kollektiven Konsens darüber, was für sie wichtig ist. Dasselbe geschieht auch mit kleineren Interessengemeinschaften, die einen Konsens darüber erreicht haben, was für sie wichtig ist. Auch sie selektieren diejenigen Aspekte eines Teils oder Ausschnitts der Realität, die für ihre Bedürfnisse relevant sind. Es wird aus dem objektiven Realitätsausschnitt eine gruppenspezifische Realität konstruiert, bei der die irrelevanten Aspekte einfach ausgeblendet und nicht thematisiert werden. Die Realität *Kind* wird z. B. in der Medizin anders definiert (als Kind gilt z. B. ein Mensch bis zum 12. Lebensjahr) als in der Rechtswissenschaft (bei der man – in Österreich – bis zum 14. Lebensjahr als *Kind* gilt) oder gar in der Modebranche, in der oft Mädchen mit zehn oder elf Jahren nicht mehr als Kinder dargestellt werden, sondern als junge Frauen mit Sex-Appeal. Ein Kollektiv selektiert und definiert einen Teil der Realität nach den eigenen Interessen und konstruiert damit buchstäblich einen eigenen Gegenstand des Interesses, der den Fokus des Erkenntnisgewinns bildet. Man kann dies auch Wissensgebiet oder **Fachgebiet** nennen.

> Ein Fachgebiet stellt die Interpretation eines Realitätssauschnitts dar, auf den eine spezifische Interessengruppe sich für einen bestimmten Zweck auf eine ihr spezifische Weise bezieht.

9.2 Fachsprache oder Gemeinsprache?

Wir dürfen nicht vergessen, dass diese fachspezifische Interpretation eines Realitätsausschnitts innerhalb einer Kulturgemeinschaft stattfindet, in der eine viel umfassendere Interpretation der Realität ja bereits erfolgt ist und welche mittels Sprache kollektiv kommuniziert wird. Diese umfassende Sprache, die die allgemeinen Bereiche der Welt thematisiert, wird in der Regel als **Gemeinsprache** bezeichnet, weil sie eben allgemein ist. Diejenigen Gruppen, die sich innerhalb einer Kultur mit besonderen Ausschnitten der bereits kulturspezifisch interpretierten Realität befassen, wollen ganz spezifische kollektive Ziele erreichen, wie z. B. Erkenntnisgewinn, wirtschaftlichen Gewinn, politische Vorteile etc. Sie wollen natürlich auch über ihre spezifische Interpretation des jeweiligen Realitätsausschnitts kommunizieren, vor allem innerhalb der eigenen Interessengruppe – d. h. mit ihren Fachkolleginnen. Dazu benötigen auch sie Begriffe, die ihre spezifische Realitätsinterpretation symbolisieren. Und sie brauchen natürlich auch Wörter, die diese Begriffe benennen. Während aber immer neue Begriffe gebildet werden können, um neue Erkenntnisse und Ideen darzustellen, ist die Menge der Wörter einer Sprache vergleichsweise beschränkt. Die Fachleute müssen aber zwangsläufig mit derjenigen Sprache kommunizieren, in der und mit der sie leben und arbeiten. Das bedeutet de facto, dass sie Wörter aus der allgemeinen Sprache verwenden müssen, um ihre sehr präzise gebildeten Begriffe zu benennen, um überhaupt über ihr Fach sprechen und schreiben zu können. Wie kann denn das funktionieren?

Wir wissen alle, dass sehr viele Wörter *keine* sehr präzise Bedeutung haben – sogar ein einfaches Wort wie *Decke* oder *Glas* kann sich auf ganz unterschiedliche Dinge beziehen. Diese Bedeutungsflexibilität ist deswegen gegeben, weil die dahinter stehenden Begriffe selbst unpräzise sind und unpräzise *sein müssen*, um den Erfordernissen der Alltagskommunikation zu entsprechen. Denn je nachdem, mit welchen anderen Wörtern, in welcher Textsorte und von welcher Person sie verwendet werden, nehmen die Wörter der Gemeinsprache unterschiedliche Bedeutungsnuancen an. Dies macht den Reichtum der Gemeinsprache aus: Mit relativ wenigen Wörtern können wir eine fast unendliche Zahl von Wortsequenzen generieren mit ebenso vielen Bedeutungsfacetten. Was ‚Alltagswörter' ‚wirklich' bedeuten, entnehmen wir dem kommunikativen Kontext, in dem sie geäußert werden, und verstehen sie auch in der Regel in einem für das Gelingen der Kommunikation ausreichenden Ausmaß.

Bei der Fachkommunikation wird aber mehr Präzision verlangt (den Grund dafür diskutieren wir im Abschnitt 9.3). Deshalb wird fachspezifischen Begriffen eine eindeutige Bedeutung vom Fachkollektiv zugeordnet, oft in Form von expliziten Definitionen, die von den jeweiligen Fachleuten über Konsens formuliert werden. Dem Begriff, der ja das kollektive (fachspezifische) Wissen über einen bestimmten Aspekt des Fachgegenstands zusammenfasst, wird ein Wort (oder zusammengesetzter Ausdruck) der Gemeinsprache eindeutig zugeordnet, sodass das jeweilige Wort für das jeweilige Fach nur eine Bedeutung haben kann.

> **Beispiel:** ***Angst***: Ein Wort der Gemeinsprache, das als *mit Beklemmung, Bedrückung, Erregung einhergehender Gefühlszustand* erklärt wird. Als Fachwort der Psychologie dagegen wird Angst als *unbegründet, nicht objektbezogen* definiert und damit eindeutig von ***Furcht*** abgegrenzt, die begründet und objektbezogen ist. Ähnlich verhält es sich z. B. beim Wort ***Slang***, das in der Gemeinsprache abwertend eine nachlässige, oft als fehlerhaft und salopp empfundene Ausdrucksweise bezeichnet, während es als Fachwort in der Sprachwissenschaft keinerlei Wertung ausdrückt und lediglich eine Sprachvariante bezeichnet, die der Verstärkung sozialer Identität innerhalb bestimmter Gesellschaftsgruppen dient. ***Slang*** wird dabei deutlich von verwandten Ausdrücken wie z. B. Dialekt, Jargon, Umgangssprache etc. unterschieden, die allerdings in der Gemeinsprache oft verwechselt und durcheinandergebracht werden.

Wie die Zugehörigkeit zu einer Kultur- oder Sprachgemeinschaft voraussetzt, dass man weiß, was ‚gemeint' ist (d. h., dass man Zugang zum kulturspezifischen Wissen und der dazugehörigen sprachlichen Benennung hat), so setzt auch die Zugehörigkeit zu einem Fachkollektiv voraus, dass man weiß, was ‚gemeint' ist. Mit anderen Worten, Fachleute identifizieren ein Wort mit *einer* spezifischen, vom Fachkollektiv explizit oder implizit vereinbarten Bedeutung. Diese Bedeutung gibt das fachspezifische Wissen über einen Aspekt des Realitätsausschnitts wieder, der als Fachgegenstand aus der objektiven Realität durch die fachspezifische Interpretation ‚herausgelöst' wurde.

> Fachsprache ist durch gemeinsame Benennungen (Wörter) mit der Gemeinsprache verbunden, unterscheidet sich aber durch die Zuordnung der Benennungen zu präzisen, eindeutig definierten Begriffen, die die fachspezifische Realitätsinterpretation symbolisieren.

Wie wir anhand des Beispiels der Gebrauchsinformation in Kapitel 6.3.5 sehen, kann die Verbindung zwischen Fachsprache und Gemeinsprache auch zu einer ‚Mischform' führen, bei der gemeinsprachlichen Wörtern oder Ausdrücken durch syntaktische Anpassung ein fachtextlicher Charakter verliehen wird. Nehmen wir die zwei folgenden Sätze als Beispiel:

CIONAL kann je nach Art der Erkrankung verdünnt zum Gurgeln oder Spülen oder unverdünnt zum Spülen oder Betupfen angewendet werden. Für einen guten Therapieerfolg sollte möglichst langanhaltend gegurgelt oder gespült werden.

Die Hauptaussagen dieser Sätze werden durch Hauptwörter getragen, die ‚eigentlich' Verben sind oder davon abgeleitet sind: *Gurgeln, Spülen, Betupfen, Erkrankung*. Auch ein Hauptwort wie *Therapieerfolg* drückt einen Prozess und dessen Ergebnis aus – auf sehr präzise und sprachlich ökonomische Weise. Alle Verben kommen in der Passivform vor und dienen hauptsächlich dazu, die Substantive miteinander zu verbinden. Die Verwendung der Passivform bedeutet auch, dass keine handelnden Personen im Text auftreten, was zu einer Entpersönlichung bzw. Versachlichung oder Objektivierung des Textes beiträgt. Es handelt sich hier zwar nicht um Fachausdrücke im engeren Sinn, doch wird die Fachlichkeit des Textes durch den Einsatz fachsprachlicher Mittel verstärkt.

Auch Fachtexte sind demnach ein Ausdruck außersprachlicher Realität, die durch eine gesellschaftliche Sub-Gruppe für besondere Zwecke auf besondere Weise interpretiert wird. Aus diesem Grund werden Fachsprachen im Englischen auch **languages for special purposes (LSP)** genannt, also Sprachen für spezifische Zwecke. Sie werden aber auch als **sublanguages** – also Sub-Sprachen – bezeichnet, was sowohl die Verwandtschaft mit dem übergelagerten Sprachsystem, aus dem sie stammen, zum Ausdruck bringt als auch die Tatsache, dass sie von Sub-Gruppen der Kultur- und Sprachgemeinschaft verwendet werden. Man könnte daher sagen, dass Fachsprachen eine Art Diskurs darstellen, da sie aus der Fülle der vorhandenen Sprachmittel diejenigen selektieren, die ihre spezifische Sicht der Realität (genauer: eines Realitätsausschnitts) am effizientesten kommunizieren.

9.3 Fachkommunikation – was ist das?

Bisher haben wir von Fachkommunikation gesprochen, als ob sie hauptsächlich aus Fach*wörtern* bestünde. Wir werden aber in diesem Abschnitt den oben genannten Ausdruck **Fachwort** genauer definieren und in der Folge näher auf die Begriffe **Fachsprache**, **Fachtext** und **Fachkommunikation** eingehen.

Wir haben oben festgestellt, dass in der Kommunikation zwischen Fachleuten über ihr Fachgebiet ein konsensuell definierter Begriff einem Wort zugeordnet wird, damit die Kommunikationspartnerinnen immer wissen können, was ‚gemeint' ist. So bleibt der Bezug zwischen dem thematisierten Realitätsausschnitt und dessen sprachlicher Benennung klar umrissen, mit wenig Spielraum für Missverständnisse, während in der Gemeinsprache die Referenz oft erst im Kommunikationsprozess hergestellt werden muss. Diese Verbindung zwischen Begriff und sprachlicher Benennung wird in der Fachsprachenforschung und der Terminologiewissenschaft als **Terminus** oder **Fachterminus** bezeichnet. Der Terminus besteht aus Inhalt (dem Begriff) und Ausdruck (der Benennung). Der Begriff, wie in Kapitel 2 diskutiert, fasst diejenigen Merkmale eines Gegenstands (oder Teils eines Gegenstands) zusammen, die für die jeweilige Kommunikationsgemeinschaft relevant und thematisierungswürdig sind.

> **Begriff**: Denkeinheit, die aus einer Menge von Gegenständen unter Ermittlung der diesen Gegenständen gemeinsamen Merkmale mittels Abstraktion gebildet wird. (DIN 2342)
> **Ein Begriff** ist das Gemeinsame, das Menschen an einer Mehrheit von Gegenständen feststellen und als Mittel **des gedanklichen Ordnens** ... und darum auch zur Verständigung verwenden. Der Begriff ist also ein Denkelement. (DIN 2330)

Die Benennung des Begriffs ermöglicht erst die Kommunikation, während die konsensuelle Zuordnung von Begriff und Benennung die Fachspezifik des Terminus ergibt. In manchen Fällen, wie z. B. in der Mathematik oder der Physik, werden Begriffe durch ein Symbol oder eine Ziffer ausgedrückt; um sowohl diese Art von Benennung als auch sprachliche Benennungen zu erfassen, verwendet man den umfassenderen Ausdruck **Bezeichnung.**

> **Benennung**: Aus einem Wort oder mehreren Wörtern bestehende Bezeichnung. (DIN 2342)

Es können und werden natürlich oft Begriffe und deren Benennungen zusammengefügt, um komplexe oder neue Begriffe (und Benennungen) zu bilden:

Mähmaschine + Dreschmaschine = Mähdrescher
Schnee + Regen = Schneeregen
Kommunikation + Technologie = Kommunikationstechnologie

Warum besteht aber ein Bedarf an einer fachspezifischen Form der Kommunikation? Einer der Hauptgründe ist die **Steigerung der kommunikativen Effizienz**: Wenn die Mitglieder der Fachgemeinschaft alle mehr oder weniger denselben Inhalt mit demselben Ausdruck verbinden (d. h. Kenntnisse der Fachtermini besitzen), sinkt automatisch der Erklärungsbedarf während der Kommunikation. Die Kommunikationspartnerinnen müssen im Vergleich zu gemeinsprachlicher Kommunikation relativ wenig Zeit damit verbringen, einander zu erklären, was sie ‚eigentlich' meinen. Wie bereits gesagt, wurde das ‚Gemeinte' ja bereits durch die Fixierung des Terminus geklärt. Wir könnten auch sagen: Die Referenz ist eindeutig. Das bedeutet allerdings nicht, dass die Referenz *immer* 100% eindeutig ist. Es gibt nicht selten auch Divergenzen in der Definition von Begriffen (d. h. in der Meinung darüber, welche Merkmale relevant sind) auch innerhalb eines Fachgebiets, vor allem, wie wir unten sehen werden, wenn es um transkulturelle Fachkommunikation geht. Trotzdem erleichtert die relative Eindeutigkeit der Referenz die Kommunikation innerhalb einer Fachgemeinschaft, eben weil ein adäquater und hinreichend gültiger Konsens darüber besteht, was ‚gemeint' ist.

Einen weiteren Beitrag zur kommunikativen Effizienzsteigerung leistet die sprachökonomische Funktion des Fachterminus. In der Translationswissenschaft verwenden wir z. B. den Terminus *Ausgangstext,* um ein Phänomen zu beschreiben, das gemeinsprachlich viel länger formuliert werden müsste, etwa: *Die sprachliche Äußerung, die als Basis dafür verwendet wird, um einer Gruppe von Personen, die die Sprache dieser Äußerung nicht verstehen, verständlich zu machen, was damit gesagt oder geschrieben wurde.* Wir sehen, dass Fachtermini dazu dienen, Information (eigentlich: Wissen um den Fachgegenstand) in gedanklich und sprachlich komprimierter Form darzustellen. Wie diese Informationsverdichtung funktioniert, können wir anhand des folgenden Textes feststellen.

Beispiel:

RICHTLINIEN über die Verwendung von Dienstweihnachtsbäumen

<u>Gesetzliche Grundlage: § 45 Heeresgebührengesetz:</u>
Dienstweihnachtsbäume sind Weihnachtsbäume natürlichen Ursprungs oder natürlichen Bäumen nachgebildete Weihnachtsbäume, die zur Weihnachtszeit in Diensträumen aufgestellt werden.

<u>Aufstellen von Dienstweihnachtsbäumen:</u>
Dienstweihnachtsbäume (DWB) dürfen von sachkundigem Personal nach Anweisung des unmittelbaren Vorgesetzten aufgestellt werden. Dieser hat darauf zu achten, dass der DWB mit seinem unteren, der Spitze entgegengesetzten Ende in einem zur Aufnahme von Baumenden geeigneten Halter eingebracht und befestigt wird, in der Haltevorrichtung derart verkeilt wird, dass er senkrecht steht (in schwierigen Fällen ist ein zweiter Beamter hinzuzuziehen, der die Senkrechtstellung überwacht bzw. durch Zurufe wie „mehr links, mehr rechts" usw. korrigiert). (...) Der Vorgesetzte hat weiters dafür zu sorgen, dass im Umfallbereich des DWB keine zerbrechlichen oder durch einen umfallenden DWB in ihrer Funktion zu beeinträchtigende militärischen Anlagen vorhanden sind. [...]

Die Termini *Dienstweihnachtsbaum, Haltevorrichtung* und *Umfallbereich* drücken alle komplexe Sachverhalte aus (siehe z. B. die Definition von Dienstweihnachtsbaum), die ohne die informationsverdichtende Wirkung der Begriffszusammensetzung und Nominalisierung der Verben alle viel längere sprachliche Formulierungen (mindestens einen Hauptsatz und einen Relativsatz) benötigen würden. Die Sprachökonomie wird natürlich auch durch die Abkürzung *DWB* für *Dienstweihnachtsbaum* weiter erhöht.

Zur kommunikativen Effizienz gehört allerdings nicht nur Sprachökonomie, sondern auch Präzision: Fachkommunikation soll möglichst eindeutig sein und Missverständnissen vorbeugen. Dies kann, im Gegensatz zum *informationsverdichtenden* Fachterminus, zu längeren Formulierungen führen, die z. B. alle relevanten Merkmale des Sachverhalts explizit ausführen, oft in Form von Definitionen (siehe die Definition von *Kerzen* unten) oder detaillierten Beschreibungen (wie z. B. unten in der Beschreibung des feuerbekämpfenden Beamten).

> **Beispiel:** Dienstweihnachtsbäume Teil 2
>
> Behandeln der Beleuchtung:
> Die DWB sind mit weihnachtlichem Behang nach Maßgabe des Dienststellenleiters zu versehen. Weihnachtsbaumbeleuchtungen, deren Leuchtwirkung auf dem Verbrennen eines Brennstoffes mit Flammenwirkung beruht (Kerzen), dürfen nur Verwendung finden wenn:
> 3.1 die Bediensteten über die Gefahren von Feuerbrünsten hinreichend belehrt wurden und
> 3.2 während der Brennzeit der Beleuchtungskörper ein in der Feuerbekämpfung durch den Brandschutz-UO hinreichend unterwiesener Beamter mit Feuerlöscher bereitsteht.

Die Effizienz der fachsprachlichen Kommunikation beruht hauptsächlich, aber nicht ausschließlich, auf der Verwendung von Fachtermini. Diese können nicht einfach als isolierte Wörter geäußert werden, sondern müssen selbstverständlich auch in einer geeigneten grammatikalischen Konstruktion auftreten, d. h. konkret in Sätzen und Texten. Die sprachlichen Mittel, die die Fachtermini in Zusammenhang bringen, sind auch oft fachspezifischer Natur. Viele (aber nicht alle) Fachtermini sind Substantive, die ein Verbum verlangen, damit sie eine sinnvolle syntaktische Struktur ergeben können. In vielen Fällen ‚gehört' ein spezifisches Verbum zu einem bestimmten Fachterminus, wie z. B. in der Medizin, *einen Bruch reponieren* (d. h. rückverlagern, einrenken). Solche Konstruktionen werden als **Fachwendungen** bezeichnet. Eine Fachwendung ist eine „ein Verb enthaltende fest gefügte Gruppe von Wörtern zur Bezeichnung eines Sachverhalts in einer Fachsprache" (DIN 2342).

Es kommen aber nicht nur Substantive und Verben in Fachtexten vor, sondern natürlich auch Adjektive, Adverbien usw., die auch in vielen Fällen als festgefügte Wendungen auftreten, wie z. B. *psychotrope Drogen* oder *nachhaltige Entwicklung*. Es handelt sich hierbei eigentlich um *fachspezifische Kollokationen* (vom Lateinischen *collocatio* = ‚Anordnung' – und *collocare* = ‚zusammenstellen'). Wie wir alle wissen, ist auch die Gemeinsprache von zahlreichen Kollokationen, d. h. inhaltlich kombinierbaren sprachlichen Einheiten gekennzeichnet. Man sagt z. B. *Maßnahmen ergreifen* oder *treffen* und nicht *fällen* oder *ausführen*, und ein *dickes Buch* aber nicht *dicke Haare*. Sogenannte Kollokationen, ob fachsprachlich oder gemeinsprachlich, sind eigentlich Zusammenfügungen von Wörtern, deren begriffliche Inhalte einander ergänzen. Es müssen zwischen den einzelnen Komponenten der jeweiligen Kollokationen *begriffliche Schnittstellen* vorhanden sein, die eine sinnvolle Anordnung der Begriffe ermöglichen. Da gemeinsprachliche Begriffe umfassender und flexibler sind als die der Fachsprachen, um mehr Ausdrucksdifferenzierung zu gewährleisten, ist das Spektrum der möglichen Kollokationen auch entsprechend größer. Fachspezifische Begriffe, die ihrem Zweck entsprechend klarer abgegrenzt sind und daher ein engeres Bedeutungspotenzial haben, sind auch weniger flexibel, haben dementsprechend weniger Schnittstellen zu anderen Begriffen und deshalb auch eine im Vergleich zur Gemeinsprache begrenzte Kollokationsfähigkeit. Es muss allerdings festgehalten werden, dass die Grenzen zwischen Fachwendungen und gemeinsprachlichen Kollokationen fließend sind, z. B. in Phrasen wie *eine Strafe verhängen* oder *Der Mieter verpflichtet sich, bei erforderlichen Arbeiten auf eigene Kosten die Abmontierung und spätere Wiedermontierung der Reklametafel vorzunehmen.*

Andere fachspezifische sprachliche Mittel, die Fachtermini und Fachwendungen zu einem fachspezifischen Text (d. h. einer zusammenhängenden Sinneinheit) machen, betreffen z. B. den Gebrauch des Artikels (im Deutschen z. B. meist die Unterdrückung des unbestimmten Artikels), Zeitformen, das Meiden von Pro-Formen etc. (siehe z. B. Jumpelt 1961). Die Konventionen hinsichtlich der Fachphraseologie variieren nicht nur von Fach zu Fach, sondern weisen auch sprach- und kulturspezifische Unterschiede auf. All diese unterschiedlichen sprachlichen Elemente der Fachkommunikation werden üblicherweise mit dem Ausdruck **Fachsprache** bezeichnet, und als Hilfskonstrukt erfüllt dieses Wort eine nützliche Funktion. Fachsprachen sind allerdings keine homogenen, von der Gemeinsprache völlig abgeschlossenen Einheiten, sondern enthalten in der Regel auch viele gemeinsprachliche Elemente, sodass es zielführender wäre, von **fachspezifischer Phraseologie** oder **fachspezifischen Textkonventionen** zu sprechen.

Wie wir in den vorherigen Kapiteln gesehen haben, erfolgt Kommunikation nicht nur mittels Wörtern, sondern anhand von Texten als Sinneinheiten, die wiederum in einem bestimmten kulturellen und soziopolitischen Kontext eingebettet sind. Es wurde weiters festgestellt, dass Texte keinen Sinn an sich enthalten, sondern dass sie durch die Textrezipientinnen einen Sinn *erhalten*. Dies gilt natürlich auch für sogenannte Fachtexte, ob gesprochen oder geschrieben. Auch Fachtexte gelten nur dann als Texte, wenn sie die Kriterien der Textualität erfüllen, inklusive der Bedingung der Kulturalität. Mit anderen Worten, auch Fachtexte sind nur dann sinnvoll, wenn die Textrezipientinnen Zugang zu dem darin enthaltenen Fachwissen haben. Die Aneignung dieses fachspezifischen Wissens ist in der Regel ein langer, aufwändiger Prozess, der im institutionellen Rahmen von fachspezifischen Ausbildungsstätten abläuft.

Wie bei anderen Kulturgemeinschaften spielen auch in Fachgemeinschaften Machtverhältnisse eine Rolle in der Kommunikation: Neuankömmlinge müssen sich erst mit den ‚kulturspezifischen' Kommunikationskonventionen vertraut machen, bevor sie als volle Mitglieder der Gemeinschaft aufgenommen werden. Dazu gehören nicht nur das Wissen um den Fachgegenstand an sich, sondern auch das Wissen darum, wie ein Text gestaltet werden muss, um als adäquates ‚kommunikatives Ereignis' zu fungieren. Die Beherrschung der fachspezifischen Textkonventionen zeichnet sowohl die Textproduzentin als auch die Textrezipientin als Mitglied der Fachgemeinschaft aus. Wer die Konventionen nicht beherrscht, kann im wahrsten Sinne mit dem Fachtext ‚nichts anfangen'. Die fachspezifische Kommunikation wird somit nicht nur dazu verwendet, einen möglichst hohen Grad an kommunikativer Effizienz zu erreichen, sondern auch dazu, andere vom Kommunikationsprozess auszuschließen. So wird oft, z. B. bei Gesprächen zwischen Ärztinnen und Patientinnen, eine Fachterminologie verwendet, die für Laien unverständlich ist, um die Autorität der Ärztin zu untermauern und die Patientinnen durch das Gefühl der eigenen Ignoranz einzuschüchtern (vgl. z. B. Wodak 1989). Auch der folgende Untersuchungsbefund ist so abgefasst, dass die Patientin an der Kommunikation über den eigenen Gesundheitszustand nicht teilnehmen kann:

> **Beispiel**: Duplexsonographie der hirnversorgenden Gefäße
>
> Bds. lassen sich Carotis commun. externa und interna als auch die Vertebralarterien am Abgang gut darstellen. Die Gefäße sind normalkalibrig. Keinerlei Intimaverdickung. Keine Plaquebildungen oder andersartig haemodyn. wirksame Stenosierungen. Relativ gestreckter Verlauf der Carotis interna. Die Vertebralarterien am Abgang gut darstellbar. Orthograder Flow, normales Strömungsprofil.

Lediglich die Adjektive *gut* und *normal* lassen vermuten, dass ‚alles in Ordnung' sei, aber angesichts der Zusammensetzung aus nicht transparenten Fachtermini und des Unvermögens, die Äußerungen auf der Basis eines kontextuellen Wissens einzuordnen und zu relativieren, ist die Patientin völlig auf die Bereitschaft (und die Fähigkeit) der Ärztin, den Inhalt zu ‚übersetzen', angewiesen.

Wie in der gemeinsprachlichen Kommunikation gibt es auch in der Fachkommunikation unterschiedliche Texttypen und Textsorten (siehe auch Kapitel 6), wie z. B. wissenschaftliche Bücher, Aufsätze, Abstracts, Gebrauchsanweisungen, Berichte, Produktbeschreibungen, Vorträge, Verträge usw. Auch wenn man in der Regel davon ausgehen kann, dass Fachtexte hauptsächlich dem informativen Texttyp zuzuordnen sind, spielen appellative Elemente eine nicht zu unterschätzende Rolle, wie z. B. bei Produktbeschreibungen, die den Kundinnen ein positives Firmenimage vermitteln sollen, wissenschaftlichen Abstracts, die die Textrezipientinnen von der Signifikanz der neuen Erkenntnisse überzeugen wollen, oder auch Gesetzestexten, die ja eine zwingende direktive Wirkung beabsichtigen. Fachkommunikation kann auch durchaus expressiv sein, weil auch Fachtexte die Werte, subjektiven Einstellungen und Wünsche der Textproduzentin wiedergeben können.

Die weit verbreitete Meinung, Fachtexte seien ‚objektiv', stellt sich angesichts der Kulturbedingtheit von Texten an sich und der zwangsläufig interpretativen Darstellung des Fachgegenstands ohnehin als Fiktion heraus, weil jede individuelle Äußerung, sogar innerhalb eines Fachgebiets, auch eine persönliche Dimension in sich trägt. Inwieweit die Textproduzentin sich erlauben kann, sich über die fachspezifischen Textkonventionen hinwegzusetzen und ihre subjektiven Werte auszudrücken, hängt dabei maßgeblich von ihrer Position in der Fachhierarchie ab: Einer anerkannten Autorität wird in dieser Hinsicht weit mehr Spielraum zugestanden als z. B. einer Dissertantin, die erst beweisen muss, dass sie die ‚Spielregeln' beherrscht. Manchmal kann die Befolgung der Kommunikationskonventionen allerdings ins andere Extrem fallen, sodass eine andere Art von kommunikativer Machtausübung erfolgt:

> **Beispiel**: Kapitel 1 – Bewusstsein und Kommunikation
>
> Von Wissen und Wissenschaft spricht man üblicherweise in einer subjektbezogenen Begrifflichkeit. Das Subjekt des Wissens ist demnach der Mensch; oder jedenfalls das Bewusstsein des Menschen; oder eventuell der Kollektivsingular des transzendentalen Bewusstseins der Menschen: Ganz ohne einen solchen Träger kann man sich Wissen schwer vorstellen, irgendwo in der Welt muss es ja vorhanden sein, zugerechnet werden, überprüft und verbessert werden können. Und selbst wenn man, philosophisch inspiriert, das Subjekt extramundan denkt, macht es doch keine Schwierigkeiten, es an der

> nächsten Straßenecke aufzutreiben und zu befragen. Auch Wissen über Kriterien und Kontrollen des Wissens wird letztlich über die Vorstellung des Menschen in die Welt eingeführt; und wenn man es nicht direkt am Menschen wahrnimmt, sondern zum Beispiel in Büchern liest, haben die Bücher angeblich einen Autor, Kant zum Beispiel. (Luhmann 1990: 11)

In diesem Beispiel verwendet der Autor zwar Fachtermini und Fachwendungen der Philosophie und der Soziologie, bleibt aber in seinem eigenen Interpretationsmuster des Sachverhalts. Dadurch wird die Information äußerst verdichtet und ohne jegliche Redundanz (Wiederholung von Informationselementen, die den Verstehensprozess unterstützen könnte) präsentiert, mit dem Ergebnis, dass auch Fachleute schwer Zugang zu dem darin enthaltenen Wissen finden. Da der Autor aber eine bekannte Autorität seines Faches war, konnte er damit rechnen, dass die Motivation der LeserInnen, seinen Text zu verstehen, größer sein würde als ihr Unwille, die Kommunikationshürden zu überwinden.

Wir sehen nun, dass Fachkommunikation grundsätzlich nach denselben Prinzipien funktioniert wie die Alltagskommunikation und dass es sich nicht um absolute, sondern um graduelle Unterschiede handelt:

> Fachkommunikation ist die Gesamtheit der kommunikativen Vorgänge, die von den Mitgliedern eines Fachkollektivs eingesetzt wird, um über den kollektiv definierten Fachgegenstand zu kommunizieren. Die wichtigsten Ziele der Fachkommunikation sind: Effizienz, Ökonomie, Präzision und Eindeutigkeit der Referenz.

9.4 Was zeichnet transkulturelle Fachkommunikation aus?

Erfolgreiche transkulturelle Fachkommunikation, wie jede Art von transkultureller Kommunikation, erfordert nicht nur Sprachkompetenz, sondern auch Kenntnisse der Texttypen und Textsortenkonventionen sowie des allgemeinen kulturellen Kontexts und der spezifischen Kommunikationskultur der jeweiligen Kommunikationsgemeinschaft – in diesem Fall, des Fachkollektivs. Wir haben in Kapitel 2 festgestellt, dass die Translation einer Realitätsinterpretation Erfahrung mit dem im Text thematisierten Gegenstand voraussetzt. Wenn wir keine Erfahrung davon haben, können wir buchstäblich nicht wissen, worum es geht. Mit anderen Worten, wir können die Referenz nicht bestimmen und ‚das Gemeinte' nicht erfassen. Bei der Translation gemeinsprachlicher Texte wird wohl selten erwartet, dass die Translatorin von vornherein jeden Text adäquat verstehen wird, wobei *adäquat* in diesem Zusammenhang bedeutet:

über genügend Erfahrung des Kommunikationsgegenstands verfügen, um die Referenz in beiden Sprachen zu erfassen. Wie bereits erwähnt, ist es manchmal notwendig, sich diese Erfahrung ‚aus zweiter Hand' z. B. aus Büchern, vom Fernsehen, aus dem Internet etc. anzueignen. Dies ist auch bei Fachtexten der Fall. Der Unterschied besteht darin, dass der Gegenstand von Fachtexten für Translatorinnen meist schwerer zugänglich ist als bei gemeinsprachlichen Texten – leider kommt es nicht oft vor, dass wir Texte aus dem eigenen Fach, der Translationswissenschaft, zu übersetzen oder dolmetschen bekommen.

Auf der anderen Seite ist aufgrund der (relativen) Eindeutigkeit der Referenz das Bedeutungspotenzial von Fachtexten im Vergleich zu gemeinsprachlichen Texten auch relativ eingeschränkt. Dies bedeutet de facto, dass der Spielraum für die Interpretation von Fachtermini und Fachwendungen sehr eng ist, sodass unter der Voraussetzung einer adäquaten fachspezifischen Wissensbasis das Potenzial für Fehlinterpretationen auch dementsprechend geringer ist.

9.4.1 Welche spezifischen Probleme entstehen daraus?

Wir wollen zunächst daran erinnern, dass, wie in Kapitel 8 festgestellt wurde, adäquate Problemerkennung eine wesentliche Voraussetzung für erfolgreiche Translation ist. Ohne die Identifikation von objektiv vorhandenen Problemen (die es ja immer gibt, weil Translation eine komplexe Expertinnentätigkeit und kein einfacher Wortsubstitutionsvorgang ist) kann man sie ja auch nicht lösen.

Aus der obigen Diskussion der Natur von Fachtexten ist hervorgegangen, dass transkulturelle Fachkommunikation ähnliche Probleme aufweist wie die transkulturelle Kommunikation im Allgemeinen. Es entstehen allerdings auch spezifische Probleme, die sich logischerweise aus den oben diskutierten Unterschieden zwischen Fachkommunikation und Alltagskommunikation ergeben. Diese sind:

- Verständnis und Abgrenzung des Kommunikationsgegenstands: Worum geht es?
- Erkennung von Fachtermini und deren Zuordnung zum richtigen Fachgebiet
- Erkennung und Zuordnung von Fachwendungen und Fachphraseologie
- Zuordnung der entsprechenden Termini, Wendungen und Phraseologie in Ausgangs- und Zielsprache

9.4.2 Welche Lösungsmöglichkeiten gibt es?

Bei der Frage nach dem Kommunikationsgegenstand ist, vor allem für Studierende und Berufsanfängerinnen, davon auszugehen, dass sie wenig bis gar nicht mit dem jeweiligen Fachgebiet vertraut sind. Auch bei routinierten Translatorinnen muss man aber aufgrund des Innovationstempos in der Wissenschaft damit rechnen, dass sie ständig mit neuen Themenstellungen konfrontiert werden. Eine Reihe von Kriterien kann herangezogen werden, um eine erste provisorische Abgrenzung des Fachgebiets und des Kommunikationsgegenstands vorzunehmen:

- Überschrift und Zwischenüberschriften (enthalten wichtigste Begriffe des Kommunikationsaktes)
- Textproduzentin und deren Beruf/Funktion/Status (Indiz für wahrscheinliche Themenstellung)
- Medium, in dem der Text erscheint, z. B. Fachzeitschrift (= Benennung des Fachgebiets oder Teilfachgebiets)
- Textfunktion, z. B. Gebrauchsanweisung (= Benennung und Beschreibung des Produkts und dessen Funktion)

Der nächste Schritt zur Identifikation des ‚Gemeinten' ist die Erkennung der Fachtermini, wobei die Abgrenzung des Fachgebiets und die Erkennung von Fachtermini insofern einen zirkulären Prozess darstellen, als das eine das andere bedingt: je eindeutiger das Fachgebiet, umso evidenter der Fachterminus. Ein Wort wie *Abgang* könnte eine gemeinsprachliche Bedeutung haben, ein medizinischer Fachterminus sein (wobei es je nach Teilgebiet der Medizin unterschiedliche Vorgänge bezeichnen kann) oder auch der Fachsprache der Verwaltung, der Önologie (Weinkultur) oder des Militärs zugeordnet werden. Die Einengung des Fachgebiets bzw. des konkreten Fachgegenstands muss daher mit der Erkennung und Verifizierung der Fachtermini einhergehen.

Folgende Kriterien können zur provisorischen Auswahl potenzieller Fachtermini angewandt werden:

- Ist das Wort bekannt? (wenn nicht, mögliche Bedeutungskontexte nachschlagen)
- Ist es ein Fremdwort? (wenn ja, mögliche Bedeutungskontexte nachschlagen)
- Handelt es sich um nominalisierte Verben (z. B. *Abgang*) oder Komposita (z. B. *Umfallbereich*)? (zur Informationsverdichtung)

Je nachdem, welches (Teil-)Fachgebiet in Betracht kommt, sind dann in der fachspezifischen Literatur (einsprachigen Fachwörterbüchern, Lehrbüchern, bei neuen Erkenntnissen auch Aufsätzen in Fachzeitschriften) **Definitionen** der potenziellen Termini zu suchen. Definitionen haben hauptsächlich die Funktion, die Interpretation des jeweiligen Fachkollektivs darzulegen, indem sie die **Merkmale** des Begriffs auflisten. Dies ermöglicht den Vergleich mit anderen, ähnlichen oder verwandten Begriffen, wie z. B.:

- *Adler*: großer Greifvogel mit kräftigem Hakenschnabel, befiederten Läufen und starken Krallen
- *Geier*: aasfressender, großer Greifvogel mit nacktem Kopf und Hals und starkem, nach unten gebogenen Schnabel

Dadurch erfolgt auch die Einordnung des Begriffs in das fachspezifische **Begriffssystem**, da jeder Begriff erst durch die Relation (d. h. sowohl durch die Ähnlichkeiten, z. B. *Greifvogel*, als auch durch die Unterschiede, z. B. *befiederte Läufe* oder *nackter Kopf*) zu den anderen Begriffen, die insgesamt die Realitätsinterpretation der Fachgemeinschaft ausmachen, Bedeutung erhält. Die Definition hält fest, wie sich die Fachgemeinschaft auf den jeweiligen Realitätsausschnitt bezieht: Mit anderen Worten, sie sorgt für die **Eindeutigkeit der Referenz** innerhalb der Fachgemeinschaft. Auch wenn es Divergenzen in der Definition eines Terminus geben kann, betreffen diese in der Regel die unwesentlichen Merkmale, sodass ein kommunikativ funktionaler Konsens weitgehend gegeben ist. Sollten sich die Definitionen bezüglich der wesentlichen Merkmale unterscheiden, dann handelt es sich um *einen* Ausdruck, der unterschiedliche Begriffe benennt, was ja auch innerhalb eines Fachs vorkommen kann (wie im obigen Beispiel *Abgang* in der Medizin).

Die Auseinandersetzung mit den fachspezifischen Definitionen gibt nicht nur Auskunft darüber, ob es sich um Fachtermini handelt und welche Bedeutung ihnen im jeweiligen Fachgebiet zugeordnet wird, sondern vertieft auch gleichzeitig das Wissen der Translatorin über das Fach bzw. den Fachgegenstand. Die in der Definition enthaltene Auflistung von Merkmalen (wobei zwischen *wesentlichen* und *unwesentlichen* Merkmalen zu unterscheiden ist) und die daraus resultierende Einordnung in ein Begriffssystem bilden dann die Basis für den **interkulturellen Vergleich**.

> Folgende Faktoren sind für den interkulturellen Vergleich von Fachtermini unerlässlich: die Definition, die Begriffsmerkmale und die Einordnung in das fachspezifische Begriffssystem.

Wir haben bereits festgestellt, dass Wörter der Gemeinsprache flexible, unpräzise Begriffe benennen und daher ein breites Bedeutungspotenzial haben. Dies bedeutet, dass sie auch im Prozess der Translation keine eindeutige Referenz haben, sondern, wie in Kapitel 8 diskutiert, dass die Translatorin einen relativ großen Entscheidungsspielraum hat, wie sie die Referenz herstellen will, und auch mit welchen sprachlichen Mitteln. Bei Fachtermini dagegen, die streng abgegrenzte Begriffe benennen und eine *eindeutige* Referenz haben, ist dieser Entscheidungsspielraum nicht gegeben. Die Translatorin muss daher nach Termini in der Zielsprache suchen, die sich auf denselben Realitätsausschnitt in derselben Weise beziehen wie die Termini in der Ausgangssprache, also nach äquivalenten Begriffen und **Benennungen.**

Angesichts der weitgehenden Internationalisierung von Technik und Wissenschaft werden in vielen Fällen ausgangssprachliche und zielsprachliche Begriffe und Benennungen (Termini) deckungsgleich sein: d. h., sie werden dieselbe Interpretation eines Realitätsausschnitts darstellen und dieselben Merkmale für wesentlich und thematisierungswürdig halten. Wir haben allerdings bereits gesehen, dass jede Fachsprache in einer übergeordneten Kultur und Sprache eingebettet ist. Das kulturbedingte Interpretationsmuster und das darauf basierende Begriffssystem der Ausgangssprache werden auch immer von dem der Zielsprache divergieren. Dies führt dazu, dass auch fachspezifische Begriffssysteme selten *ganz* deckungsgleich (d. h. ganz äquivalent) sind. Auch anscheinend konstante Phänomene wie der menschliche Körper werden je nach Kultur und Sprache unterschiedlich interpretiert, auch in den Fachsprachen. So wird z. B. in der medizinischen Fachsprache des Englischen der Unterleib in vier *Quadranten* unterschieden, während das Deutsche nur vom *Unterbauch* und *Oberbauch* spricht. Die interkulturelle begriffliche Varianz kann sich also dadurch ausdrücken, dass in manchen (Fach-)Sprachen ein Terminus im Vergleich zur Ausgangs- oder Zielsprache ‚fehlt'.

Bei derartigen terminologischen ‚Lücken' kann die Translatorin zwischen unterschiedlichen Optionen wählen:

- Wenn z. B. ein Terminus in der Ausgangssprache ‚fehlt', d. h., wenn ein Realitätssauschnitt in der Ausgangssprache durch ein gemeinsprachliches Wort bezeichnet wird und in der Zielsprache durch einen Fachterminus, ist es üblich, den zielsprachlichen Terminus zu verwenden. Wenn aber das Translationsziel darin besteht, die ausgangssprachliche Begrifflichkeit wiederzugeben, um z. B. die ausgangskulturelle Fachinterpretation der Zielkultur bekannt zu machen (wie es z. B. oft in der interkulturellen Philosophie der Fall ist), kann die Translatorin durch Paraphrasieren, d. h. durch die Selektion von geeigneten sprachlichen Mitteln der Zielsprache, die wesentlichen Merkmale des Ausgangsbegriffs in die Zielkultur übertragen.
- Bei ‚fehlenden' Fachtermini in der Zielsprache kann auch die Schöpfung neuer Termini zielführend sein. Dies erfolgt auch durch die Analyse der

Merkmale des Ausgangsbegriffs, Selektion der wesentlichen Merkmale und Benennung in der Zielsprache. Die Benennung wird aber so konfiguriert, dass sie den Kriterien der Adäquatheit von Fachtermini (laut DIN 2330): *transparency* (Transparenz), *economy* (Ökonomie), *manageability* (leicht zu handhaben) entspricht; wobei andere Faktoren wie z. B. *motivation* (Motivation, einen bestimmten Ausdruck zu wählen), *derivation* (Ableitung oder Abstammung), *frequency* und *familiarity* (Häufigkeit und Bekanntheit der Komponenten bei Komposita), *pronounceability* (leicht aussprechbar) und *memorising adequacy* (Merkbarkeit) auch je nach Translationsziel und Funktion eine wesentliche Rolle spielen können.

Es soll an dieser Stelle darauf hingewiesen werden, dass eine Reihe von sogenannten *term-extraction*-Programmen im Handel erhältlich sind, die behaupten, Fachtermini automatisch zu erkennen. Leider (oder zum Glück!) gilt noch: Ein Computerprogramm kann kein Wissen besitzen, das der Mensch noch nicht besitzt.

Die Identifikation von Fachtermini erfordert Sprach-, Text- und Kulturkompetenz sowie Fachkenntnisse, die zusammen eine ‚Intuition' bewirken, die zurzeit von keiner Wissenschaft computergerecht analysiert worden ist. Ein Computerprogramm kann im besten Fall auch nur vorschlagen, was eventuell ein Fachterminus sein könnte, und dies meistens nach sehr groben, vereinfachten Kriterien. Auch bei Programmen mit vorgefertigten Fachterminologien, die mit dem zu bearbeitenden Text automatisch nach dem Prinzip der Mustererkennung verglichen werden und diejenigen Wörter hervorheben, die der Form nach den vorgegebenen Termini entsprechen, ist Vorsicht geboten: Es muss immer der genaue textuelle und fachliche Kontext abgesteckt werden, um sicher zu gehen, dass es sich tatsächlich um denselben Terminus und dasselbe Fachgebiet handelt, wie vom Programm angeboten wird. Auf jeden Fall muss die Knochenarbeit des Recherchierens und begrifflichen Vergleichs immer durch einen Menschen geleistet werden. Die Erkennung und Zuordnung von Fachwendungen und Fachphraseologie ergibt sich aus der Erkennung und Zuordnung der Termini. Wie oben festgestellt, bilden isolierte Fachtermini keinen Text: Die oben diskutierten fachspezifischen Kollokationen und die Grammatik hängen auch im Translationsprozess eng mit der Identifizierung und Abgrenzung der Fachtermini und deren begrifflichen Schnittstellen zusammen. Und wie bei gemeinsprachlichen Texten ist auch für die adäquate Übertragung von fachspezifischen Inhalten der interkulturelle Vergleich von Textsortenkonventionen unerlässlich.

9.5 Zusammenfassung

Im Folgenden fassen wir die Ähnlichkeiten und Unterschiede zwischen der Translation von gemeinsprachlichen Texten und fachspezifischen Texten zusammen:

Ähnlichkeiten:

- Beide Arten der Kommunikation sind in einem spezifischen kulturellen Kontext eingebettet, der im Translationsprozess explizit gemacht werden muss.
- Bei gemeinsprachlicher und auch fachspezifischer Kommunikation brauchen Translatorinnen Erfahrung bezüglich des Kommunikationsgegenstands, die die Interpretation und Benennung eines Kommunikationskollektivs nachvollzieht.
- In beiden Fällen sind kulturspezifische und gruppenspezifische Textsortenkonventionen, inklusive der Art und Weise, wie die Machtverhältnisse zwischen den Kommunikationspartnerinnen ausgedrückt werden, zu berücksichtigen.

Unterschiede:

- Die erfolgreiche Translation von Fachkommunikation erfordert die Erkennung und stringente Abgrenzung des jeweiligen Fachgebiets und der Fachtermini sowie der Fachwendungen und Fachphraseologie.
- Dies ist deswegen notwendig, weil die Eindeutigkeit der Referenz der Fachtermini wenig Interpretationsspielraum zulässt und daher die Suche nach möglichen Äquivalenten erfordert.
- Translatorinnen müssen sich mit einem komplexen Sachverhalt auseinandersetzen, dessen sprachliche Formulierung deswegen schwierig ist, weil sie bereits fachspezifisches Wissen voraussetzt.

Fazit: Die Translation von Fachkommunikation ist weder leichter noch schwieriger als die von gemeinsprachlichen Texten – sie erfordert lediglich die Aktivierung anderer Aspekte der Kultur- und Sprachkompetenz und einen anderen Zugang zum Sachwissen. Auch bei der Translation von Fachkommunikation ist die Translatorin keine passive Sprachmittlerin, sondern muss *aktiv* an der spezifischen Realitätsinterpretation aller Kommunikationspartnerinnen teilnehmen, denn erst dies ermöglicht den kulturellen Transfer von Wissen.

Quellen und weiterführende Literatur

Arntz, Reiner. 1992. „Interlinguale Vergleiche von Terminologien und Fachtexten." In: Baumann, Klaus-Dieter & Kalverkämper, Hartwig (Hrsg.). *Kontrastive Fachsprachenforschung*. Tübingen: Niemeyer, 108–122.

Arntz, Reiner. 1998. „Terminologie der Terminologie." In: Snell-Hornby, Mary & Hönig, Hans G. & Kußmaul, Paul & Schmitt, Peter A. (Hrsg.). *Handbuch Translation*. Tübingen: Stauffenburg, 77–82.

Arntz, Reine & Picht, Heribert. 1989. *Einführung in die übersetzungsbezogene Terminologiearbeit*. Hildesheim/Zürich/New York: Georg Olms.

DIN 2330. 1993. *Begriffe und Benennungen. Allgemeine Grundsätze*. Berlin: Beuth.

DIN 2342. 1992. *Begriffe der Terminologielehre – Grundbegriffe*. Berlin: Beuth.

Fluck, Hans-R. 1998. „Fachsprachenforschung." In: Snell-Hornby, Mary & Hönig, Hans G. & Kußmaul, Paul & Schmitt, Peter A. (Hrsg.). *Handbuch Translation*. Tübingen: Stauffenburg, 72–77.

Gibson, William. 1984. *Neuromancer*. New York: ACE Books.

Hess-Lüttich, Ernest W. B. 1997. „Text, Intertext, Hypertext – Zur Texttheorie der Hypertextualität." In: Klein, Josef & Fix, Ulla (Hrsg.). *Textbeziehungen, linguistische und literaturwissenschaftliche Beiträge zur Intertextualität*. Tübingen: Stauffenburg, 125–148.

Hoffmann, Lothar & Kalverkämper, Hartwig & Wiegand, Herbert Ernst (1998/99) (Hrsg.). *Fachsprachen/Languages for Special Purposes. Ein internationales Handbuch zur Fachsprachenforschung und Terminologiewissenschaft*. Berlin/New York: de Gruyter.

Jumpelt, Rudolf. 1961. *Die Übersetzung naturwissenschaftlicher und technischer Literatur*. Berlin Schöneberg: Langenscheidt.

Kaiser-Cooke, Michèle. 1997. „Murder in the Laboratory Termhood and the Culture Gap." In: Snell-Hornby, Mary & Jettmarová, Zuzana & Kaindl, Klaus (Hrsg.). *Translation as Intercultural Communication. Selected Papers from the EST-Congress, Prague 1995*. Amsterdam: John Benjamins, 283–290.

Kaiser-Cooke, Michèle. 1999. „Concept creation at the cultural interface." In: Sandrini, Peter (Hrsg.). *Proceedings of the 5th International Congress on Terminology and Knowledge Engineering, Innsbruck, August 23–27, 1999*. Frankfurt/Wien: Indeks-Verlag, 756–762.

Kaiser-Cooke, Michèle. 2007. *Wissenschaft – Translation – Kommunikation*. Wien: facultas.

Knorr-Cetina, Karin. 2002. *Wissenskulturen. Ein Vergleich naturwissenschaftlicher Wissensformen*. Frankfurt am Main: Suhrkamp (1999. *Epistemic Cultures. How the Sciences Make Knowledge*. Cambridge, MA: Harvard University Press).

Luhmann, Niklas. 1990. *Die Wissenschaft der Gesellschaft*. Frankfurt am Main: Suhrkamp.

ÖNORM A 2704. 1990. *Allgemeine Grundsätze für Begriffe und Bezeichnungen*.

Schmitt, Peter A. 1986. „Die ‚Eindeutigkeit' von Fachtexten: Bemerkungen zu einer Fiktion." In: Snell-Hornby, Mary (Hrsg.). Übersetzungswissenschaft: Eine Neuorientierung. Tübingen: Franke, 252–282.

Schmitt, Peter A. 1990. „Kulturspezifik von Techniktexten: Ein translatorisches und terminologisches Problem." In: Vermeer, Hans (Hrsg.). *Kulturspezifik des translatorischen Handelns. Vorträge anlässlich der GAL-Tagung 1989*. Heidelberg: Universität Heidelberg, 49–88.

Weingarten, Rüdiger. 1997. *Textstrukturen in neuen Medien*. In: Weingarten, Rüdiger (Hrsg.). *Sprachwandel durch Computer*. Opladen: Westdeutscher Verlag, S. 215–237.

Wodak, Ruth. 1989: „Von Fall zu Fall. Arzt-Patienten-Gespräche im Krankenhaus." In: Wodak, Ruth & Lalouschek, Johanna (Hrsg.). *Sprachbarrieren. Die Verständigungskrise der Gesellschaft*. Wien: Wiener Journal Zeitschriftenverlag, 92–111.

10 Transkulturelle Kommunikation in einer globalisierten Welt

In Kapitel 2.1.2 wurde bereits erwähnt, dass die sprachlichen und kulturellen Grenzen unserer Welt aufgrund der Globalisierung weitgehend neu zu definieren sind. Es gibt kaum einen Bereich, in dem Kommunikation nicht immer öfter auch transkulturell stattfindet. Das hat dazu geführt, dass einerseits die Nachfrage nach Translation enorm gestiegen ist und sich auch neue Betätigungsfelder für Sprachexpertinnen aufgetan haben. Im Bereich der sogenannten Sprachindustrie sind nicht mehr nur Übersetzerinnen und Dolmetscherinnen tätig; es bietet sich hingegen ein breites Spektrum an Berufen von der Posteditorin über die technische Redakteurin bis hin zur Live-Untertitlerin, deren Tätigkeiten mit verschiedenen Formen transkultureller Kommunikation zu tun haben.

Andererseits muss jedoch auch bedacht werden, dass Translation nicht das einzige Instrument ist, das transkulturelle Kommunikation ermöglicht.

10.1 Lingua-Franca-Kommunikation

Eine Möglichkeit, Sprachbarrieren zu überwinden, ohne auf Translation zurückgreifen zu müssen, ist die Nutzung einer **Lingua Franca**, also einer Verkehrssprache, die zur Kommunikation zwischen Menschen mit unterschiedlichen Erstsprachen genutzt wird.

Lingua Franca bezeichnete ursprünglich eine im 15. bis 19. Jahrhundert im Mittelmeerraum gebräuchliche romanische Verkehrssprache der Kreuzritter mit arabischen, griechischen und anderen Einflüssen. Später etablierte sich dieser Terminus als Überbegriff für Verkehrssprachen im Allgemeinen.

Ab dem 6. Jahrhundert diente vor allem **Latein** als Lingua Franca für die gebildeten Schichten und den Klerus. Später waren es Kolonialsprachen wie Spanisch, Portugiesisch, Französisch, Niederländisch oder Englisch, die weit über die Grenzen der Ursprungsländer hinaus gesprochen wurden. Im späten Mittelalter wurde **Französisch** zur Kultur- und Bildungssprache und ab dem 17. Jahrhundert auch zur Sprache der Diplomatie und der internationalen Verträge.

Erst nach dem Zweiten Weltkrieg begann mit dem Aufstieg des Multilateralismus und dem Entstehen internationaler Organisationen, deren Kommunikation auf dem Prinzip „one nation – one language" beruhte, die Hochblüte des Konferenzdolmetschens auf politischer Ebene. Eben dieser Grundsatz der konsequenten Verwendung der Nationalsprache wird in diesen politischen Settings, aber auch anderswo seit geraumer Zeit jedoch immer seltener verfolgt. Stattdessen erfolgt Kommunikation immer öfter in einer gemeinsamen Verkehrssprache.

10.1.1 Englisch als Lingua Franca (ELF) und Translation

Die derzeit wohl am weitesten verbreitete Lingua Franca ist Englisch mit geschätzten zwei Milliarden Sprecherinnen weltweit, von denen nur ungefähr jede fünfte als Muttersprachlerin bezeichnet werden kann. Somit erfolgen die meisten Interaktionen auf Englisch zwischen Nichtmuttersprachlerinnen. In fast allen Bereichen des Lebens – von Wirtschaft über Politik bis hin zu Wissenschaft und Bildung – ist Englisch eine Grundvoraussetzung geworden. Carmichael (2000: 285f.) vergleicht Menschen ohne Grundkenntnisse der englischen Sprache gar mit den Analphabetinnen zu Beginn des letzten Jahrhunderts.

Diese Dominanz des Englischen ist sowohl auf Top-Down- als auch auf Bottom-Up-Entwicklungen zurückzuführen. So trugen einerseits politisch erst der britische Kolonialismus und später die weltweite Führungsrolle der USA nach dem Zweiten Weltkrieg dazu bei, dass die Sprache dieser Großmächte immer mehr an Bedeutung gewann. Auch die Globalisierung – vor allem im wirtschaftlichen Bereich – wurde stark von diesen beiden Staaten mitbestimmt.

Aber der kometenhafte Aufstieg des Englischen wurde nicht nur „von oben" vorgegeben. Auch die US-Unterhaltungsindustrie mit ihren Blockbustern und TV-Serien sowie die englischsprachige Popmusik trugen dazu bei, dass Englisch als immer erstrebenswerter und attraktiver wahrgenommen wurde. Auch die Entwicklung des Internets und neuer Technologien waren und sind eng mit dieser Sprache verbunden. Englisch verfügt vor allem auf der emotionalen Ebene über ein äußerst positives Image und wird mit Erfolg, Einfluss, aber auch Innovation und Professionalität verbunden (vgl. Phillipson 2003).

Immer öfter wird aber auch Kritik an dem sogenannten *Globish* oder BSE – bad simple English – laut, unter anderem auch, da es in den Augen mancher Kritikerinnen weit von dem entfernt ist, was man als Standardenglisch bezeichnet. Aufgrund seiner Vergangenheit als Kolonialsprache gibt es aber ohnehin schon eine Vielzahl an Varietäten des Englischen – wie Australisches Englisch oder Kanadisches Englisch. Es ist unvermeidlich, dass alle Nutzerinnen eine Sprache an ihre Bedürfnisse und für ihre Zwecke anpassen und es somit zwangsläufig auch bei Englisch als Lingua Franca zu Variation und Adaptierung kommt. Das Englisch der unzähligen Nichtmuttersprachlerinnen kann folglich nicht mehr das sein, was man aus BBC-Sendungen gewöhnt ist.

Dies bedeutet jedoch auch, dass es nicht nur ein Englisch als Lingua Franca mit generalisierbaren Merkmalen gibt, sondern unzählige Varianten desselben. Aufgrund einer fehlenden Regelmäßigkeit von Abweichungen von der muttersprachlichen Norm kann man bei ELF nicht wie bei z. B. neuseeländischem Englisch von einer Varietät sprechen. Meist übernehmen ELF-Nutzerinnen Elemente der Syntax, Lexik, Phonetik oder Grammatik ihrer Erstsprachen (L1); man spricht von einem L1-Transfer. Aus diesem Grund versteht eine deutschsprachige ELF-Sprecherin eine andere deutschsprachige ELF-Sprecherin meist auch besser als eine italienische ELF-Sprecherin, da Erstere die deutsche Satzstruktur und mögliche Entlehnungen aus dem Deutschen besser nachvollziehen kann.

Allerdings wurde in ELF-Studien immer wieder ein hohes Maß an Kooperationswille festgestellt. ELF-Forscherinnen geben an, dass die Kommunikation meist erfolgreich sei und ELF-Nutzerinnen einander verstehen wollen. Dazu nutzen sie verschiedenste Kommunikationsstrategien wie Paraphrasen, Klärungsfragen oder Akkommodation (vgl. Seidlhofer 2011).

Meist können ELF-Sprecherinnen die Unterschiede in ihrer Nutzung des Englischen auch leichter überwinden, wenn sie ein und derselben Subkultur oder Interessengruppe bzw. *community of practise* angehören: Es funktioniert meist, wenn sich z. B. Kardiologinnen aus Kalkutta, Bukarest und Santiago auf Englisch über innovative Operationsmethoden unterhalten oder Börsenexpertinnen aus New York, Frankfurt oder Hongkong sich über die neuesten Entwicklungen auf dem Anleihenmarkt auf Englisch austauschen. Ihr gemeinsames Wissen hilft ihnen bei der Kommunikation mithilfe von ELF über ihr Fachgebiet und macht Abweichungen vom Standard überwindbar.

Der Aufstieg von ELF hat auch die Welt der **Translation** nicht unberührt gelassen. Immer öfter werden Texte für eine globale Leserinnenschaft nur mehr auf Englisch verfasst oder wird auf internationalen Konferenzen nur mehr Englisch als Arbeitssprache verwendet. Viele Translatorinnen sehen ihre Daseinsberechtigung durch diese auf den ersten Blick kostengünstigere Form der transkulturellen Kommunikation bedroht. Aber auch wenn aus oder in das Englische übersetzt oder gedolmetscht wird, erfolgt das nun oft unter geänderten Vorzeichen.

Von nichtmuttersprachlichen Autorinnen verfasste englische Texte sind immer öfter **Ausgangstexte für Übersetzungen**, womit ELF zu einer der häufigsten „Ausgangssprachen" wird. Ein anschauliches Beispiel dafür liefert der Sprachgebrauch in der EU: In der europäischen Kommission werden mittlerweile 95% der Originaltexte auf Englisch verfasst, wobei nur 13% von erstsprachlichen Autorinnen stammen (vgl. Wagner 2010). Dies kann zu Verständnisschwierigkeiten führen und eine Überarbeitung der Ausgangstexte *vor* der eigentlichen Übersetzungsarbeit nötig machen. Der Verstehens- und Analyseschritt im Übersetzungsprozess wird somit komplexer, da Unstimmigkeiten abgeklärt werden müssen. Dies verlängert einerseits den Translationsprozess, eröffnet andererseits aber auch ein neues Beschäftigungsfeld für Sprachexpertinnen das **Preediting**, das später noch eingehender besprochen werden soll.

Diese Form der Überarbeitung erfolgt aber nicht nur als Vorbereitungsarbeit für Übersetzungen, sondern in vielen Bereichen auch deshalb, weil die Texte für eine globale Leserinnenschaft aufbereitet werden sollen. Englischsprachige Texte wenden sich lange nicht mehr nur an Erstsprachlerinnen, sondern an ein globales Publikum, dessen Sprachniveau häufig schwer abzuschätzen ist. Eine englischsprachige Website eines Hotels oder eine englischsprachige Informationsbroschüre einer touristischen Sehenswürdigkeit soll nicht nur Britinnen oder Amerikanerinnen erreichen, sondern alle Reisenden, die der Ortssprache nicht mächtig sind und in deren Erstsprache diese Information nicht zur Verfügung steht. Ein Bewusstsein für die unterschiedlichen Bedürfnisse des Zielpublikums ist dabei essentiell.

Dies gilt auch für **Übersetzungen mit Englisch als Zielsprache**. Man übersetzt mittlerweile meist für eine internationale Leserinnenschaft mit sehr unterschiedlichen Englischkenntnissen, mit unterschiedlichen Erstsprachen und unterschiedlichen kulturellen Hintergründen. Das Konzept der uniformen **Zielkultur** scheint in diesem Zusammenhang völlig überholt und muss völlig neu gedacht werden. Diesbezüglich gilt es jedoch zwischen Fachübersetzungen und nicht fachlichen Übersetzungen zu unterscheiden (vgl. Stewart 2013). Bei **Fachübersetzungen** kann man wie zuvor für die Fachkommunikation beschrieben eher von Gemeinsamkeiten unter der Leserinnenschaft ausgehen. Bei einer Übersetzung eines Texts über die Radionuklidtherapie ins Englische ist davon auszugehen, dass die Rezipientinnen einer gemeinsamen Subkultur – der der Nuklearmedizin – und somit einer der oben beschriebenen Interessengruppen oder *community of practise* angehören (vgl. Kapitel 9.1). Damit ist zwar keine regionale, aber doch eine inhaltlich verankerte Zielkultur gegeben. Translatorinnen können davon ausgehen, dass die Leserinnen über ähnliches Wissen verfügen, auch wenn ihre Englischkenntnisse unterschiedlich gut sind.

Bei **allgemeinsprachlichen Texten**, die ins Englische übersetzt werden, ist die Situation etwas komplexer. Wenn man an den Bereich Tourismus denkt, in dem sehr viele Texte aus einer lokalen Sprache ins Englische übersetzt werden, so ist die Festlegung einer Zielgruppe und der Zielkultur um einiges schwieriger. Vor allem Werbetexte auf Englisch sollten eine möglichst große Gruppe an Menschen ansprechen, die der Ausgangssprache nicht mächtig sind. Sie sollten auch von Personen, die nur über Grundkenntnisse des Englischen verfügen, verstanden werden. Andererseits sollten sie aber auch für Erstsprachlerinnen und Personen mit sehr guten Englischkenntnissen nicht zu plump und simplistisch klingen. Des Weiteren gilt zu bedenken, dass es zudem appellative Texte sind, die eine persuasive Wirkung auf dieses sehr heterogene Publikum haben sollten. „Standardenglisch" kann nicht mehr als Grundlage für eine solche Übersetzung herangezogen werden. Es stellt sich jedoch die Frage, welches Englisch das richtige sei. Ziel muss es in erster Linie sein, dass der Zieltext sowohl für Erstsprachlerinnen als auch für ELF-Sprecherinnen klar und unmissverständlich ist. Die **Verständlichkeit** stellt somit eine Priorität dar.

Beispiel: Eine Broschüre über ein Museum in Wien soll ins Englische übersetzt werden. Zur Zielgruppe könnten somit sowohl eine Besucherin aus London wie auch eine Touristin aus Chişinău in der Republik Moldau gehören. Wenn die Anfahrt zum Museum beschrieben wird, müssen die unterschiedlichen Englischkenntnisse und das divergierende Kulturwissen berücksichtigt werden. In dieser für eine globale Leserinnenschaft gedachten Übersetzung ins Englische müsste man beispielsweise einen typisch britischen Bezug vermeiden bzw. durch einen allgemeineren ersetzen:

DE: *U-Bahnstation Karlsplatz*
EN: ~~*tube station*~~ *Karlsplatz* (britischer Bezug)
EN: *subway station Karlsplatz* oder *underground railway station Karlsplatz*

Das typisch britische „tube" für U-Bahn, das nur *einer* Zielkultur zuzuordnen ist, wird vermieden, um Verständlichkeit für ein möglichst breites Zielpublikum sicherzustellen.

Es bedarf eines hohen Bewusstseins dafür, was unter solche klar kulturell zuzuordnenden Bezüge fallen könnte. Möglicherweise sind multilinguale Übersetzerinnen, die in ihre B-Sprache übersetzen, besser dafür sensibilisiert und verfügen damit auch über mehr Bewusstsein für die Bedürfnisse der ELF-Leserinnen als Englisch-Muttersprachlerinnen, die stark in ihrer erstsprachlichen Kultur verankert sein könnten.

Das Besprochene zeigt auch, dass gerade beim Übersetzen ins Englische eine möglichst genaue Definition des Übersetzungsauftrags und der Zielgruppe unerlässlich ist.

Auch im Bereich **Dolmetschen** hat der Aufstieg des Englischen als Lingua Franca große Veränderungen mit sich gebracht: Internationale Kongresse, bei denen früher in fünf oder sechs Sprachen gedolmetscht wurde, finden immer öfter auch in nicht englischsprachigen Ländern ausschließlich auf Englisch statt oder sehen maximal noch die Ortssprache und Englisch vor. Im vormals so vielsprachigen Europa, dessen Sprache Umberto Eco nach die Translation war, wird Englisch immer präsenter. Viele EU-Sitzungen werden von Englisch beherrscht, das wiederum meist von Nicht-Erstsprachlerinnen gesprochen wird. Immer öfter wird ELF verwendet, auch wenn es nicht unbedingt nötig wäre: So spricht oft z. B. eine Dänin in einer Sitzung Englisch, obwohl es Dolmetschung aus dem Dänischen gibt. Als Grund dafür geben manche Expertinnen an, sie hätten Schwierigkeiten, über ihr Fachgebiet in ihrer Muttersprache zu sprechen, da sie das Thema immer nur auf Englisch bearbeiten. Sie beherrschen demnach die Fachkommunikation nicht in ihrer Muttersprache, sondern nur auf Englisch.

Oftmals stellen ELF-Sprecherinnen eine große Herausforderung für Dolmetscherinnen dar und erweisen sich als enormer Stressfaktor, da sie viele Verständnisschwierigkeiten auslösen. Konkret beschreiben die Dolmetscherinnen die Probleme als eine Kombination aus nichtmuttersprachlichem Akzent und kontextuell inkorrekter Wortwahl, unlogischem Sprachfluss und unnatürlichen Ausdrucksweisen. Nicht alle sind in der Lage, ihre Hauptaussagen klar auszudrücken und es fehlt häufig an pragmatischer Flüssigkeit (vgl. Albl-Mikasa et al. 2017).

Wir erinnern uns daran, dass wir zuvor festgestellt haben, dass in der ELF-Kommunikation häufig ein kooperatives Zusammenspiel und erfolgreiche Interaktionen zu beobachten sind. Es stellt sich die Frage, warum Dolmetscherinnen das nicht so sehen und oft große Probleme mit nichtmuttersprachlichen Rednerinnen haben. Berücksichtigt man, in welchen Settings ELF-Kommunikation bisher vornehmlich beobachtet wurde, so zeigt sich, dass es meistens Diskussionen in größeren oder kleineren Gruppen waren, in denen ein Einsatz von Verstehensstrategien wie Nachfragen etc. möglich ist. Gerade simultanes Konferenzdolmetschen findet jedoch in **monodirektionalen Settings** statt, wobei weder das Publikum noch die Dolmetscherinnen die Möglichkeit haben, solche Strategien anzuwenden oder die Bedeutung von Aussagen „auszuverhandeln".

Als Folge des unüblichen Inputs von ELF-Sprecherinnen können Dolmetscherinnen seltener automatisierte Transferstrategien anwenden, was erhöhte Konzentration erforderlich macht und damit die kognitive Belastung erhöht. Dies kann wiederum zu schnellerer Ermüdung und Überforderung führen.

Welche Strategien können Dolmetscherinnen anwenden, um mit den von ELF-Sprecherinnen gestellten Herausforderungen besser umzugehen? Es hat sich gezeigt, dass wie in der direkten Kommunikation auch beim Dolmetschen die **Kenntnis der Erstsprache der Rednerinnen** eine Erleichterung im Verständnisprozess nach sich zieht.

Beispiel: Bei einem Besuch in Australien bedankt sich der französische Präsident Macron beim australischen Premierminister Turnbull am Ende einer Pressekonferenz mit den Worten *„Thank you and your delicious wife for your warm welcome."* Das englische Wort *delicious* bedeutet köstlich, lecker, appetitlich und könnte leicht als sexistische Äußerung gewertet werden. Es ist jedoch wahrscheinlich, dass es sich um einen falschen Freund aus dem Französischen handelt, wo *délicieux* auch entzückend oder wunderbar bedeuten kann. Eine Dolmetscherin, die der französischen Sprache mächtig ist, könnte das nachvollziehen und wäre kaum schockiert, während englischsprachige Zuhörerinnen und Journalistinnen in der konkreten Situation teils belustigt, teils empört reagierten.

Abbildung 7: Macron und Turnbull (Chapman 2018)

Wenn möglich kann diese Tatsache im Dolmetschteam mitberücksichtigt werden und die Dolmetschung der nichtmuttersprachlichen Rednerinnen so aufgeteilt werden, dass die Nichtmuttersprachlerinnen von den Dolmetscherinnen übernommen werden, die deren Erstsprache mächtig sind. In vielen Fällen wird dies jedoch nicht möglich sein, da es ein sehr detailliertes Wissen über die Rednerinnen und deren Erstsprachen voraussetzen würde, das selten gegeben ist. Auch das notwendige Abwechseln zwischen den Dolmetscherinnen nach 20–30 Minuten käme durch solche Überlegungen durcheinander.

Ferner hat sich in Studien gezeigt, dass **häufiger Kontakt mit nichtmuttersprachlichen Sprecherinnen** die Fähigkeit von Zuhörerinnen erhöht, mit den oben genannten Schwierigkeiten fertig zu werden (vgl. Reithofer 2013). Wer also oft mit Finninnen Englisch gesprochen hat, versteht finnisch geprägtes Englisch besser als Personen, die bisher keinen Kontakt damit hatten. Das Bekanntmachen mit möglichst vielen unterschiedlichen Akzenten und Wissen über verschiedenste L1-Einflüsse kann somit eine große Hilfsstellung für

Dolmetscherinnen darstellen. Eine gezielte Vorbereitung auf eine Arbeitsrealität, in der die Nichtmuttersprachlerinnen Muttersprachlerinnen zahlenmäßig weit übertreffen, ist damit schon im Rahmen des translationswissenschaftlichen Studiums unerlässlich.

In konkreten Dolmetschsituationen müssen sich Dolmetscherinnen auch mit Dolmetschstrategien wie Verallgemeinerungen oder Auslassungen (Omissionen) behelfen, wenn sie Teile der Ausgangsrede nicht ausreichend verstehen. Ebenso unverzichtbar ist eine akribische Vorbereitung, um Unklares besser einordnen und trotz schwierigem Inputs antizipieren zu können, worauf eine Rednerin hinaus will.

Eine weitere Unterstützung liefern in einem solchen Setting alle extralinguistischen und kontextuellen Informationen. Das genaue Verfolgen des Konferenzgeschehens wird noch bedeutender als unter normalen Bedingungen. So können beispielsweise PowerPoint-Folien oder Handouts einen Schlüssel zum Verständnis von unklaren Äußerungen darstellen. Ebenso ist gezieltes Inferenzieren, also Ableiten von Bedeutung aus dem Kontext, besonders wichtig.

> **Beispiel**: Bei einer internationalen Konferenz mit Simultandolmetschung, die von einem Österreicher moderiert wird, gibt es ständig akustische Interferenzen aufgrund von Mobiltelefonen, die zu nah an den Mikros der Rednerinnen liegen. Die Dolmetscherinnen hören diese auch immer wieder in den Kopfhörern. Irgendwann hat der Moderator genug davon, hebt sein Handy in die Höhe und wendet sich mit folgenden Worten ans Publikum: „*Ladies and gentlemen, please, handys out!*" Das Wort Handy wird nur im deutschsprachigen Raum für Mobiltelefon verwendet, auf Englisch heißt es eigentlich *mobile (phone)* oder *cell (phone)*. Auch ausschalten hieße eigentlich *turn off* oder aus zumindest *off*. Aufgrund der non-verbalen Information des hochgehaltenen Handys und des kontextuellen Wissens um die ständigen Interferenzen können jedoch auch Dolmetscherinnen im Team ohne Deutschkenntnisse nachvollziehen, was der Redner eigentlich meint und es z. B. korrekt mit „*Signore e signori, siete pregati di spegnere i cellulari!*" ins Italienische dolmetschen. Ohne den visuellen Input und ohne aufmerksames Verfolgen der Sitzung bleibt die Aussage unverständlich.

Ähnlich wie beim Übersetzen kann man auch bei einer **Dolmetschung *ins* Englische** nicht mehr davon ausgehen, dass das Zielpublikum kulturell homogen ist. In den Kundenzufriedenheitsumfragen der Generaldirektion Dolmetschen der EU-Kommission zeigte sich, dass nichtmuttersprachliche Zuhörerinnen mit Dolmetschungen ins Englische bedeutend weniger zufrieden waren als Muttersprachlerinnen (vgl. DG SCIC 2015). Mögliche Erklärungen dafür sind, dass der Output der englischen Kabine nicht den Englischkenntnissen der nichtmuttersprachlichen Zuhörerinnen entsprach oder dass es anstrengender für sie war, komplexe Sachverhalte in einer Fremdsprache zu rezipieren. Dabei darf nicht vergessen werden, dass die Nichtmuttersprachlerinnen in den meisten Settings die Mehrheit der Zuhörerinnen einer englischen Dolmetschung ausmachen: Englisch wird von vielen als Defaultsprache genutzt, wenn nicht in die Erstsprache der betreffenden Zuhörerinnen gedolmetscht wird. Wie wir schon mehrmals angemerkt haben, ist es die oberste Priorität für Translatorinnen – in diesem Fall die Dolmetscherinnen – einen zielgruppenadäquaten Text zu liefern. Wenn die Zielgruppe Schwierigkeiten hat, mit einem zu anspruchsvollen Dolmetschoutput auf Englisch fertig zu werden, so muss es an diese mittlerweile diversere Zielgruppe angepasst werden und damit eine Art von Akkommodation der nichtmuttersprachlichen Zuhörerinnen stattfinden. Wie schon beim Übersetzen besprochen muss dabei jedoch auch bedacht werden, dass die Zielgruppe sehr heterogen sein kann: Während einige Zuhörerinnen Schwierigkeiten mit einem zu ausgefeilten Englisch haben könnten, würden Muttersprachlerinnen und ELF-Nutzerinnen mit sehr guten Sprachkenntnissen einen zu sehr vereinfachten Output wahrscheinlich nicht als besonders adäquat betrachten. Auch in einem Konferenzsetting ist es jedoch meist schwierig herauszufinden, wer genau im Publikum sitzt und vor allem wie gut die Englischkenntnisse der Personen sind. Eine genaue Recherche über die Konferenz und ein enger Austausch mit den Veranstalterinnen können dabei helfen, die Zuhörerinnen besser einzuschätzen.

Wir haben festgestellt, dass sich viele Parameter beim Übersetzen und Dolmetschen ins und aus dem Englischen durch den Aufstieg der Sprache zur wichtigsten Lingua Franca geändert haben. Es ist von großer Bedeutung über diese Veränderungen Bescheid zu wissen, um informierte Translationsentscheidungen treffen zu können. Es muss auch anerkannt werden, dass diese Entwicklung nicht aufzuhalten ist. Wollen Translatorinnen in diesem neuen Umfeld bestehen, so müssen sie sich daran anpassen und auch unter den geänderten Bedingungen professionelle Leistungen liefern.

10.1.2 Andere Linguae Francae

Die Tatsache, dass Englisch derzeit die weltweit vorherrschende Lingua Franca ist, bedeutet nicht, dass es keine anderen bedeutenden Verkehrssprachen gibt.

Mit der Russifizierung im Russischen Reich wurde **Russisch** ab dem 19. Jahrhundert zu einer immer bedeutenderen Verkehrssprache. Nach der russischen Revolution wurde die Sprache zur Zweitsprache aller nicht-russischsprachigen Bürgerinnen der Sowjetunion und auch zur wichtigsten Fremdsprache in den Ländern des Ostblocks. Auch heute sind noch viele Migrantinnen-Communitys aus den ehemaligen Sowjetrepubliken auf Russisch als

Lingua Franca angewiesen. Nach einem ersten Rückgang der Nachfrage nach Russisch nach dem Fall des Eisernen Vorhangs werden Russischkenntnisse in Europa mittlerweile wieder immer mehr als großer ökonomischer Vorteil für einen boomenden Tourismus- und Handelsmarkt betrachtet.

Es wird des Öfteren gemutmaßt, dass **Chinesisch** aufgrund der großen Anzahl an Sprecherinnen bald eine bedeutende Lingua Franca werden könnte, was allerdings von den meisten Expertinnen angezweifelt wird. Während die Nationalsprache **Mandarin** außerhalb von Festlandchina zwar auch in Taiwan die wichtigste Lingua Franca darstellt, herrscht sogar in den Sonderverwaltungszonen Hongkong und Macau eine andere Verkehrssprache vor – nämlich Kantonesisch. Das bedeutet, dass nicht einmal in Großchina nur eine gemeinsame Hauptsprache gesprochen wird. Auch in der Region Südostasien wird Englisch – auch aus politischen Gründen – dem Chinesischen als Verkehrssprache vorgezogen. Chinesisch ist zudem eine sehr komplexe Sprache mit wenigen Ähnlichkeiten zu anderen derzeit weit verbreiteten Sprachen wie Englisch oder Spanisch. Das Lernen der Sprache auch für einfachste Interaktionen stellt eine sehr große Herausforderung dar. Des Weiteren fasst das Englische in China – vor allem im Hochschulbereich – immer mehr Fuß (vgl. Bolton/Graddol 2012). Die Sprache wird von China immer mehr zum eigenen Vorteil genutzt, um Sprachbarrieren zu überwinden. Es werden kaum Anstrengungen unternommen, Chinesisch als internationale Sprache zu etablieren. Als Markt für Translationsdienstleistungen hingegen sollte man China mittlerweile nicht mehr übersehen.

10.2 Lokalisierung

Wir haben gesehen, dass der durch die Globalisierung enorm angestiegene Bedarf an transkultureller Kommunikation teils durch den Einsatz von Englisch als Lingua Franca gedeckt wurde, andererseits ergibt sich durch die verstärkte Vernetzung der Märkte und Gesellschaften auch eine erhöhte Nachfrage nach Übersetzen und Dolmetschen.

Ein Mitgrund dafür ist, dass trotz aller kulturellen Annäherung Unternehmen mit ihren Produkten Kundinnen doch direkt *ansprechen* wollen, was wiederum meist in deren Erstsprache am effizientesten gelingt. Immer öfter sind diese Produkte keine traditionellen Waren, sondern **digitale Inhalte** wie Websites, Software oder Videospiele. Die sprachliche und kulturelle Adaptierung solcher Inhalte an die Anforderungen eines ausländischen Markts wird als Lokalisierung bezeichnet (vgl. Schäler 2007: 120).

Schon mit dem Aufstieg des Computers in den 80er-Jahren entstand der Bedarf, damit zusammenhängende Produkte für neue Märkte anzupassen. Meist stehen wirtschaftliche Überlegungen hinter der Entscheidung, ob ein Produkt für einen Markt lokalisiert wird oder nicht. So werden digitale Produkte z. B. oft für Italien lokalisiert, einen Markt, der in Bezug auf die Einwohnerinnenzahl im internationalen Kontext verhältnismäßig klein ist, aber über ein im globalen Vergleich hohes Bruttonationalprodukt verfügt, während es kaum Lokalisierungen für viel größere Sprachgruppen wie z. B. Bengali gibt, da die Unternehmen von einer geringeren Kaufkraft in den entsprechenden Ländern ausgehen. Diese Bewertung einzelner Märkte kann sich aber auch schnell ändern. So war beispielweise Chinesisch früher keine der „großen Übersetzungssprachen", während heute die Nachfrage danach sehr hoch ist und der Markt in Zukunft noch weitere enorme Wachstumsraten verzeichnen dürfte. Schon jetzt sind dort die meisten Internetnutzerinnen weltweit zu finden, obwohl erst die Hälfte der Chinesinnen über einen Internetzugang verfügen.

Häufig sind Lokalisierungsprojekte sehr umfangreich mit unzähligen Zielsprachen und sehr knapp bemessenen Zeitfristen. Kundinnen erwarten den Launch der neuesten Software oder des neuesten Videospiels zeitgleich in allen Ländern der Welt. Während dies früher oft mit einer Verzögerung von Monaten einherging, wird Lokalisierung mittlerweile von großen Unternehmen schon bei der Erstellung von digitalen Inhalten „mitgedacht". Das bedeutet, dass digitale Inhalte schon vor einer Lokalisierung für die spätere Nutzung in verschiedenen Sprachen aufbereitet werden. So werden beispielsweise schon beim Kodieren verschiedene Buchstaben und Zeichen aus unterschiedlichen Schriftsystemen vorgesehen, um sich später eine mühsame Nachbearbeitung oder Fehlerbehebung zu ersparen. Diese vorbereitenden Schritte und das Einbeziehen möglicher anderer Zielkulturen werden als **Internationalisierung** bezeichnet.

Eine weitere Besonderheit von Lokalisierungsprojekten ist es, dass die Inhalte sehr oft ähnlich oder repetitiv sind. Damit ist die Nutzung von bereits angefertigten Übersetzungen naheliegend. Aus diesem Grund war die Lokalisierungsindustrie auch ein Motor der Entwicklung von computerunterstützter oder maschineller Übersetzung und Terminologiedatenbanken, die in der Folge beschrieben werden. Nachdem es bei der Nutzung von Software und anderen digitalen Inhalten häufig sehr hohe Übereinstimmungsraten mit bereits übersetzten Texten gibt, ist Lokalisierung in vielen Fällen gar kein reines Übersetzen mehr, sondern eher ein Überarbeiten von Textvorschlägen.

Lokalisierung ist dadurch gekennzeichnet, dass sie über das reine Übersetzen hinausgeht und auch weitere Dienstleistungen wie das Testen der Inhalte in der neuen Sprachversion umfasst. Translatorinnen, die diese Fertigkeiten zusätzlich zur sprachlichen und kulturellen Expertise mitbringen, sind in diesem Bereich besonders gefragt.

Ein Phänomen, das vor allem mit Lokalisierung von digitalen Inhalten in Zusammenhang steht, ist die Translation durch Laien, die Online-Spiele übersetzen oder beliebte Serien untertiteln. Das wird als **Crowdsourcing, Fanübersetzung** bzw. **Fansubbing** bezeichnet und kann unter dem Oberbegriff **kollaborative Übersetzung** zusammengefasst werden. Inhalte werden dabei von Fans gratis und freiwillig in andere Sprachen übertragen, was die Grenzen zwischen Profis und Laien oft verschwimmen lässt. Meist engagieren Unternehmen für hochqualitative Übersetzungen für vielversprechende Märkte Profis, während Übersetzungen, die sich für Unternehmen wirtschaftlich nicht rentieren oder die in den Augen der Kundinnen zu langsam geliefert werden, von Fans interaktiv und kollaborativ übernommen werden.

10.3 Computergestützte Übersetzung

Der gesteigerte Bedarf an transkultureller Kommunikation hat auch dazu geführt, dass immer wieder Wege zur Reduktion der Kosten für Humanübersetzung gesucht wurden und vor allem Unternehmen versuchten, den Faktor Mensch durch einen automatisierten Prozess zu ersetzen. Im Rahmen der Forschung im Bereich der vollautomatischen Übersetzung entstand die computergestützte Übersetzung. Darunter versteht man Humanübersetzungen, bei denen man sich der Unterstützung durch Computerprogramme bedient. Die Hauptverantwortlichkeit für das Endprodukt bleibt bei der Übersetzerin, deren Arbeit von der Software lediglich erleichtert oder beschleunigt wird. Meist wird dafür der englische Terminus *computer-assisted* oder *computer-aided translation* – kurz CAT – verwendet. Spätestens seit den 90er-Jahren sind **CAT-Tools** aus dem Alltag vieler Translatorinnen nicht mehr wegzudenken. Der Markt bietet verschiedenartige Produkte, deren Kernstück jedoch meist ein Übersetzungsspeicher – **translation memory (TM)** – ist, der häufig mit einem System zum **Terminologiemanagement** verbunden ist. Das TM speichert bereits übersetzte Texte, teilt diese in Segmente auf – meist Sätze oder Satzteile, die durch Satzzeichen voneinander getrennt sind – und kann diese bei künftigen Übersetzungen abrufen. Ein neuer zu übersetzender Text wird mit den gespeicherten Segmenten verglichen, um nach Übereinstimmungen zu suchen, die dann als mögliche Treffer angezeigt werden. Die Übersetzerin kann diese Ergebnisse bei vollen Übereinstimmungen (*full match*) direkt übernehmen oder bei teilweisen Übereinstimmungen (*fuzzy match*) noch abändern und anpassen.

Über je mehr ähnliche Texte aus einem Fachgebiet man verfügt, desto wahrscheinlicher ist auch ein brauchbarer Treffer. Daraus folgt, dass solche Instrumente vor allem in Bereichen Sinn machen, in denen Texte oft vorhersehbar oder repetitiv sind. Für ein Pharmaunternehmen, das für alle zu vermarktenden Arzneimittel Gebrauchsanweisungen erstellen muss, kann ein TM somit sehr hilfreich sein; genauso auch für eine Übersetzerin, die immer wieder pharmazeutische Fachübersetzungen anfertigt. Es wurde bereits erwähnt, dass diese Technologie auch im Bereich der Lokalisierung in großem Ausmaß genutzt wird. Bei literarischen Übersetzungen werden CAT-Tools hingegen kaum hilfreich sein, da sich literarische Werke unter anderem durch ihre Einzigartigkeit auszeichnen sollten und kaum mit sinnvollen Übereinstimmungen zu rechnen ist.

Für viele internationale Organisationen, Übersetzungsbüros, Konzerne und Fachübersetzerinnen sind CAT-Tools Teil des Arbeitsalltags geworden, wobei auch die Nachteile dieser Instrumente zu berücksichtigen sind. Aufgrund des segmentbasierten Ansatzes der Software besteht die Gefahr, dass sich die Übersetzungen sehr stark an der Struktur des Ausgangstexts orientieren und die Lesbarkeit darunter leidet.

Zahlreiche Unternehmen stellen ihren Übersetzerinnen TM zur Verfügung, um terminologische Kontinuität zu garantieren. In vielen Fällen ist eine mit dem TM kompatible Software eine Mindestanforderung an die Translatorinnen, um den Auftrag für eine Fachübersetzung zu erhalten. Nachdem der Zugang zu den TM-Systemen immer öfter web- und serverbasiert ist, erhalten die Kundinnen immer mehr Kontrolle über die Übersetzerinnen, die die von ihnen selbst übersetzten Texte oft nicht in ihre eigenen Datenbanken übernehmen können (vgl. Garcia 2008). Ferner führen Übersetzungen mit vielen genauen Übereinstimmungen aus TM immer öfter zu Diskussionen über das Honorar der Übersetzerinnen, da ihr Arbeitsaufwand vermeintlich viel geringer war.

10.4 Maschinelle Übersetzung (MÜ)

Unter maschineller Übersetzung versteht man die Übersetzung eines Texts aus einer Ausgangssprache in einen Text in einer Zielsprache durch einen Computer. Im Gegensatz zur computergestützten Übersetzung erfolgt dies ohne menschliches Zutun. Obgleich die Entwicklung in diesem Bereich rasant fortschreitet, ist bisher meist noch ein relativ großer Qualitätsunterschied zwischen menschlicher und maschineller Übersetzung zu erkennen. Für einen druckreifen Zieltext ist zumeist eine menschliche Bearbeitung nötig. Der Hauptgrund dafür sind die vielen Zwei- oder Mehrdeutigkeiten in den meisten natürlichen Sprachen, die bisher nur durch die menschliche Analyse des gesamten Kontexts und durch die Erfahrung der Übersetzerin auszuräumen sind.

> **Beispiel**: Auf Twitter postete jemand ein Foto der Sängerin Lana del Rey mit dem Titel „Lana Del Rey with a fan in France". Der Text wurde vom Browser automatisch als „Lana Del Rey avec un ventilateur en France" ins Französische übersetzt und bringt uns zum Schmunzeln. Das englische Wort *fan* kann nämlich sowohl einen Sympathisanten als auch einen Ventilator bezeichnen. Dass es sich im Zusammenhang mit einer Popsängerin eher um eine Person, die für die Künstlerin schwärmt, handeln wird, wäre einer Humanübersetzerin auch ohne visuellen Input relativ klar und würde schließlich durch das Foto bestätigt werden, das die maschinelle Übersetzung nicht miteinbeziehen konnte (vgl. https://twitter.com/everythiiiingg/status/805055204567711744 [09.01.2019]).

Aus diesen Gründen sind die Einsatzfelder der MÜ derzeit meist auf zwei große Bereiche beschränkt: Einerseits wird sie genutzt, um eine ungefähre Vorstellung davon zu bekommen, was in einem fremdsprachlichen Text steht. Die meisten von uns werden MÜ schon einmal auf diese Weise genutzt haben, um beispielsweise Texte aus dem Internet auf ihre Relevanz zu prüfen oder eine in einer fremden Sprache erhaltene E-Mail im Ansatz verstehen zu können. Andererseits werden MÜ oft genutzt, um einen Übersetzungsprozess zu beschleunigen und Kosten für eine Übersetzung zu reduzieren. Dabei gibt es drei unterschiedliche **Ansätze**, um einen qualitativ akzeptablen Zieltext zu erhalten:

a) Sehr oft wird eine maschinelle Übersetzung angefertigt, die in einem weiteren Schritt von einer Expertin nachbearbeitet wird. Dieser zusätzliche Bearbeitungsschritt wird als **Posteditieren** bezeichnet.
b) Eine weitere Möglichkeit besteht darin, einen Text gezielt für eine maschinelle Übersetzung vorzubereiten, also zu **präeditieren**. Dabei sollen komplexe Elemente oder mögliche Unklarheiten im Ausgangstext ausgeräumt werden. Das macht vor allem Sinn, wenn anschließend eine maschinelle Übersetzung in mehrere Sprachen erfolgen soll, da man sich mehrfaches Posteditieren erspart oder dieses auf ein Minimum reduziert.
c) Um das aufwändige Preediting zu vermeiden, können Texte auch schon bei der ersten Redaktion so formuliert werden, dass sie möglichst wenige Probleme für die MÜ bereiten. Dafür werden schon beim Texten die Syntax und die Wortwahl eingeschränkt und die Komplexität des Textes auf ein Minimum reduziert. Man spricht in diesem Zusammenhang von **„kontrollierter Sprache"**.

All das zeigt, dass die maschinelle Übersetzung heute noch ein relativ großes Ausmaß an menschlicher Intervention benötigt, wenn der Zieltext hohen Qualitätsanforderungen genügen soll. Allerdings bleibt die Entwicklung nicht stehen: Bei den neuesten MÜ-Systemen wird bereits versucht, künstliche Intelligenz einzusetzen, um die menschliche Komponente am Übersetzungsprozess immer weiter reduzieren zu können.

Sehen wir uns nun an, welche verschiedenen MÜ-Ansätze bereits entwickelt wurden:

a) **regelbasierte MÜ**: Dafür wird die Übersetzungsmaschine mit Informationen aus Wörterbüchern und grammatikalischen Regeln gefüttert, die die Grundlage für das Übersetzen von A nach B darstellen sollen. Dieses System wurde vor allem in den Anfängen der MÜ bis in die späten 1980er-Jahre eingesetzt und wird heute meist nur gemeinsam mit statistischen Ansätzen in sogenannten **hybriden Systemen** verwendet.
b) **korpusbasierte MÜ**: Dieses System nutzt enorme Korpora bilingualer Texte, deren Sätze – ähnlich wie bei translation memories – abgeglichen wurden. Innerhalb der korpusbasierten MÜ gibt es zwei Ansätze:
   i. **beispielbasierte MÜ**: Dabei wird ein Satz zuerst in Segmente unterteilt, danach werden identische oder ähnliche Segmente im Korpus gesucht und deren Entsprechungen zusammengefügt. Die Übersetzung erfolgt somit durch Analogie.
   ii. **statistische MÜ**: Hier wird die Wahrscheinlichkeit der Entsprechung von AS- und ZS-Sätzen statistisch berechnet. Die Basis für die Berechnung bilden bilinguale Korpora.
c) **neuronale MÜ**: Dieser neueste Ansatz im Bereich MÜ fällt unter das maschinelle Lernen und somit unter den Überbegriff der künstlichen Intelligenz. Dabei nutzen künstliche neuronale Netze große Textkorpora, um eigenständig neue Texte zu übersetzen. Es handelt sich um eine statistische MÜ auf der Basis von neuronalen Netzen, die Sätze als Gesamtheit sehen. Dadurch kann jedes einzelne Wort jeweils in der Abhängigkeit von allen anderen Wörtern im Satz betrachtet werden, was vor allem für morphologisch komplexe Sprachen von Vorteil ist, die den bisherigen Systemen große Probleme bereiteten. Derzeit haben die neuronalen MÜ-Systeme noch Schwierigkeiten mit langen Sätzen mit vielen unbekannten Wörtern. Es ist jedoch davon auszugehen, dass die Weiterentwicklung rasch voranschreiten wird.

Viele bekannte MÜ-Systeme haben bereits auf diesen innovativen Ansatz umgesattelt: vom allseits bekannten Google Translate bis hin zur Übersetzungsplattform der Europäischen Kommission. Überraschend – oder für manche

Übersetzerinnen beängstigend – gute Ergebnisse erzielt die Webplattform DeepL, die auf ein besonders großes Volumen an Trainingsdaten zurückgreifen kann, die das Unternehmen zuvor mit ihrer Suchmaschine für Übersetzungen – Linguee – sammeln konnte (vgl. Kapitel 8.6). Bei diesen webbasierten Diensten darf man nicht vergessen, dass die Kostenfreiheit einen Preis hat – den des (fehlenden) **Datenschutzes**. Alle Texte, die man in ein solches Tool einspeist, werden gespeichert, da es ja das Ziel des Systems ist, aus den angefertigten Übersetzungen zu lernen. Besonders bei personenbezogenen oder anderweitig sensiblen Daten ist daher Vorsicht geboten.

Es kann festgehalten werden, dass die Qualität von maschinell übersetzten Texten sehr stark von der Sprachkombination und dem Inhalt des Ausgangstexts abhängt. Bei sehr verbreiteten Sprachen und nicht sehr fachlichen Texten können Übersetzungsprogramme meist auf eine Vielzahl von Texten zurückgreifen, was es ermöglicht einen zumindest akzeptablen Zieltext zu generieren. Für weniger gängige Sprachkombinationen und kleine Fachgebiete sind die Ergebnisse hingegen oft nicht einmal als Rohübersetzung geeignet.

Grundsätzlich wird MÜ immer öfter eingesetzt. Als Beispiel sei nur der Anstieg der Anfrage nach maschineller Übersetzung der Generaldirektion Übersetzung der EU-Kommission genannt: von 2,7 Millionen Seiten im Jahr 2016 stieg dieser 2017 auf 3,2 Millionen Seiten (vgl. DGT 2017: 8). Damit ist bei den selbstlernenden Systemen auch mit einer baldigen Verbesserung der Qualität zu rechnen.

10.5 Pre- und Postediting

Viele der zuvor beschriebenen Entwicklungen haben, wie bereits erwähnt, einen neuen Betätigungsbereich für Sprachexpertinnen eröffnet, das sogenannte **Editing**, das als Bearbeitung vor (Preediting/Präeditieren) oder nach (Postediting/Posteditieren) der Erstellung eines Texts erfolgen kann (vgl. Kapitel 7.3).

Wir haben gesehen, dass **maschinelle Übersetzung** ohne gezielte Vor- oder Nachbearbeitung (noch?) nicht in der Lage ist, Zieltexte zu produzieren, die den Qualitätsanforderungen an redaktionsreife Texte genügen, was Pre- oder Postediting nötig macht. Der Bereich des Nachbearbeitens wird sogar schon in einer neuen internationalen Norm geregelt, der ISO 18587 mit dem Titel *Übersetzungsdienstleistungen – Posteditieren maschinell erstellter Übersetzungen*, die sich vor allem den einzelnen Abläufen im Rahmen der Nachbearbeitung widmet sowie die genauen Anforderungen an die Posteditorinnen im Sinne von Kompetenzen beschreibt.

Wir haben aber auch festgestellt, dass Editieren aufgrund der Tatsache, dass Englisch immer öfter als **Lingua Franca** genutzt wird, häufig unverzichtbar geworden ist. In vielen großen Institutionen wie beispielsweise der Generaldirektion Translation der EU-Kommission gibt es eigene Dienststellen – **Editing Units** –, die von Nichtmuttersprachlerinnen verfasste Texte bearbeiten und prüfen, ob diese klar genug formuliert sind und nicht zu Verwirrung führen. Es erfolgt also eine Art „Normalisierung" dieser Texte, bevor diese veröffentlicht und in weitere EU-Sprachen übersetzt werden.

In beiden Betätigungsfeldern sind spezifische Kompetenzen nötig. Vor allem beim Präeditieren für eine spätere maschinelle Übersetzung muss die Editorin genau darüber Bescheid wissen, welche Elemente für ein bestimmtes Übersetzungsprogramm potentielle Stolpersteine darstellen können. Ähnlich wie bei Leichter Sprache gilt es, meist komplexe Strukturen und Ausdrucksweisen auf ein leichter zugängliches Niveau zu bringen. Angesichts der steigenden Nachfrage nach Expertinnen für diese Tätigkeit sollte die Vermittlung dieser Kompetenzen auch in den Curricula von formellen Ausbildungsinstitutionen verankert werden.

10.6 Interkulturelles technical writing

Unter **technical writing** oder **technischer Dokumentation** versteht man das Erstellen von Fachtexten für ein bestimmtes Zielpublikum oder -setting. Die Texte können von Bedienungsanleitungen über Software-Handbücher bis hin zu Anleitungen für die Montage und Wartung von Maschinen reichen. Der Grad der Fachlichkeit der Texte und die Expertise des Zielpublikums können somit beträchtlich variieren.

Viele Unternehmen lassen diese Art von Texten seit geraumer Zeit nicht mehr von Translatorinnen übersetzen; sie werden vielmehr direkt in den gewünschten Sprachen erstellt. Dieses Erstellen von technischer Dokumentation in einer Zielsprache auf der Grundlage von Material in einer Ausgangssprache wird als *interkulturelles technical writing* bezeichnet und geht über eine traditionelle Übersetzung hinaus, da der Zieltext meist auf einer Vielzahl verschiedener Ausgangsmaterialien beruht, oft einer anderen Textsorte als diese angehört und einen anderen Zweck verfolgt. So muss eine technische Redakteurin beispielsweise aus einer deutschsprachigen Montageanleitung für eine Dampfwalze Schulungsunterlagen auf Französisch für ein Einsatzteam in Belgien erstellen. Sie muss demnach über sprachliche, kulturelle, aber auch technische Kenntnisse in dem Fachbereich verfügen. Die kulturellen Kenntnisse umfassen in diesem Fall auch Wissen über Dinge wie Regeln zur Produkthaftung im

Zielland; die sprachlichen Kenntnisse müssen auch Bewusstsein über oft sehr spezifische Textsortenkonventionen beinhalten. Translatorinnen müssen sich somit meist über die im Translationsstudium erworbenen Kenntnisse hinaus auch sehr detailliertes Wissen über den Fachbereich aneignen. Oft passiert das im Rahmen einer Festanstellung in einem Unternehmen, das Bedarf an interkulturellen technischen Redakteurinnen hat. Eine Tätigkeit als Freiberuflerin ist aber auch möglich. Technische Redakteurinnen sind jedoch häufig auch Fachleute, die über zusätzliche Sprachkenntnisse verfügen.

10.7 Neue Technologien und Dolmetschen

Auch im Bereich Dolmetschen hat die technologische Entwicklung Veränderungen mit sich gebracht, deren Ausmaß jedoch noch nicht so weitreichend ist wie im Bereich Übersetzen. Laptops oder Tablets sind unverzichtbare Arbeitsmittel in den Simultandolmetschkabinen geworden, unbekannte Fachtermini werden in der Sitzung nachgeschlagen und in der Sitzung besprochene Texte werden am Tablet mitgelesen, da Dokumente immer öfter nur mehr elektronisch und nicht mehr in Papierform vorliegen oder erst im letzten Moment per E-Mail geschickt werden. Aus diesem Grund wurden auch immer mehr Versuche unternommen, für Dolmetscherinnen maßgeschneiderte Tools zur Unterstützung vor, während und nach dem Dolmetschen zu entwickeln. Diese werden als **CAI-Tools – computer-assisted interpreting tools** – bezeichnet und gehen mittlerweile über reines Terminologiemanagement hinaus: Sie verfügen über Funktionen wie Terminologieorganisation und -speicherung, durch Algorithmen unterstützte Terminologiesuche oder Terminologieextraktion und -zusammenfassung (vgl. Fantinuoli/Prandi 2018). Ähnlich wie beim Übersetzen gilt auch für die dolmetschspezifischen Tools, dass sie vor allem auf Fachkonferenzen mit hochspezifischer Terminologie eine willkommene Unterstützung darstellen, während sie in anderen Settings und vor allem auch im Konsekutivmodus kaum von Nutzen sind. Der Hauptgrund dafür, dass diese Instrumente noch nicht von mehr Dolmetscherinnen genutzt werden, liegt wohl darin, dass sie Unterstützung vor allem während des Dolmetschens benötigen. Das simultane Hören, Analysieren und Sprechen allein bringt die Dolmetscherinnen jedoch schon oft an die Grenzen ihrer geistigen Kapazitäten. Die zusätzliche Nutzung eines CAI-Tools erhöht die **kognitive Belastung** und lenkt daher oft mehr ab als zu unterstützen. Sehr wohl kann jedoch die Kabinenpartnerin, die gerade nicht dolmetscht, diese Instrumente nutzen, um die gefundenen Ergebnisse dann der dolmetschenden Kollegin zu zeigen.

Analog zur maschinellen Übersetzung gibt es auch im Dolmetschbereich Bemühungen, die Dolmetscherin durch eine Maschine zu ersetzen. Die dahinterstehende Technologie wird als **automatic speech translation – AST** – bezeichnet und soll es ermöglichen, gesprochene Sprache mithilfe eines Computerprogramms von einer Sprache in eine andere zu dolmetschen. Dafür benötigt es zumindest drei technologische Komponenten:

a) automatische Spracherkennung, die die gesprochene Sprache in einen schriftlichen Text umwandelt,
b) maschinelle Übersetzung dieses Texts und
c) Sprachsynthese, also das Erzeugen von gesprochener Sprache auf der Basis eines geschriebenen Texts, um in der Zielsprache einen Audiooutput generieren zu können.

Berücksichtigt man die Probleme, vor der die maschinelle Übersetzung noch steht, so wird klar, dass deren Erweiterung um zusätzliche technische Bestandteile den Prozess noch fehleranfälliger machen. An Systeme, die Dolmetscherinnen völlig ersetzen können, ist derzeit noch nicht zu denken, aber die Fortschritte im Bereich künstliche Intelligenz, deep learning und neuronale Netze lassen vermuten, dass auch hier in der Zukunft Verbesserungen erzielt werden können. Prototypen werden z. B. im militärischen Bereich für einfache Interaktionen in Konfliktgebieten bereits genutzt.

Genau wie mit anderen beschriebenen Technologien sollten sich Studierende zumindest mit der Funktionsweise dieser Tools sowie ihren Vor- und Nachteilen vertraut machen, um sie – wo angemessen – nutzen zu können und auf weitere Fortschritte in diesem Bereich vorbereitet zu sein.

10.8 Remote Interpreting

Neben den bereits genannten Neuerungen hatte auch der zunehmende Einsatz von Kommunikationstechnologien in den verschiedensten Bereichen große Auswirkungen auf die Dolmetschwelt. Während Telefondolmetschen schon seit Jahrzehnten praktiziert wird, führte die Entwicklung im Bereich von Videokonferenzen dazu, dass immer öfter gefordert wurde, diese Tools doch auch für das Dolmetschen zu nutzen, um transkulturelle Kommunikation zu ermöglichen, ohne dass Dolmetscherinnen auch physisch anwesend sein müssen.

Grundsätzlich gilt es zwischen zwei Arten von Videodolmetschen, bei dem sich nicht alle Beteiligten vor Ort befinden (distance interpreting), zu unterscheiden:

a) **Remote Interpreting** oder **Ferndolmetschen** bedeutet, dass die Dolmetscherinnen dank technischer Möglichkeiten in einem anderen Raum, Gebäude, einer anderen Stadt oder gar einem anderen Land arbeiten als alle anderen Konferenz- oder Gesprächsteilnehmerinnen. So finden z. B. im Rat der EU einige Mittagessen der Staats- und Regierungschefinnen in einem dafür geeigneten Saal statt, der nicht über eine ausreichende Zahl an Dolmetschkabinen verfügt. Die Dolmetscherinnen sitzen daher in Kabinen eines größeren Saales mit Videoverbindung zum Raum der Ministerinnen und dolmetschen dort, während ihr Output in den anderen Saal geleitet wird.
b) Unter **Videokonferenz-Dolmetschen** versteht man hingegen, dass sich eine oder mehrere Rednerinnen nicht am Veranstaltungsort befinden und über Kommunikationstechnologien zugeschaltet sind, während die Dolmetscherinnen vor Ort sind und die meisten Teilnehmerinnen auch sehen. Das kann bedeuten, dass auf einer Konferenz eine Rednerin aus einem anderen Land über Videoverbindung zugeschaltet wird oder in einem Gericht eine Zeugin über Videolink aus der Haftanstalt befragt wird, während die Dolmetscherinnen vor Ort bei der Konferenz oder im Gerichtssaal anwesend sind.

Viele Arbeitgeberinnen – allen voran die internationalen Organisationen, deren Ausgaben für Dolmetschleistungen hohe Budgetposten darstellen – interessieren sich schon seit geraumer Zeit für diese kostensenkende Alternative dazu, Dolmetscherinnen, die nicht am Ort der Hauptsitze der Institutionen leben, einfliegen zu lassen.

Während das Videokonferenz-Dolmetschen weitgehend akzeptiert wird, sind die Reaktionen auf Remote Interpreting seitens der Dolmetscherinnen – vor allem der Konferenzdolmetscherinnen – oft ablehnend. Viele befürchten große Qualitätseinbußen aufgrund des reduzierten Informationsangebots: So ist beim Ferndolmetschen selten der gesamte Saal oder Raum einer Kommunikationssituation zu sehen oder es ist direkter Blickkontakt mit den Gesprächspartnerinnen nicht möglich. Auch Berufsverbände wie beispielsweise die AIIC äußern Bedenken in Bezug auf die Arbeitsbedingungen in diesen Settings.

Im Bereich **Medizin** und **Justiz** wird das Ferndolmetschen von vielen positiver angenommen, da vor allem in diesen Settings oft bestimmte Sprachkombinationen nicht von ortsansässigen Dolmetscherinnen abgedeckt werden können und daher häufig auf die Leistung von Laien ohne translatorische Ausbildung zurückgegriffen wird. Das bedeutet, dass das Recht auf die bestmögliche Behandlung bzw. ein faires Verfahren möglicherweise nicht gewährleistet werden kann. So sieht auch die Richtlinie der EU über das Recht auf

Dolmetschleistungen und Übersetzungen in Strafverfahren vor, dass Kommunikationstechnologien beim Dolmetschen genutzt werden können.

In vielen Ländern gehört Remote Interpreting oder Videokonferenz-Dolmetschen im Polizei- und Justizbereich, aber auch in Krankenhäusern bereits zum Alltag und funktioniert oft gut. Studien haben jedoch auch gezeigt, dass es in Ferndolmetsch-Settings öfter zu Unterbrechungen oder Missverständnissen kommt, die Beziehung zwischen den Dolmetscherinnen und den Bedolmetschten darunter leiden kann und die Dynamik der Kommunikation oft gestört ist.

In Bezug auf die Dolmetschqualität in Remote-Settings zeigten Studien, dass die Leistung der Dolmetscherinnen unter der räumlichen Entfernung leiden kann, da eine schnellere Ermüdung einsetzt. Besonders auffällig und auch interessant ist, dass Dolmetscherinnen selbst den Stress als höher und die eigene Leistung als schlechter wahrnehmen, auch wenn objektive Messungen nicht immer so klare Unterschiede zwischen Ferndolmetschen und konventionellem Dolmetschen ausmachen können. Dies hat möglicherweise mit der Ablehnung vieler Dolmetscherinnen gegenüber dieser Dolmetschart zu tun, die sie vom eigentlichen Geschehen entfernt, ihre Leistung unsichtbarer macht und damit auch mit Auswirkungen auf ihren Status und ihre Bezahlung einhergehen könnte. Auch die Idee einiger Remote-Anbieterinnen, dass Dolmetscherinnen in Zukunft nicht mehr in Teams gemeinsam arbeiten, sondern allein zu Hause auf Knopfdruck zur Verfügung stehen, schreckt viele ab.

Dass auch diese technologische Weiterentwicklung nicht völlig abgewendet werden kann oder soll, steht außer Frage. Umso mehr müssen Ausbildungsinstitutionen Studierende auf diese neue Realität vorbereiten und Berufsverbände und Arbeitnehmerinnenvertreterinnen bestmögliche technische Bedingungen für die Arbeit unter den geänderten Bedingungen einfordern. So gibt es bereits sehr detaillierte Empfehlungen für den Einsatz von Ferndolmetschen in den verschiedensten Bereichen – von Konferenzsettings bis hin zu Gerichtsverfahren (vgl. Braun 2015).

Auch Weiterbildungen für bereits praktizierende Dolmetscherinnen sind unerlässlich, um sie auf die Herausforderungen in diesem Bereich ausreichend vorzubereiten. Ein enger Austausch mit Anbieterinnen von Remote-Technik muss sicherstellen, dass translatorische Normen wie die des Arbeitens im Team nicht untergraben werden.

10.9 Schlussfolgerung

In diesem Kapitel haben wir gesehen, dass Digitalisierung und Globalisierung auch im Bereich Translation zu großen Umbrüchen geführt haben. Viele Normen der Translationskultur wie die der einheitlichen Zielkultur oder der isoliert im stillen Kämmerlein agierenden Übersetzerin wurden in Frage gestellt oder gelten überhaupt nicht mehr. Das bedeutet jedoch nicht, dass Translatorinnen durch Maschinen oder Kommunikation in einer Lingua Franca ersetzt wurden. Translatorische Entscheidungen müssen immer noch von qualifizierten Expertinnen getroffen werden. Um diese Expertinnenhandlungen in einem digitalisierten und globalisierten Umfeld ausführen zu können, müssen Translatorinnen zunächst über diese tiefgreifenden Veränderungen genau Bescheid wissen und feststellen, welche Tätigkeiten von Computern und Software nicht zufriedenstellend erledigt werden können oder in welchen Situationen Lingua-Franca-Kommunikation an ihre Grenzen stößt. Auf genau diese Gebiete gilt es sich zu konzentrieren und genau dort müssen Translatorinnen Expertise erwerben und qualitativ hochwertige Arbeit leisten. Ebenso müssen die neuen Möglichkeiten, die sich durch die geänderten Bedingungen bieten, genutzt werden und neue Arbeitsfelder – wie das der Editorin oder der technischen Redakteurin – gezielt in den Bereich Translation miteinbezogen werden. Dafür bedarf es einer entsprechenden Reaktion des Berufsstandes und der normsetzenden Instanzen der Translationswelt auf die beschriebenen Transformationen: So sollten beispielsweise Studierende in Ausbildungsinstitutionen zeitnah auf neue Bedingungen vorbereitet werden. In einer Zeit der schnelllebigen Technologien und der oft schwerfälligen Curricula kann es jedoch passieren, dass ein Studium den neuesten Trends immer ein wenig hinterherhinkt. Hauptziel der Ausbildung muss es also sein, dass den Studierenden nicht nur das translatorische Rüstzeug vermittelt wird, sondern zusätzlich auch die Kompetenz, dieses mit der nötigen Flexibilität unter geänderten Vorzeichen anzuwenden und allenfalls an neue Gegebenheiten anzupassen. Absolventinnen translationswissenschaftlicher Bildungseinrichtungen sollten gegenüber neuen Entwicklungen offen bleiben und sich nicht als Verliererinnen in einem technologischen Wettkampf sehen, sondern sich vielmehr mit dem Selbstbewusstsein qualifizierter Expertinnen in den Transformationsprozess einbringen.

Ebenso wesentlich ist es, dass andere normsetzende Institutionen wie Berufsverbände die neuen (Arbeits-)Bedingungen mitausverhandeln und den Wandel proaktiv begleiten. Die stetige Weiterentwicklung der Translationskultur soll also aktiv von den Mitgliedern der Translations-Community mitgestaltet werden.

Quellen und weiterführende Literatur

Albl-Mikasa, Michaela. 2017. „ELF and translation/interpreting." In: Jenkins, Jennifer & Baker, Will & Dewey, Martin (Hrsg.). *The Routledge Handbook of English as a Lingua Franca* London: Routledge, 369–383.

Albl-Mikasa, Michaela & Bartels, Livia & Mohler, Lorenz & Wick, Bernd. 2017. „World Englishes and English as a lingua franca in interpreter training." In: Hagemann, Susanne & Kempa, Thomas & Neu, Julia & Walter, Stephan (Hrsg.). *Translationslehre und Bologna-Prozess: Unterwegs zwischen Einheit und Vielfalt*. Berlin: Frank und Timme, 217–240.

Bolton, Kinsley & Graddol, David. 2012. „English in China today." In: *English Today* 28/3, 3–9.

Braun, Sabine. 2015. „Remote Interpreting." In: Mikkelson, Holly & Jourdenais, Renée (Hrsg.). Routledge Handbook of Interpreting. London/New York: Routledge.

Carmichael, Cathie. 2000. „Conclusions: language and national identity in Europe." In: Barbour, Stephen & Carmichael, Cathie (Hrsg.). *Language and Nationalism in Europe*. Oxford: Oxford University Press, 280–289.

Chan, Sin-Wai (Hrsg.). 2015. *Routledge encyclopedia of translation technology*. New York: Routledge.

Chapman, Colin. 2018. „Macron: Champion of Democracy in a Troubled World." In: *Australian Outlook*, 3.5.2018. http://www.internationalaffairs.org.au/australianoutlook/macron-champion-of-democracy-in-a-troubled-world/ [11.12.2018].

DG SCIC Directorate-General for Interpretation. 2015. *Customer Satisfaction Survey 2015*. http://ec.europa.eu/dgs/scic/news/160302-css.htm [21.10.2016].

DGT Directorate-General for Translation. 2017. *Annual Activity Report 2017*. https://ec.europa.eu/info/publications/annual-activity-report-2017-translation_en [11.12.2018].

Fantinuoli, Claudio & Prandi, Bianca. 2018. „Teaching information and communication technologies. A proposal for the interpreting classroom." In: *trans-kom* 11/2, 162–182.

Forcada, Mikel L. 2010. „Machine translation today." In: Doorslaer, Luc van & Gambier, Yves (Hrsg.). *Handbook of Translation Studies*. Amsterdam/Philadelphia: Benjamins, 215–223.

Garcia, Ignacio. 2008. „Power Shifts in Web-based Translation Memory." In: *Machine Translation* 21/1, 55–68.

Garcia Ignacio. 2015. „Computer-aided translation: systems." In: Chan, Sin-Wai (Hrsg.). 2015. *Routledge encyclopedia of translation technology*. New York: Routledge, 68–87.

Göpferich, Susanne. 1998. *Interkulturelles Technical Writing: Fachliches adressatengerecht vermitteln; ein Lehr- und Arbeitsbuch*. Tübingen: Narr.

Havelka, Ivana. 2018. *Videodolmetschen im Gesundheitswesen. Dolmetschwissenschaftliche Untersuchung eines österreichischen Pilotprojekts*. Berlin: Frank & Timme.

House, Juliane. 2013. „English as a lingua franca and translation." In: *The Interpreter and Translator Trainer* 7/2, 279–298.

ISO 18587. 2017. *Übersetzungsdienstleistungen – Posteditieren maschinell erstellter Übersetzungen*.

Jenkins, Jennifer & Baker, Will & Dewey, Martin (Hrsg.). 2017. *The Routledge Handbook of English as a Lingua Franca*. London: Routledge.

Kurz, Ingrid & Basel, Elvira. 2009. „The impact of non-native English on information transfer in simultaneous interpretation." In: *Forum* 7/2, 187–213.

O'Brien, Sharon & Schäler, Reinhard. 2010. „Next generation translation and localization: Users are taking charge." In: *Proceedings of Translating and the Computer* 32. London: Aslib. http://doras.dcu.ie/16695/1/Paper_6.pdf [19.12.2018].

Phillipson, Robert. 2003. *English-Only Europe? – Challenging Language Policy*. London/New York: Routledge.

Reithofer, Karin. 2013. „Comparing modes of communication – the effect of English as a lingua franca vs. interpreting." In: *Interpreting. International Journal of Research and Practice in Interpreting* 15/1, 48–73.

Reithofer, Karin. 2018. „Interpreting and multilingualism in the EU: Leave or Remain?“ In: *CLINA* 4/1, 109–130.

Richtlinie 2010/64/EU des Europäischen Parlaments und des Rates vom 20. Oktober 2010 über das Recht auf Dolmetschleistungen und Übersetzungen in Strafverfahren. https://eur-lex.europa.eu/legal-content/DE/ALL/?uri=CELEX:32010L0064 [09.01.2019].

Schäler, Reinhard. 2007. „Translators and Localization.“ In: *The Interpreter and Translator Trainer* 1, 119–135.

Seidlhofer, Barbara. 2011. *Understanding English as a Lingua Franca*. Oxford: Oxford University Press.

Somers, Harold (Hrsg.) 2003. *Computers and Translation: A Translator's Guide*. Amsterdam/Philadelphia: Benjamins.

Stewart, Dominic. 2013. „From Pro Loco to Pro Globo.“ In: *The Interpreter and Translator Trainer* 7/2, 217–234.

Wagner, Emma. 2010. „Why does the Commission need a Clear Writing campaign?" In: European Commission/DG Translation (Hrsg.). *Languages and Translation. Clear Writing*.